2026 시대에듀 독학사 1단계 교양과정

— **학위 취득**을 위한 가장 **빠른** 선택! —

왜? 독학사인가?

| 고등학교 졸업 이상이면 **누구나** 도전 가능 | × | 4년제 대학과 비교 시 **효율적** 시간&비용 | × | 1년 만에 **빠른** 학점 취득 | × | 60점 이상이면 합격하는 **높은** 합격률 |

회원가입 이벤트!

시대에듀 독학사 회원가입 수험생을 위한 **3대 특전** 이벤트!

독학사 1단계 국어 / 영어 / 국사

기출문제 & 핵심자료집 & 온라인 모의고사 제공!

※ 경로 : www.sdedu.co.kr → 독학사 → 학습자료실 → 강의자료실

※일부 PDF 자료는 수강회원에게만 제공될 수 있습니다.

무료특강 이벤트!

시대에듀 내 독학사 페이지 접속 시 **116강**의 무료특강 제공!

| 1단계 키워드 특강 **총 18강** | 1단계 기출문제 특강 **총 48강** | + | 경영 2단계 키워드 특강 **총 15강** | 경영 2단계 기출문제 특강 **총 10강** | + | 심리 2단계 키워드 특강 **총 13강** | 심리 2단계 기출문제 특강 **총 12강** |

※ 경로 : www.sdedu.co.kr → 독학사 → 학습자료실 → 무료특강

※무료제공 강좌는 변동될 수 있습니다.

시대에듀 홈페이지 **www.sdedu.co.kr** | 상담문의 **1600-3600** | 평일 9~18시 / 토요일·공휴일 휴무

시대에듀

끝까지 책임진다! 시대에듀!

QR코드를 통해 도서 출간 이후 발견된 오류나 개정법령, 변경된 시험 정보, 최신기출문제, 도서 업데이트 자료 등이 있는지 확인해 보세요! **시대에듀 합격 스마트 앱**을 통해서도 알려 드리고 있으니 구글 플레이나 앱 스토어에서 다운받아 사용하세요. 또한, 파본 도서인 경우에는 구입하신 곳에서 교환해 드립니다.

편집진행 천다솜·심수연 | **표지디자인** 박종우 | **본문디자인** 차성미·고현준

이 책의 구성과 특징 STRUCTURES

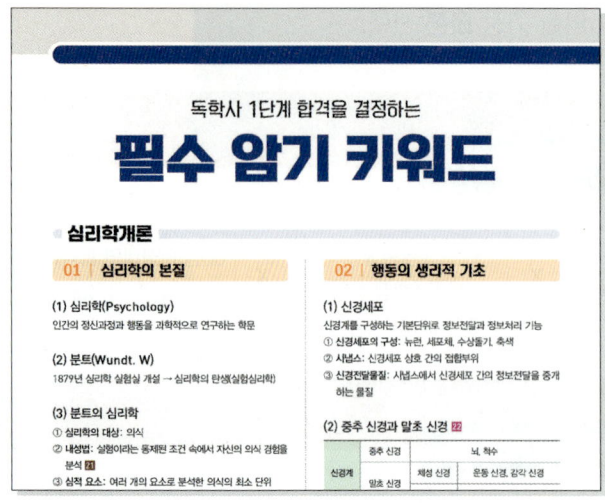

01 필수 암기 키워드

핵심이론 중 반드시 알아야 할 중요 내용을 요약한 '필수 암기 키워드'로 개념을 정리해 보세요.

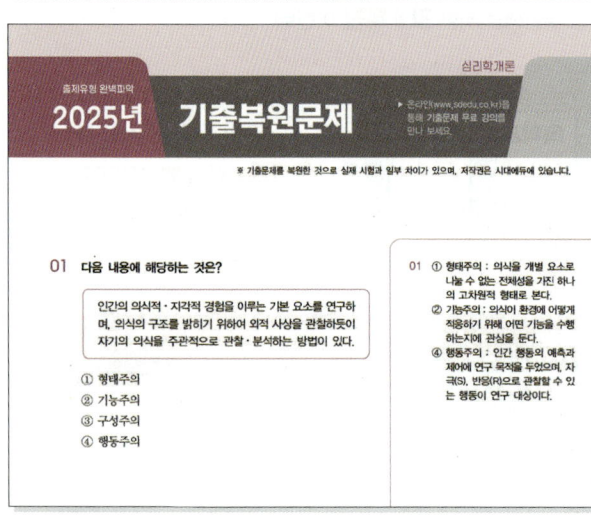

02 최신기출문제

'2025~2023년 기출복원문제'를 풀어 보며 출제 경향을 파악해 보세요.

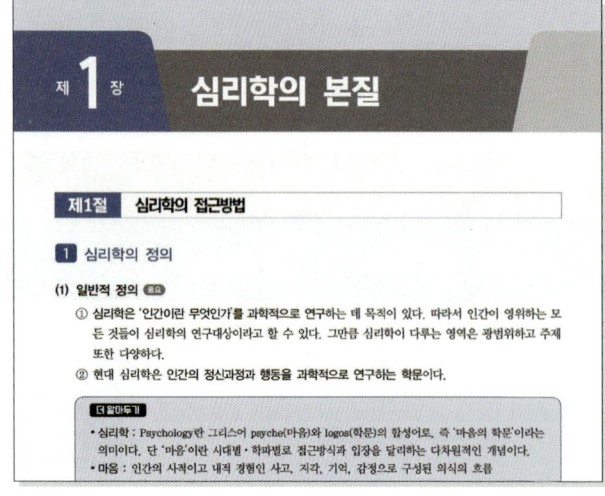

03 핵심이론

시행처의 평가영역을 반영하여 꼼꼼하게 정리된 '핵심이론'을 학습하며 기초를 탄탄하게 쌓아 보세요.

합격의 공식 Formula of pass | 시대에듀 www.sdedu.co.kr

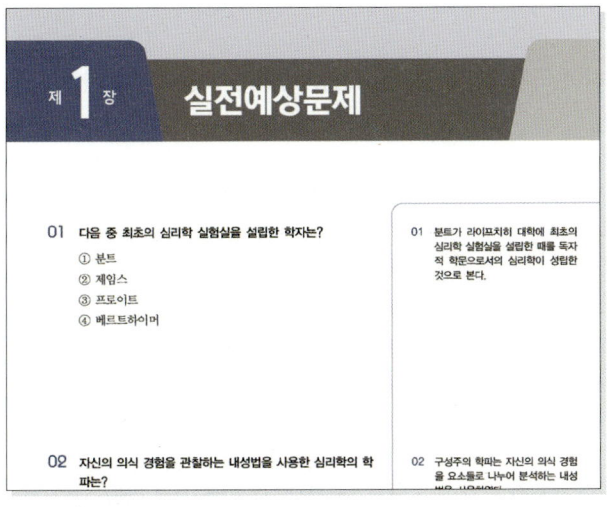

04 실전예상문제

'핵심이론'에서 공부한 내용을 바탕으로 '실전예상문제'를 풀어 보며 문제를 해결하는 능력을 길러 보세요.

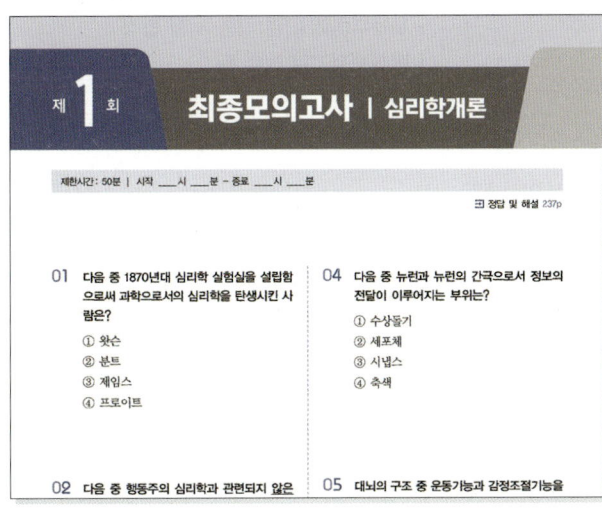

05 최종모의고사

'최종모의고사'를 실제 시험처럼 풀어 보며 실력을 점검해 보세요.

+ P / L / U / S +

1단계 시험을 핵심자료로 보강하자!

국어 / 영어 / 국사 <핵심자료집 PDF> 제공

1단계 시험을 준비하는 수험생을 위해 교양과정 필수 과목인 국어/영어/국사 핵심자료집을 PDF로 제공하고 있어요. 국어는 고전문학/현대문학, 영어는 중요 영단어/숙어/동의어, 국사는 표/사료로 정리했어요.

※ 경로 : www.sdedu.co.kr → 독학사 → 학습자료실 → 강의자료실

독학학위제 소개 INFORMATION

독학학위제란?

「독학에 의한 학위취득에 관한 법률」에 의거하여 국가에서 시행하는 시험에 합격한 사람에게 학사 학위를 수여하는 제도

과정별 응시자격

4개의 과정(교양, 전공기초, 전공심화, 학위취득 종합시험)을 모두 거쳐 합격하면 학사 학위 취득 가능

단계	과정	응시자격	과정(과목) 시험 면제 요건
1	교양	고등학교 졸업 이상 학력 소지자	• 대학(교)에서 각 학년 수료 및 일정 학점 취득 • 학점은행제 일정 학점 인정 • 국가기술자격법에 따른 자격 취득 • 교육부령에 따른 각종 시험 합격 • 면제지정기관 이수 등
2	전공기초		
3	전공심화		
4	학위취득	• 1~3단계 합격 및 면제 • 대학에서 동일 전공으로 3년 이상 수료 (3년제의 경우 졸업) 또는 105학점 이상 취득 • 학점은행제 동일 전공 105학점 이상 인정 (전공 28학점 포함) • 외국에서 15년 이상의 학교교육과정 수료	없음(반드시 응시)

※ 시험 일정 : 1단계-2월 중/2단계-5월 중/3단계-8월 중/4단계-10월 중
※ 접수 방법 : 온라인으로만 가능
※ 자세한 일정 및 제출 서류 등은 독학학위제 홈페이지(bdes.nile.or.kr) 참조

합격 기준

❶ 1~3단계 : 각 과목을 100점 만점으로 하여 전(全) 과목 60점 이상 득점(합격 여부만 결정)
  ▶ 1단계 : 5과목 합격
  ▶ 2~3단계 : 6과목 합격
❷ 4단계 : 총점 합격제 또는 과목별 합격제 선택

구분	합격 기준	유의사항
총점 합격제	• 총점(600점)의 60% 이상 득점(360점) • 과목 낙제 없음	• 6과목 모두 신규 응시 • 기존 합격 과목 불인정
과목별 합격제	• 각 과목 100점 만점으로 하여 전 과목 (교양 2, 전공 4) 60점 이상 득점	• 기존 합격 과목 재응시 불가 • 1과목이라도 60점 미만 득점하면 불합격

문항 수 및 배점

❶ 1~2단계 : 일반 과목과 예외 과목 구분 없이 객관식으로 40문항 출제(40문항×2.5점 = 100점)
❷ 3~4단계
- 일반 과목[총 28문항(100점)] : 객관식(24문항×2.5점 = 60점) + 주관식(4문항×10점 = 40점)
- 예외 과목[총 20문항(100점)] : 객관식(15문항×4점 = 60점) + 주관식(5문항×8점 = 40점)

※ 시험 범위 : 독학학위제 홈페이지(bdes.nile.or.kr) ➡ 학습정보 ➡ 과목별 평가영역에서 확인

독학학위제 전공 분야 (11개 전공)

※ 간호학 : 4단계만 개설
※ 유아교육학 : 3, 4단계만 개설
※ 정보통신학 : 4단계만 2026년까지 응시 가능하며 이후 전공 폐지
※ 시대에듀는 현재 6개 전공(국어국문학, 영어영문학, 심리학, 경영학, 컴퓨터공학, 간호학) 개설 완료

1단계 시험 과목 및 시간표

교시	시간	시험 과목명
1교시(필수)	09:00~10:40(100분)	국어, 국사
2교시(필수)	11:10~12:00(50분)	외국어 : 영어, 독일어, 프랑스어, 중국어, 일본어 중 택 1과목
중식 12:00~12:50(50분)		
3교시	13:10~14:50(100분)	현대사회와 윤리, 문학개론, 철학의 이해, 문화사, 한문, 법학개론, 경제학개론, 경영학개론, 사회학개론, 심리학개론, 교육학개론, 자연과학의 이해, 일반수학, 기초통계학, 컴퓨터의 이해 중 택 2과목

※ 시험 일정 및 세부사항은 반드시 독학학위제 홈페이지(bdes.nile.or.kr)를 통해 확인
※ 시대에듀에서 개설된 과목은 빨간색으로 표시

2025년 기출 경향 분석 ANALYSIS

총평

2025년 시험에서는 '심리학의 본질', '성격과 측정', '사회적 행동' 영역의 출제 비중이 감소한 반면, '감각과 지각', '언어와 사고', '정신능력과 측정', '적응과 이상행동' 영역의 비중은 증가하였습니다. 기본 개념을 확인하는 문제부터 이를 응용한 문제까지 다양한 유형이 출제되었기 때문에, 학습 시 기본 개념에 대한 확실한 이해가 중요합니다. 난이도는 상·중·하 수준이 고르게 분포되어 있었으며, 기본기를 탄탄히 다진 수험생에게는 비교적 무난한 시험이었을 것으로 보입니다.

학습 방법

예년과 마찬가지로 각 영역의 기초 개념을 응용한 사례형 문제나, 개념을 확장한 문제가 출제된 점을 고려할 때, 이론의 기본 개념을 충분히 이해하고 암기한 후 이를 활용한 문제에 대비하는 것이 중요합니다. 실력을 다지기 위해서는 기본 개념 문제 풀이와 함께 다양한 응용문제를 풀어보는 학습 접근이 필요합니다.

심리학은 인간에 관한 다양한 물음을 다루며, 우리가 어떻게 생각하고 느끼며 행동하는지를 과학적으로 탐구하는 학문입니다. 이러한 심리학을 제대로 이해하려면 기본 개념을 충실히 학습하는 것은 물론, 이를 실제 사례에 적용해 보는 연습이 반드시 필요합니다. 이러한 학습 방식은 심리학의 여러 영역을 종합적으로 이해하는 데 큰 도움이 될 것입니다.

출제 영역 분석

출제 영역	문항 수		
	2023년	2024년	2025년
심리학의 본질	4	5	3
행동의 생리적 기초	3	3	3
심리적 발달	4	4	4
동기와 정서	5	4	4
감각과 지각	3	3	4
학습과 기억	6	5	5
언어와 사고	2	1	2
정신능력과 측정	4	3	4
성격과 측정	3	5	3
적응과 이상행동	3	2	4
사회적 행동	3	5	4
합계	40	40	40

합격수기 COMMENT

작성자:
ma*****
★★★★★

시대에듀의 문을 두드리시는 많은 학습자분들처럼, 저 또한 직장생활과 육아를 병행하며 공부에 대한 열정을 놓지 않았습니다. 학력에 대한 미련이 있었기에 독학사에 자연스레 관심이 생겼고, 시대에듀 교재로 공부를 해서 합격했습니다. 처음 독학학위제 공식 홈페이지에서 평가영역을 봤을 때, 많은 범위들을 보고 막막했습니다. 하지만 시대에듀의 교재는 이를 일목요연하게 정리해주어 방대한 학습량을 쪼개어 이해할 수 있도록 도와주는 길잡이 역할을 해주었습니다. 또한 예상문제 수록으로 회독이 지루하지 않게 도와주었습니다.

작성자:
ar*****
★★★★★

시대에듀 덕분에 많은 불안감을 뒤로하고 시험에 합격할 수 있었습니다. 제가 시대에듀를 선택한 이유는 무엇보다 교재의 내용이 매우 훌륭했기 때문입니다. 중요한 개념은 보기 좋게 표시되어 있었고, 예상문제도 질적·양적으로 모두 만족스러웠습니다. 시험이 얼마 남지 않은 기간에는 최종모의고사로 마무리 정리할 수 있어서 큰 도움이 되었습니다. 저는 사실 공부란 책 한 권으로 혼자 열심히 이뤄내는 과정이라고 생각했습니다. 하지만 시대에듀를 통해 양질의 책과 강의로 공부하는 것이 효율적이고 중요하다는 것을 깨달았습니다.

작성자:
ss*****
★★★★★

시대에듀 독학사 패키지를 통해 10개월 만에 학위를 취득한 직장인입니다. 직장생활을 하면서 전문성을 키우고 싶었으나, 정규 대학은 시간도 금액도 부담이 되었습니다. 그러던 중 독학사 제도를 알게 되었고, 시대에듀의 효율적인 온라인 강의에 매력을 느껴 선택하게 되었습니다. 2~3단계를 학습할 때는 배운 내용을 실제 일상과 업무에 적용하며 이해도를 높이려 노력했고, 마지막 학위취득 과정인 4단계에서는 모의고사 등 문제풀이를 통해 학습한 내용을 총정리하였습니다.
일과 학업을 병행하는 과정이 쉽지는 않았습니다. 하지만 목표를 상기하며 꾸준히 노력한 덕에 합격할 수 있었습니다. 이 과정에서 시대에듀가 큰 도움이 되었습니다!

작성자:
wl*****
★★★★★

타 업체 도서로 먼저 공부하다가 시대에듀 도서를 봤는데, 이론이 체계적으로 한눈에 들어오게 구성되어 있고, 중요 표시도 잘 되어 있어서 좋았습니다. 풍부하게 수록된 단원별 문제를 통해 충분한 연습이 가능했고, 해설이 바로 옆에 있어서 공부 시간도 크게 줄일 수 있어 공부하기 딱 좋은 책이었습니다. 강의도 같이 들었는데, 이전에 들었던 업체보다 훨씬 상세하고 쉽게 설명해주셔서 돈이 아깝지 않을 정도로 큰 도움이 되었습니다.
직장생활과 병행하며 공부하는 게 정말 쉽지 않았지만, 자기계발을 위한 시험으로는 독학사만 한 게 없다고 생각합니다. 처음부터 시대에듀로 했더라면 정말 좋았을 것 같아요 ㅠㅠ

목차 CONTENTS

PART 1 필수 암기 키워드

PART 2 최신기출문제

2025년 기출복원문제　3
2024년 기출복원문제　24
2023년 기출복원문제　42

PART 3 핵심이론 & 실전예상문제

제1장 심리학의 본질
제1절 심리학의 접근방법　3
제2절 심리학의 분야들과 응용　8
제3절 심리학의 연구방법　10
제4절 심리학에서의 측정　12
실전예상문제　15

제2장 행동의 생리적 기초
제1절 뉴런의 구조　23
제2절 중추신경계　27
제3절 대뇌의 구조와 기능　27
제4절 말초신경계　29
제5절 내분비선　31
제6절 뇌의 기능 분화　34
제7절 손상된 뇌　34
실전예상문제　36

제3장 심리적 발달
제1절 행동발달　45
제2절 발달을 형성하는 규정요인　46
제3절 발달연구방법　47
제4절 신체발달 및 운동발달　48
제5절 인지발달　50
제6절 도덕성 발달　54
제7절 성격발달　55
제8절 생의 주기단계　58
실전예상문제　60

제4장 동기와 정서
제1절 동기의 개념　71
제2절 동기의 몇 가지 이론들　72
제3절 동기의 유형　73
제4절 정서에 관한 이론　76
제5절 동기와 정서의 손상　77
실전예상문제　79

제5장 감각과 지각
제1절 정신물리학　89
제2절 시각의 기제와 특징　90
제3절 청각의 기제와 특징　93
제4절 촉각, 후각 및 미각　94
제5절 지각의 일반원리　96
제6절 현 세계의 지각　97
제7절 지각과 주의　99
제8절 형태 재인　101
실전예상문제　102

제6장 학습과 기억
- 제1절 학습의 정의 — 111
- 제2절 파블로프식(고전적) 조건 형성 — 112
- 제3절 도구적(조작적) 조건 형성 — 113
- 제4절 강화 — 115
- 제5절 인지학습 — 117
- 제6절 기억 — 118
- 제7절 이중기억이론 — 120
- 실전예상문제 — 122

제7장 언어와 사고
- 제1절 언어의 본질 — 131
- 제2절 지식과 표상 — 132
- 제3절 언어의 획득 — 134
- 제4절 문제 해결 — 136
- 실전예상문제 — 138

제8장 정신능력과 측정
- 제1절 능력검사의 분류 — 145
- 제2절 좋은 검사의 요건 — 146
- 제3절 검사의 유형 — 148
- 제4절 지적 능력에 관한 검사 — 149
- 제5절 지능의 본질 — 151
- 제6절 유전과 환경이 능력에 미치는 영향 — 154
- 실전예상문제 — 155

제9장 성격과 측정
- 제1절 성격의 정의 — 163
- 제2절 성격 연구의 제(諸) 이론 — 164
- 제3절 각 이론의 적용 — 168
- 제4절 성격의 측정방법 — 169
- 실전예상문제 — 172

제10장 적응과 이상행동
- 제1절 욕구좌절 — 181
- 제2절 적응의 방법 — 182
- 제3절 심리적 장애의 정의와 이론모형 — 185
- 제4절 정신병 — 187
- 제5절 신경증 장애 — 188
- 제6절 성격장애 — 190
- 제7절 심리치료법 — 191
- 실전예상문제 — 192

제11장 사회적 행동
- 제1절 사회적 영향 — 201
- 제2절 사회적 지각 — 205
- 제3절 사회적 관계 — 207
- 제4절 집단과정 — 209
- 실전예상문제 — 215

PART 4 최종모의고사
- 최종모의고사 제1회 — 223
- 최종모의고사 제2회 — 230
- 최종모의고사 제1회 정답 및 해설 — 237
- 최종모의고사 제2회 정답 및 해설 — 242

기록의 힘

나만의 학습 플래너

D -

공부 시작일 (YEAR/MONTH/DAY)　　　/　　　/

2026 독학학위제 시험 일정　　　/　　　/

WEEK 1	WEEK 2	WEEK 3

WEEK 4	WEEK 5	WEEK 6

WEEK 7	WEEK 8	< MEMO >

학습 진행률 확인

	20%	40%	60%	80%	100%

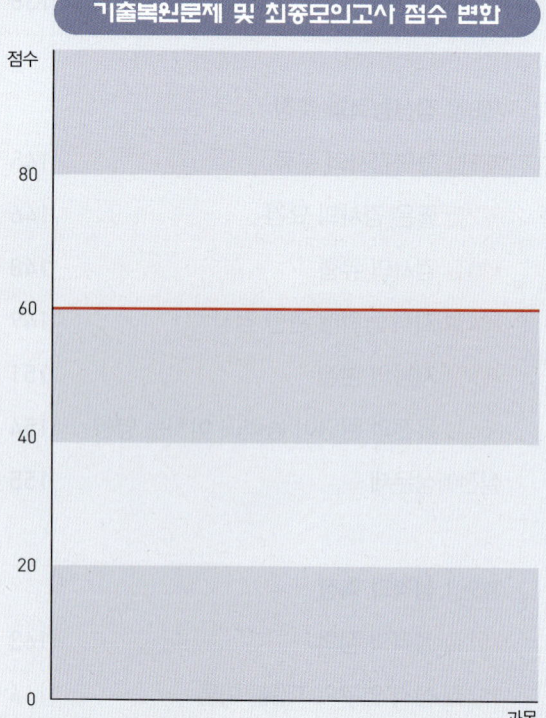

기출복원문제 및 최종모의고사 점수 변화

기록의 힘

나만의 키워드 정리

과 목

키워드	설명	비고

※ 공부하면서 어려웠거나 헷갈렸던 개념, 중요한 개념 등을 한 번 더 정리해 보세요!

기록의 힘 — 나만의 키워드 정리

과 목

키워드	설명	비고

※ 공부하면서 어려웠거나 헷갈렸던 개념, 중요한 개념 등을 한 번 더 정리해 보세요!

심리학개론

최신기출문제

- **2025년** 기출복원문제
- **2024년** 기출복원문제
- **2023년** 기출복원문제

출/제/유/형/완/벽/파/악/

훌륭한 가정만한 학교가 없고, 덕이 있는 부모만한 스승은 없다.

– 마하트마 간디 –

2025년 기출복원문제

심리학개론

※ 기출문제를 복원한 것으로 실제 시험과 일부 차이가 있으며, 저작권은 시대에듀에 있습니다.

01 다음 내용에 해당하는 것은?

> 인간의 의식적·지각적 경험을 이루는 기본 요소를 연구하며, 의식의 구조를 밝히기 위하여 외적 사상을 관찰하듯이 자기의 의식을 주관적으로 관찰·분석하는 방법이 있다.

① 형태주의
② 기능주의
③ 구성주의
④ 행동주의

01
① 형태주의 : 의식을 개별 요소로 나눌 수 없는 전체성을 가진 하나의 고차원적 형태로 본다.
② 기능주의 : 의식이 환경에 어떻게 적응하기 위해 어떤 기능을 수행하는지에 관심을 둔다.
④ 행동주의 : 인간 행동의 예측과 제어에 연구 목적을 두었으며, 자극(S), 반응(R)으로 관찰할 수 있는 행동이 연구 대상이다.

02 조명의 색상이 기억의 증진에 미치는 영향을 알아보고자 할 때, '조명 색상'에 해당하는 실험 요인은?

① 종속변인
② 외생변인
③ 독립변인
④ 통제변인

02 독립변인 : 연구자가 직접 통제하거나 조작하는 변인으로, 변인 간의 관계를 알아내기 위해 원인이 되는 요인이다.
① 종속변인 : 설정된 독립변인의 결과로 달라지는 의존변인으로, 제시문에서는 '기억의 증진'이 종속변인에 해당한다.
② 외생변인 : 독립변인과 종속변인 모두에 영향을 미치는 숨은 변인으로, 실재하지 않는 인과관계를 만들어 내는 변인이다.
④ 통제변인 : 연구자가 인위적으로 통제하는 변인으로, 독립변인 외에 종속변인에 영향을 미치지 않도록 통제해야 하는 변인을 말한다.

정답 01 ③ 02 ③

03 **모집단으로 일반화하기에 적합한 표본자료의 조건**
- 표본 선택 과정에서 특정 집단에 편향되지 않아야 한다.
- 무작위 표본 추출로 표본이 모집단에서 무작위로 선택되어야 한다.
- 모집단과 유사한 특성이나 유사한 분포로 대표성이 있는 표본이어야 한다.
- 표본의 크기가 충분히 커서 모집단의 특성을 반영하기에 유의미한 수준이어야 한다.

04 뉴런의 활동전위는 역치를 넘는 자극이 가해졌을 때만 일정한 크기로 발생하며 그 크기는 자극의 세기에 따라 달라지지 않는다. 이러한 특성을 실무율이라고 하며, 이는 뉴런의 전기적 활동의 기본 원리이다.
① 뉴런이 자극받지 않는 안정전위는 정지전위 상태를 말한다.
③ 탈분극은 막전위가 변화하며 전위차가 축소하며 발생하고, 임계값(-55mV 이상)을 넘으면 활동전위가 발생한다.
④ 충분한 자극을 받으면 탈분극이 진행되며 +, -가 역전되며 활동전위가 발생한다.

05 측두엽 : 청각, 언어, 기억과 관련이 있는 영역
② 전두엽 : 운동, 기억과 판단, 추상적 사고 등 전문화된 영역
③ 후두엽 : 시각 정보를 처리하는 영역
④ 두정엽 : 촉각에 관한 정보를 처리하는 영역

정답 03 ③ 04 ② 05 ①

03 다음 중 모집단으로 일반화하기에 적합한 조건을 포함하는 표본 자료는?
① 변산성이 큰 자료
② 평균값이 큰 자료
③ 표본 크기가 큰 자료
④ 특수한 사례들을 포함하는 자료

04 뉴런의 전기적 활동에 대한 설명으로 옳은 것은?
① 뉴런의 안정전위는 탈분극 상태이다.
② 뉴런의 활동전위는 실무율 법칙에 따른다.
③ 뉴런의 탈분극은 막전위의 전위차가 커져 임계값을 넘을 때 발생한다.
④ 충분히 자극되면 +, -가 역전되며 정지전위가 발생한다.

05 대뇌에서 일차 청각피질이 위치하는 부분은?
① 측두엽
② 전두엽
③ 후두엽
④ 두정엽

06 대뇌의 우반구에서 주로 담당하는 기능이 <u>아닌</u> 것은?

① 언어적 추론과 분석
② 정서의 지각과 통찰
③ 언어표현의 미묘한 감정적 해석
④ 직관적이고 창의적인 사고

06 좌·우반구는 따로 활동하는 것이 아니라 뇌량을 통해 정보교환을 하여 종합적인 사고를 한다.
- 좌반구
  - 논리적, 분석적, 수학적, 언어적 추론으로, 세부적으로 분석하여 단계적으로 해결함
  - 언어, 수학, 분석, 계산, 논리 등의 주요 기능을 담당함
- 우반구
  - 창의적, 직관적, 비언어적 추론으로, 직관적이고 전체적으로 사고함
  - 예술, 감정, 직관, 공간적 인식 기능을 담당함

07 다음 내용에서 괄호 안에 들어갈 말을 순서대로 바르게 나열한 것은?

> 피아제의 인지발달이론에 따르면 인지 성장을 이루는 적응의 유형은 (㉠)와(과) (㉡)의 방식이다. (㉠)은(는) 기존의 도식에 새로운 대상과 사건을 적용하여 해석하는 방식이며, 기존의 도식에 맞지 않는 새로운 대상이나 사건으로 인지 불균형이 초래되면 (㉡)을(를) 통해 기존 도식을 새로운 대상에 맞도록 변경하여 심리적 안정 상태를 찾는 방식으로 발달한다.

	㉠	㉡
①	동화	보존
②	동화	조절
③	조절	평형
④	보존	조절

07
- 도식 : 경험을 해석하고 저장하는 정신적 틀, 동화와 조절을 통해 확장·수정되며 인지평형을 이룬다.
- 적응 : 주위환경의 조건을 조정하는 능력, 주위환경과 조화를 이루고 생존하기 위해 변화하는 과정을 말한다.
- 보존 : 질량은 양적 차원에서는 동일하지만 모양의 차원에서는 변할 수 있다는 개념이다.
- 평형상태 : 동화와 조절의 결과, 조직화된 유기체의 각 구조들이 균형을 이루는 것이다.

정답 06 ① 07 ②

08 ㄱ. 3단계(대인관계의 조화 지향)
　　ㄴ. 6단계(보편적 도덕 원칙 지향)
　　ㄷ. 4단계(법과 질서의 준수 지향)
　　[문제 하단의 표 참고]

08 다음은 부인의 생명을 구하기 위해 남편이 약을 훔치는 상황에 대한 반응이다. 콜버그(Kohlberg)의 도덕성 발달단계에 따른 반응 순서를 바르게 나열한 것은?

> ㄱ. 부인을 살리면 남편은 영웅이 될 것이다.
> ㄴ. 사람은 누구나 살 권리가 있다.
> ㄷ. 약을 훔치면 모든 사람이 남편을 범죄자로 생각할 것이다.

① ㄱ - ㄴ - ㄷ
② ㄱ - ㄷ - ㄴ
③ ㄴ - ㄱ - ㄷ
④ ㄷ - ㄴ - ㄱ

콜버그(Kohlberg)의 도덕성 발달단계

수준	단계	명칭	내용
전인습적 수준 (4-10세)	1단계	도덕성	처벌과 복종을 지향
	2단계	욕구충족의 수단	상대적 쾌락주의에 의한 욕구 충족을 지향
인습적 수준 (10-13세)	3단계	대인관계의 조화	개인 상호간의 조화를 중시하며 착한 소년·소녀를 지향
	4단계	법과 질서의 준수	사회질서에의 존중을 지향
후인습적 수준 (13세 이상)	5단계	사회계약정신	민주적 절차로 수용된 법을 존중하는 한편 상호합의에 의한 변경가능성을 인식
	6단계	보편적 도덕원리	개인의 양심과 보편적인 윤리 원칙에 따라 옳고 그름을 인식

정답 08 ②

09 에릭슨의 심리사회적 발달이론에서 성인기의 특징으로 가장 적절한 것은?

① 생산성 대 침체감
② 주도성 대 죄책감
③ 신뢰감 대 불신감
④ 자아통합 대 절망

09 [문제 하단의 표 참고]

에릭슨(Erikson)의 발달단계

시기	유아기	초기 아동기	학령전기	학령기
특징	신뢰감 대 불신감	자율성 대 수치심(회의)	주도성 대 죄의식	근면성 대 열등감
덕목	희망	의지	목적	유능감
시기	청소년기	초기 성인기	성인기	노년기
특징	자아정체감 대 정체감혼란	친밀감 대 고립감	생산성 대 침체감	자아통합 대 절망감
덕목	성실성	사랑	배려	지혜

정답 09 ①

10　생의 주기단계
- 유아기 : 자신의 욕구가 어떻게 충족되는지에 따라 신뢰감 또는 불신을 형성한다.
- 초기 아동기 : 스스로 제어하는 방법을 학습하고 자기 능력에 대한 불안이나 의심을 갖는다.
- 학령전기 : 자기 행위에 방향성을 갖고 목적을 이루고자 노력하는 시기이다.
- 학령기 : 근면의식과 호기심으로 열의를 보이거나 열등감이 발달하는 시기이다.
- 청소년기 : 일정한 사상을 가진 독립된 인간으로서 정체성을 확립하는 시기이다.
- 초기 성인기 : 타인과의 관계 속에서 친밀감, 유대감을 갖거나 자기 몰두나 고립감에 빠진다.
- 성인기 : 자식을 양육하며, 가족·사회에서 책임 있는 역할로 후진의 지도에 나서는 시기이다.
- 노년기 : 헤어짐과 상실의 시기이다. 삶에 대한 긍정적 인식으로 죽음을 받아들이거나, 부정적 인식으로 절망에 이르기도 한다.

10　다음 중 초기 성인기부터 노년기의 발달에 대한 설명으로 가장 적절하지 않은 것은?
① 타인과의 관계 속에서 친밀감이나 유대감을 형성하고자 한다.
② 가족이나 사회에서 책임 있는 역할을 맡아 후진의 지도에 나서는 시기이다.
③ 스스로가 일정한 사상을 가진 독립된 인간으로서 정체성을 확립하는 시기이다.
④ 사회적 고립감과 경제적 기반을 상실하는 시기이다.

11　① 추동감소이론 : 생리적 결핍을 해소하기 위해 추동(drive)이 생겨 행동을 유발한다는 이론
② 욕구위계이론 : 인간 욕구는 계층적 구조를 이루며, 기본적 욕구가 충족되면 다음 단계의 욕구가 나타나는 구조로 인간이 자아실현을 향해 나아가는 과정에 초점을 맞춘 이론
③ 대립과정이론 : 인간은 한 쌍의 대립 감정을 가지며, 하나의 감정에 치우치면 반대 감정으로 균형이 기울어지는 대립과정이 일어난다는 이론
④ 최적각성수준이론 : 인간이 행복감을 느끼는 정신적 자극의 단계를 유지하기 위해 지루함 또는 과도 자극을 피하는 행동을 한다는 것으로 과제 수행과 연관이 깊은 이론

11　다음 중 유기체의 항상성 유지를 위해 동기가 발생한다고 주장하는 이론은?
① 추동감소이론
② 욕구위계이론
③ 대립과정이론
④ 최적각성수준이론

정답　10 ③　11 ①

12. 다음 중 각성수준과 과제 수행의 관계에 관한 여키스-도슨 법칙에 부합하는 것은?

① 배고픔이나 갈증 해소를 위해 음식 섭취를 유도하여 추동을 해소한다.
② 시험을 준비할 때 너무 긴장하면 불안으로 성과가 저하될 수 있다.
③ 열심히 일한 성과가 보상으로 이어질 것이라고 믿는다면 더 열심히 일할 가능성이 크다.
④ 공포 경험이 반복될 때 대립과정으로 상쇄되어 공포는 경감되고 약간의 긴장과 행복감이 남게 된다.

12 여키스-도슨 법칙은 적절한 각성수준에서 과제 수행이 제일 좋고, 각성수준이 너무 높거나 낮을 때는 과제 수행이 저하된다는 이론이다.
① 추동감소이론
③ 기대이론
④ 대립과정이론

정답 12 ②

13 [문제 하단의 표 참고]

13 다음 중 매슬로우(Maslow)의 욕구위계이론에서 가장 상위 수준의 욕구는?

① 자기존중 욕구
② 자아실현 욕구
③ 존경의 욕구
④ 애정과 소속감 욕구

매슬로우(Maslow)의 욕구 5단계

구분		특징
1단계	생리적 욕구	• 의식주, 종족 보존 등 최하위 단계의 욕구 • 인간의 본능적 욕구이자 필수적 욕구
2단계	안전에 대한 욕구	• 신체적, 정신적 위험에 의한 불안과 공포에서 벗어나고자 하는 욕구 • 추위, 질병, 위험 등으로부터 자신의 건강과 안전을 지키고자 하는 욕구
3단계	애정과 소속에 대한 욕구	• 가정을 이루거나 친구를 사귀는 등 어떤 조직이나 단체에 소속되어 애정을 주고받고자 하는 욕구 • 사회적 욕구로서 사회구성원으로서의 역할 수행에 전제조건이 되는 욕구
4단계	자기존중 또는 존경의 욕구	• 소속 단체의 구성원으로서 명예나 권력을 누리려는 욕구 • 타인으로부터 자신의 행동이나 인격이 승인을 얻음으로써 자신감, 명성, 힘, 주위에 대한 통제력 및 영향력을 느끼고자 하는 욕구
5단계	자아실현의 욕구	• 자신의 재능과 잠재력을 발휘하여 자기가 이룰 수 있는 모든 것을 성취하려는 최고 수준의 욕구 • 사회적, 경제적 지위와 상관없이 어떤 분야에서 최대의 만족감과 행복감을 느끼고자 하는 욕구

정답 13 ②

14 다음 내용에 해당하는 것은?

> 누군가가 밀어서 넘어진 상황은 심장이 빨라지고 손에 땀이 나는 등 불쾌한 감정을 유발한다. 고의로 밀었다고 인지하는 경우 화가 나는 등 분노를 느낄 수 있다. 이를 의도하지 않은 실수로 밀었다고 인지하는 경우 생리적 각성은 여전히 존재하지만 불쾌하나 짜증 정도의 감정으로 받아들일 수 있다.

① 캐논-바드 이론
② 제임스-랑게 이론
③ 샤흐터의 정서 2요인설
④ 플루칙 이론

14

샤흐터의 정서 2요인설 : 외부자극이 신체의 생리적 변화와 정서의 경험을 일으키며, 정서는 생리적 반응과 원인의 인지작용 사이의 상호작용이라고 주장하였다.

① 캐논-바드 이론 : 자극을 대뇌피질에 전달하는 과정에서 정서경험과 동시에 말초신경계에 생리적 변화를 일으킨다는 주장으로, 중추신경계의 역할을 중시한다. 예 숲속 밤길에서 누군가 다가오는 소리가 나면 심장 박동이 증가하고 땀이 나는 동시에 두려움이나 공포를 경험한다.

② 제임스-랑게 이론 : 환경에 대한 신체반응이 정서체험의 원인이 된다는 주장으로, 심장 박동의 증가 등 자율신경계의 변화가 대뇌에 전달되며 정서경험이 일어난다고 본다. 예 슬퍼서 우는 것이 아니라, 우니까 슬픈 것이다.

④ 플루칙 이론 : 감정이 특정 자극에 따라 자동 발생하며 인간의 생존과 적응에 기여한다는 주장으로, 플루칙은 슬픔, 혐오, 노여움, 예상, 즐거움, 인정, 두려움, 놀람의 8가지를 인간의 기본적 정서로 꼽았다.

정답 14 ③

15 절대역 : 감각 기관이 자극을 탐지할 수 있는 최소 강도로, 제시문의 상황에서 10번 중 5번을 못 듣는다면 그 소리가 절대역 근처라는 뜻이다.
② 역하자극 : 감각 기관이 인식하지 못하는 자극으로, 절대역보다 약한 자극이다. 제시문의 상황에서 10번 중 5번은 들었다면 인식은 한다는 것으로 해당되지 않는다.
③ 차이역 : 두 자극 간 차이를 감지할 수 있는 최소한의 차이로, 벨소리의 크기 자체보다 크기의 차이를 느끼는지와 연관된다.
④ 감각순응 : 감각 기관에 지속적인 자극을 줄 때 반응이 점점 감소하는 현상이다. 반복 자극에 감각이 무뎌지는 것으로, 자극 세기 자체가 낮은 제시문과 다르다.

15 다음 내용에서 괄호 안에 들어갈 말로 옳은 것은?

> A는 평소 전화벨 소리를 작게 해 둔다. 지인들은 A가 전화를 잘 받지 않는다며 불평을 한다. A는 자신의 전화벨을 10번 중 5번은 못 듣는다. 이 벨소리의 크기는 A가 들을 수 있는 소리의 ( )이다.

① 절대역
② 역하자극
③ 차이역
④ 감각순응

16 8/40=0.2
따라서 100×0.2=20dB

베버의 법칙
- 감각기가 변화된 자극을 감지하기 위해서는 기준자극의 강도에 비례함
- 기준자극의 강도가 R, 변화된 자극이 ΔR일 때 R의 크기와 무관하게 차이역 K값은 일정함
- ΔR / R = K(일정)

16 다음 내용의 괄호 안에 들어갈 말을 순서대로 바르게 나열한 것은?

> 40dB의 자극이 48dB이 될 때 증가를 감지했다면 8dB이 증가한 것으로 이를 탐지할 확률은 0.5이다. 이것은 100dB이 (㉠)dB만큼 증가해야 동일한 확률로 소리 변화를 탐지할 수 있다. 이 원리를 (㉡)이라고 한다.

	㉠	㉡
①	8	베버의 법칙
②	8	페히너의 법칙
③	20	베버의 법칙
④	20	페히너의 법칙

정답 15 ① 16 ③

17 다음 중 명암 처리를 담당하며, 주로 야간에 활동하는 망막 세포는?

① 간상체
② 추상체
③ 중심와
④ 수정체

18 다음 중 양안부등이 제공하는 정보와 가장 관련 깊은 것은?

① 색상
② 크기
③ 형태
④ 거리 및 깊이

19 다음 내용에 해당하는 고전적 조건 형성의 원리는?

> 어린 시절 개에게 심하게 물린 경험이 있는 A씨는 경비견을 멀리서만 봐도 식은땀이 나고 심장이 크게 뛰는 등 개 전반에 대한 두려움 반응이 있다. 그러나 맹인안내견은 공격적인 개와는 특성이 다르다고 인식되어 두려움을 느끼지 않는다.

① 소거
② 자극 일반화
③ 자극 변별
④ 고차적 조건형성

---

17 ② 추상체 : 색상(빨강, 파랑, 초록)을 감지, 밝은 빛에 민감하며 중심와에 집중
③ 중심와 : 망막에서 가장 선명한 시각을 제공하는 부분
④ 수정체 : 외부로부터의 빛을 굴절시켜 상을 맺히게 하는 렌즈에 해당하는 기관

18 양안부등은 양쪽 눈 사이의 간격으로 인해 생기는 시각 정보의 차이를 말하고, 양안 시차는 그 차이로 인해 망막에 생기는 실제 상의 차이를 의미한다. 왼쪽과 오른쪽 눈이 물체를 볼 때 양안 시차가 융합하며 대상을 입체적으로 보게 한다.

19 자극 변별 : 조건 형성 과정에서 조건 자극과 다른 자극을 변별하는 것이다.
① 소거 : 자극을 주지 않으면 반응의 강도가 감소하는 것으로, 개에게 물렸던 어린 시절 이후 개와 긍정적 상호작용을 경험한다면 두려움 반응은 점차 소거될 것이다.
② 자극 일반화 : 조건형성 되던 조건 자극과 비슷한 자극에도 조건 반응이 일어나는 것으로, 어린 시절 물었던 개와 비슷한 외모를 가진 개에게도 두려움을 느낄 수 있다.
④ 고차적 조건형성 : 기존의 조건화된 자극을 새로운 조건 자극과 결합하여 원래의 조건 자극 없이도 반응을 일으키는 과정을 말하는 것으로, 개를 보고 두려움을 느낄 때 특정 소리와 함께 나타나면 그 소리만으로도 두려움 반응이 나타날 수 있다.

정답 17 ① 18 ④ 19 ③

20

강화: 반응이 다시 발생할 빈도를 증가시키는 것
- **정적 강화**: 유쾌자극 제시로 행동 빈도 증가 예 갈등 상황에서 말로 문제 해결할 때마다 칭찬을 함
- **부적 강화**: 불쾌자극 제거로 행동 빈도 증가

처벌: 이전의 부적 행동을 줄이는 것
- **정적 처벌**: 불쾌자극 제시로 행동 빈도 감소 예 갈등 상황에서 폭력적일 때마다 벌칙 과제를 줌
- **부적 처벌**: 유쾌자극 제거로 행동 빈도 감소

20 다음 내용에서 괄호 안에 들어갈 조작적 조건 형성의 원리는?

> 시끄러운 차량 경고음을 멈추기 위해 안전벨트를 착용하는 것은 (㉠)이며, 갈등 상황에서 공격적인 행동을 많이 하는 아이에게 용돈 액수를 줄이는 것은 (㉡)이다.

	㉠	㉡
①	정적 강화	정적 처벌
②	정적 강화	부적 처벌
③	부적 강화	정적 처벌
④	부적 강화	부적 처벌

21
① 고정비율 강화계획: 특정 행동이 일정한 수만큼 일어나면 강화 제공
② 고정간격 강화계획: 일정한 시간 지난 뒤에 일어나는 특정 첫 번째의 행동 강화 제공 예 직장인의 월급, 학생의 종례 후 일과 평가 보상 등
③ 변동비율 강화계획: 평균 몇 번의 반응 후 강화 제공. 단, 반응횟수는 매번 변경 예 자동 도박 기계, 학생에게 무작위로 주어지는 칭찬 스티커 등
④ 변동간격 강화계획: 평균적인 시간 간격에 강화 제공. 단, 보상 시점은 매번 변경 예 수업 중 무작위 시점에서 수업에 집중하고 있는 학생 칭찬 등

21 다음 내용에 해당하는 것은?

> 보험 회사에서 영업 사원에게 매출액, 계약 건수, 계약 규모 등 다양한 성과 지표를 설정하고 일정한 추가 실적을 달성할 때마다 기본금 외에 성과급을 추가로 지급하는 방법으로 영업 사원의 동기 부여와 역량 개발을 지원한다.

① 고정비율 강화계획
② 고정간격 강화계획
③ 변동비율 강화계획
④ 변동간격 강화계획

정답 20 ④ 21 ①

22 다음 중 비서술기억이 <u>아닌</u> 것은?

① 점화기억
② 암묵기억
③ 절차기억
④ 일화기억

23 다음 내용에 해당하는 것은?

> 뇌 손상 이전 일어난 사건을 기억하지 못하는 증상을 보인다.

① 순행성 기억상실
② 역행성 기억상실
③ 완전성 기억상실
④ 부분성 기억상실

---

22 **서술기억(명시기억)** : 의식적으로 회상 가능한 기억으로 말로 설명(서술)할 수 있는 기억
- 일화기억 : 개인 경험 중심 기억으로 이미지 형태로 부호화
- 의미기억 : 사실, 개념, 지식 중심의 장기기억으로 명제로 표상

비서술기억(암묵기억) : 무의식적 작용으로 말로 설명하기 어려우며 연습이나 반복을 통해 익혀지는 기억
- 절차기억 : 어떤 일을 수행하기 위한 세부 단계들을 빠르고 무의식적으로 수행할 수 있게 해 줌 예) 기술, 습관, 스포츠, 악기 등을 익히는 경우
- 점화기억 : 이전 경험이 무의식적으로 현재 반응에 영향을 줌 예) [간호사] 단어 보여주고 [ㅂ], [ㅇ]을 보여주면 [수학선생님] 단어 본 사람보다 [병원]을 쉽게 떠올림

23 ① 순행성 기억상실 : 손상 이후의 새로운 기억을 형성하지 못하는 증상
③ 완전성 기억상실 : 광범위한 기억 손실을 말하며 일정 기간 안의 모든 기억이 상실된 증상
④ 부분성 기억상실 : 특정 기억이나 시간대의 기억만 잃어서 일정 기간 내에도 기억하는 부분과 못하는 부분이 혼재하는 증상

정답 22 ④ 23 ②

| 24 | ① 음운론 : 의미 구분에 필요한 최소 단위의 체계 연구(음소 포함)
② 형태론 : 의미 갖는 최소 단위인 형태소의 조합 연구(단어 내부 구조 연구)
④ 화용론 : 언어가 실제 상황에서 어떻게 사용되는가를 연구(말의 의도, 맥락, 청자의 해석 포함) |

24 다음 중 단어들이 서로 결합하여 구 또는 문장을 형성하는 규칙을 설명하는 언어 이론은?

① 음운론
② 형태론
③ 통사론
④ 화용론

| 25 | ① 문제 이해 : '무엇이', '어떻게' 문제인가 명확하게 하고 목표 달성을 위한 과제들을 도출하는 단계
② 계획 수립 : 어떻게 접근할 것인가 목표 달성을 위한 전략이나 절차를 세우는 단계
③ 계획 실행 : 문제 해결을 위해 행동을 실천하는 단계
④ 결과 평가 : 기대한 수행 결과와 비교 평가하며 검토 및 수정하는 단계 |

25 문제 해결 단계 중 현재의 문제 상황을 심적(정신적) 공간에 구성하는 과정으로 현재 상태와 목표 상태를 비교하며 문제를 인식하고 정의하는 단계는?

① 문제 이해
② 계획 수립
③ 계획 실행
④ 결과 평가

| 26 | 심리검사가 표준화 요건을 갖추어야 하는 이유
• 수검자에게 동일 환경을 제공하여 차별을 방지하기 위해 표준화 필요
• 점수 해석을 위해 규준(표준집단 평균, 백분위 등)을 적용하려면 표준화 필요
• 동일 조건에서 검사 반복해도 일관된 결과를 도출하는 신뢰도 확보에 표준화 필요
• 일정한 조건에서 검사가 측정하려는 심리 특성을 측정하는 타당도 확보에 표준화 필요
• 표준화된 심리검사는 동일 조건과 기준을 제공하므로 개인 간, 집단 간 결과 비교 가능 |

26 심리검사가 표준화 요건을 갖추어야 하는 이유로 옳은 것은?

① 검사 실시, 채점, 해석 방식 등 표준화된 심리검사는 검사 결과에 수검자와 검사자의 주관성을 확보할 수 있다.
② 표준화된 검사는 검사 원점수를 백분위나 표준점수로 변환하여 집단 내 또는 집단 간 차이를 파악할 수 있다.
③ 검사 절차와 지시, 검사 소요 시간 및 검사 결과의 기록 보관 등에는 수검자를 고려하여 검사자가 융통성을 갖고 환경을 제공할 수 있다.
④ 표준화된 심리검사는 수검자의 각기 다른 나이, 교육 수준, 문화적 배경에도 같은 해석이 가능하다.

정답 24 ③ 25 ① 26 ②

27 다음 내용에 해당하는 것은?

> 체중계로 두 번 체중을 잴 때, 두 체중의 값이 얼마나 일관성 있는지와 관련되어 있다.

① 규준
② 표준화
③ 타당도
④ 신뢰도

28 스탠포드-비네 지능검사의 산출 공식은?

① IQ = (정신연령/생활연령)×100
② IQ = 10×((개인점수-해당연령규준의 평균)/해당연령규준의 표준편차)+100
③ IQ = (생활연령/정신연령)×100
④ IQ = 100×((개인점수-해당연령규준의 평균)/해당연령규준의 표준편차)+10

---

27 신뢰도는 반복되는 측정에서 척도가 얼마나 일관된 결과를 내고 있는가의 정도를 의미한다.
① 규준 : 비교의 기준이 되는 자료 또는 집단의 평균적 수치 예 나이별 평균 체중
② 표준화 : 측정 도구나 절차를 동일하게 적용하여 일관된 결과를 얻도록 하는 것 예 모두가 같은 조건에서 동일한 방식으로 체중 측정하도록 아침 공복, 신발 벗기, 코트 탈의, 같은 체중계 등 절차를 통일하는 것
③ 타당도 : 측정도구가 측정하고자 하는 개념을 제대로 측정하고 있는지의 정도 예 체중계가 실제 체중을 제대로 측정하는가

28 스탠포드-비네 검사의 비율 IQ는 20세 이전의 사람에게 적용한다.
비율지능지수(IQ) = 정신연령/생활연령×100

정답 27 ④ 28 ①

29 ② 스턴버그의 3유형 이론 : 개인 내부세계와 외부세계 경험의 측면에서 성분적(분석적 능력) 지능, 경험적(창의적 능력) 지능, 상황적(실제적 능력) 지능의 3유형으로 구분한다.
③ 가드너의 다중지능 이론 : 일반지능과 같은 단일한 능력이 아닌 다수의 능력으로 구성되며 각 능력의 중요도는 동일하다는 입장으로 각기 다른 독립된 지능을 강조한다.
④ 손다이크의 다요인 이론 : 지능을 추상지능, 동작지능, 사회지능으로 구분하고 이들이 지능을 이루는 서로 다른 요인이라고 하였다.

29 지능의 구성 요인으로 모든 지적과제 수행에 고르게 관여하는 일반적인 능력 즉, 일반 요인과 특정 과제 해결에 활용되는 특수요인이 있다고 주장하는 것은?

① 스피어만의 2요인 이론
② 스턴버그의 3유형 이론
③ 가드너의 다중지능 이론
④ 손다이크의 다요인 이론

30 성격의 5요인
- 개방성
  - 호기심 많고 창의적임
  - 예술적 감수성이 높고 다양성을 추구함
- 성실성
  - 책임감 있고 체계적이며 신중함
  - 목표지향적이고 계획적으로 자기를 통제함
- 외향성
  - 사교적이고 활발함
  - 적극적이고 자극을 추구하며 외부 활동을 선호함
- 우호성
  - 배려심이나 친절, 공감 등으로 인식됨
  - 타인과의 조화를 선호함
- 신경성
  - 정서적으로 불안정하고 스트레스에 민감함
  - 우울, 분노, 긴장 등 부정적 감정 경험이 많음

30 다음 내용에서 괄호 안에 공통으로 들어갈 말로 가장 적절한 것은?

성격 5요인 중 ( ) 점수가 높으면 공감적이고 신뢰감을 주며 대인관계에서 배려하며 협동적일 수 있다. 반면, ( ) 점수가 낮으면 냉소적이고 호전적으로 대인관계가 적대적이고 경쟁적인 모습을 보일 수 있다.

① 개방성
② 성실성
③ 외향성
④ 우호성

정답 29 ① 30 ④

31 다음 내용에서 괄호 안에 들어갈 말로 가장 적절한 것은?

> 아들러는 정신역동이론 학자로, 개인의 성격 형성 과정에서 ( )을(를) 중요한 요인으로 여긴다. 이 과정에서 우월성 추구가 나타나 사회적 상호작용을 통해 더 나은 자아로 나아간다고 보았다.

① 리비도
② 집단무의식
③ 열등감 극복
④ 심리 사회적 발달과업

32 다음 중 과제나 목표를 완수하거나 달성할 수 있다는 신념과 가장 관련 깊은 것은?

① 자아실현
② 자기초월
③ 자기효능감
④ 자기일치

---

31 ① 리비도는 성본능·성충동의 본능적인 성적 에너지를 말하는 것으로, 개인의 사고 및 행동에 지대한 영향을 미친다. 프로이트 정신분석이론에서 본능적인 성적 에너지가 행동과 사고의 동기가 된다며 리비도를 강조하였다.
② 집단무의식은 융이 제시한 개념이며, 인류 공통의 무의식 구조로 신화, 상징, 원형 등을 포함한다.
④ 에릭슨이 제시한 개념으로, 전 생애를 8단계로 나누어 심리 사회적 발달과업을 강조하였다.

32 자기효능감은 반두라의 사회학습이론 핵심 개념으로, 개인이 자신의 능력을 믿고 특정 상황이나 과제에서 성공적으로 수행할 수 있다고 느끼는 신념을 말한다.
① 자아실현 : 매슬로우의 욕구 5단계 이론에서 최상위 단계로, 자신의 잠재력을 최대한 발휘하려는 단계이다.
② 자기초월 : 빅터 프랭클 등이 제시한 매슬로우의 '자아실현' 단계 이후의 단계로, 자신을 넘어서 더 큰 목적에 헌신하는 단계이다.
④ 자기일치 : 칼 로저스가 제시한 개념으로, 현실 자아와 이상적 자아 간의 일치를 의미한다.

정답 31 ③ 32 ③

33 ① 접근-접근 갈등 : 모두 긍정 목표 중 하나 선택할 경우 예 시험 잘 보기 vs 친구와 놀기
② 회피-회피 갈등 : 모두 부정 선택지 중 하나 선택할 경우 예 숙제 하기 싫은데 안 하면 혼남
③ 접근-회피 갈등 : 하나가 긍정이면서 동시에 부정적인 요소일 경우 예 맛있지만 살찌는 음식
④ 다중접근-회피 갈등 : 접근-회피 갈등의 확장으로, 모두 각각 접근과 회피 요소가 동시 존재할 경우 예 비싼 새집을 살 것인가 값싼 중고 집을 살 것인가

33 다음 내용에 해당하는 것은?

> 시험 기간에 열심히 공부하여 시험을 잘 치르고 싶지만, 학교가 일찍 끝났으니 친구들과 놀고 싶은 마음도 있다.

① 접근-접근 갈등
② 회피-회피 갈등
③ 접근-회피 갈등
④ 다중접근-회피 갈등

34 ㄷ. 용납할 수 없는 생각과 감정, 기억을 부정하고 의식 밖으로 몰아내어 감정적 갈등이나 스트레스를 처리하는 기제는 '억압'이다. '부정'은 의식하고 싶지 않은 욕구, 충동, 현실을 무의식적으로 부정함으로써 불안으로부터 보호하는 기제이다.
ㄹ. 사회적으로 용납할 수 없는 욕구를 사회적으로 허용되는 형태로 표출하는 기제는 '승화'이다. '합리화'는 자신의 정당성을 확보하기 위해 핑계를 대거나 다른 것에 책임을 전가하는 기제이다.

34 방어기제에 대한 설명으로 옳은 것을 모두 고른 것은?

> ㄱ. 곤란한 상황에 직면했을 때 과거의 미숙한 행동으로 돌아가는 기제는 '퇴행'이다.
> ㄴ. 자기가 억압하는 생각과 감정을 다른 사람의 것처럼 전가하는 기제는 '투사'이다.
> ㄷ. 용납 안 되는 생각과 감정, 기억을 부정하고 의식 밖으로 몰아내는 기제는 '부정'이다.
> ㄹ. 사회적으로 용납되지 않는 욕구를 사회적 허용 형태로 표출하는 기제는 '합리화'이다.

① ㄱ, ㄴ
② ㄱ, ㄷ
③ ㄴ, ㄹ
④ ㄷ, ㄹ

정답 33 ① 34 ①

35 다음 내용에 해당하는 것은?

> 개방된 곳에서 도피가 곤란하거나 도움을 받기 힘들다고 느끼면 극단적 공포를 경험하며, 탈출이 어려운 장소나 상황을 두려워하고 회피하는 불안장애이다. 밖에 나가면 불안 발작이 생길 때 도움 받지 못할 공포 때문에 외출을 삼가기도 한다.

① 사회공포증
② 폐쇄공포증
③ 특정공포증
④ 광장공포증

36 다음 내용에 해당하는 것은?

> - 타인의 관심을 끌기 위해 과장된 언어표현으로 강렬해 보일 수 있다.
> - 남을 조종·통제하려고 하며, 남의 의견도 자기중심적으로 해석하는 등 자신이 관심의 중심에 있고자 한다.
> - 타인의 성격이나 태도에 지나치게 민감하며, 쉽게 '친한 친구'로 부르지만, 실제는 깊지 않은 경우가 많다.
> - 자신의 문제에 대해서는 책임을 회피하며 급변하는 감정표현으로 화제를 전환하기도 한다.

① 편집성 성격장애
② 연극성 성격장애
③ 경계선 성격장애
④ 반사회적 성격장애

---

35 광장공포증 : 탈출이 어렵거나, 도움 받기 어려운 공간이나 상황 예 넓은 공간, 붐비는 장소, 대중교통 등에서 공황발작이 생길까 봐 외출 회피
① 사회공포증 : 다른 사람 앞에서 평가받거나 관찰당하는 상황 예 발표, 식사, 면접 등 망신당할까봐 불안, 대인관계 회피 경향
② 폐쇄공포증 : 좁고 밀폐된 공간에 있는 상황 예 엘리베이터, 비행기 등 갇히는 것에 대한 두려움
③ 특정공포증 : 특정 대상 또는 상황 예 동물(비둘기, 뱀 등), 자연(천둥, 물 등), 혈액, 고소공포 등 특정한 대상에만 공포 반응

36 연극성 성격장애 : 자신이 주인공이기를 바라며 관심받기 위해 지나치게 노력함
① 편집성 성격장애 : 타인의 언행이 자신에 대한 악의와 비판으로 차 있다고 해석함
③ 경계선 성격장애 : 타인에게 버림받는 것을 두려워하여 대상에게 집착함
④ 반사회적 성격장애 : 양심의 가책이 결여되어 반사회적인 행동을 반복함

정답 35 ④ 36 ②

37 동조는 타인이나 집단의 기준, 가치관, 기대에 순응하여 행동하는 것으로 동조의 원인은 자기방어, 규범, 정보, 친화 욕구 등의 측면에서 관찰된다.
- 다수의 의견에 반대하면 집단의 배제나 징벌이 예상되므로 동조의식 작용
- 타자의 반응과 기대감을 의식하여 승낙을 얻거나 거절을 피하려는 동조의식 작용
- 타자의 정보를 자신의 의견이나 판단의 근거로 받아들이는 동조의식 작용
- 친밀한 사이에서 거부당하지 않으려는 친화 욕구로 동조의식 작용

37 과제 해결을 위한 집단 논의 중에 동조행동이 나타날 가능성이 가장 낮은 경우는?

① 자신보다 다른 사람의 능력이 뛰어나다고 느끼는 사람
② 친화 동기가 높은 사람
③ 자기에 대한 확신과 자신감이 높은 사람
④ 자신 이외에 같은 의견을 가진 사람이 없는 사람

38 기본적 귀인 오류 : 행위 원인이 행위자의 특성이라는 내적 요인에만 치우치는 경향 / 지각한 사람을 [게으르다]고 판단하였으나, 교통사고 때문에 지각한 것이었다.
② 행위자-관찰자 편향 : 동일한 행동이 타인은 내적 원인, 행위자 자신은 외적 원인으로 파악 / 내가 지각한 이유는 [길이 막혀서]이고, 타인은 [게으른 성격] 때문이다.
③ 이기적 편향 : 성공은 자신의 내부 귀인, 실패는 외부 귀인으로 해석 / 시험을 잘 보면 [내가 똑똑해서]이고, 성적이 낮으면 [문제가 이상해서]이다.
④ 확증편향 : 자기 가치관, 기대, 신념, 판단에 부합하는 확증적 정보만 선택적으로 인지하고 일치하지 않는 정보는 무시하는 편향된 현실 인식 방식

38 기본적 귀인 오류에 대한 설명으로 가장 적절한 것은?

① 지각한 사람을 게으르다고 판단하였으나, 교통사고 때문에 지각한 것이었다.
② 내가 지각한 이유는 길이 막혀서이고, 타인은 게으른 성격 때문이다.
③ 시험을 잘 보면 내가 똑똑해서이고, 성적이 낮으면 문제가 이상해서이다.
④ 비타민C가 암에 긍정적인 영향을 준 정보만 검색하고, 반대 연구 결과는 무시하며 비타민C가 암을 치료한다고 믿는다.

정답 37 ③ 38 ①

39 다음에서 제시되지 <u>않은</u> 호감 결정 요인은?

> A와 B는 같은 학과 학생으로 기숙사 같은 층에 있음을 알게 되었다. 전공 수업에서 자주 만났고 시험공부 스타일이 비슷해 도서관 이용 시간 자주 겹쳤다. A는 B가 단정하고 밝은 외모라 호감이 갔는데 같이 과제 수행하면서 성실하고 배려 있는 성격임을 알게 되었다. 서로 좋아하는 영화 장르가 같아 영화를 함께 보며 더욱 친해졌다.

① 근접성
② 친숙성
③ 유사성
④ 보상

39 A와 B는 같은 학과 학생으로 기숙사 같은 층에 있음을 알게 되었다(**근접성, 친숙성**). 전공 수업에서 자주 만났고 시험공부 스타일이 비슷해 도서관 이용 시간 자주 겹쳤다(**근접성, 친숙성, 유사성**). A는 B가 단정하고 밝은 외모라 호감이 갔는데 같이 과제 수행하면서 성실하고 배려 있는 성격임을 알게 되었다(**신체적 매력, 인격적 매력**). 서로 좋아하는 영화 장르가 같아 영화를 함께 보며 더욱 친해졌다(**유사성**).

대인관계에서 호감을 결정하는 요인
- 친숙성
- 근접성
- 유사성
- 보상
- 신체적 매력
- 인격적 매력
- 하이더의 인지적 균형이론

40 다음 중 집단사고가 잘 형성되는 조건이 <u>아닌</u> 것은?

① 집단 구성원들이 너무 친밀하고 비판적 사고가 약화된 상황
② 시간의 압박, 위기 상황 등에서 빠르게 결정을 내려야 하는 경우
③ 최악의 경우를 검토하며 다양한 가능성을 시뮬레이션하며 대안을 마련하는 경우
④ 리더가 명확한 방향을 제시하여 제안된 의견에 집중하는 경우

40 집단사고는 집단의 합의과정에서 불합리하거나 위험한 의사결정이 이루어지는 것이다. 이는 집단의사결정의 일반적 과정에서 비판 없이 합의에만 초점을 두었을 때 일어나는 현상이다. 구성원 간의 고도 응집력, 지도자의 강한 영향력, 외부 상황의 압력, 대안 검토의 부족, 외부 정보의 차단, 구성원 가치관 등의 동질성 등은 집단의결의 질을 저하하는 조건이 될 수 있다. 그러므로 비판적인 사고의 장려, 외부 의견 수용, 익명성 보장, 리더의 중립적 태도, 대안적 시나리오 작성, 집단 분할 토론 등을 통해 집단사고를 방해하거나 예방할 수 있다.

정답 39 ④ 40 ③

심리학개론

2024년 기출복원문제

※ 기출문제를 복원한 것으로 실제 시험과 일부 차이가 있으며, 저작권은 시대에듀에 있습니다.

01 다음 내용과 가장 관련 깊은 것은?

> 내성법으로 개인의 의식 경험을 주관적으로 관찰·분석하는 방법을 비판하는 심리학적 접근방법의 하나로, 인간의 정신 현상을 요소들의 집합이 아닌 하나의 흐름으로 보았다.

① 형태주의
② 구성주의
③ 기능주의
④ 행동주의

01
① 형태주의 : 인식활동을 개별 요소로 나눌 수 없는 전체성을 가진 고차원적 형태로 다루는 방법
② 구성주의 : 의식을 구성요소로 분석하고 그 요소들의 결합으로 의식 현상을 설명하는 방법
④ 행동주의 : 관찰 가능한 행동을 통해 인간이나 동물의 심리와 행동을 연구하는 방법

02 다음 내용과 가장 관련 깊은 것은?

> 인간의 자유 의지와 스스로 선택하는 능력을 중시하며, 행동은 개인의 주관적인 경험에 따라 달라진다고 보았다. 잠재능력, 자기실현, 주체성 등 인간의 긍정적이고 적극적인 측면을 강조한다.

① 인지적 관점
② 인본주의적 관점
③ 행동주의적 관점
④ 정신분석적 관점

02
① 인지적 관점 : 인지활동을 하나의 정보처리 시스템으로 간주하고 인지과정에 집중한다.
③ 행동주의적 관점 : 인간 행동을 환경조건의 자극과 반응의 관계로 이해하는 관점이다.
④ 정신분석적 관점 : 유아기의 억압된 무의식이 성격 형성과 발달에 영향을 끼친다고 보는 관점이다.

정답 01 ③ 02 ②

03 다음 실험에서 변인의 종류와 실험 요인이 바르게 짝지어진 것은?

> 대학생의 카페인 섭취가 학습 태도에 미치는 효과연구에 진로 스트레스의 영향력 검증을 위해 ○○시 소재 대학교에서 진행하였다. 실험 편차를 고려하여 오전 수업만 수강하면서 진로 고민이 심각한 60명을 모집하고, 두 그룹으로 나누어 30명씩 무선할당하였다. 한 그룹에는 고카페인 음료를 제공하고, 나머지 한 그룹에는 디카페인 음료를 제공하였다.

① 종속변인 – 대학생의 실험 참가율
② 매개변인 – 학습 태도의 효과성
③ 통제변인 – 진로 스트레스의 정도
④ 독립변인 – 카페인 섭취 여부

03 독립변인 : 종속변인에 영향을 주기 위해 실험자가 조작하거나 통제하는 값이다.
   ① 종속변인 : 설정된 독립변인의 결과로서 달라지는 의존변인으로, 제시문에서 학습 태도가 이에 해당된다.
   ② 매개변인 : 독립변인이 종속변인에 미친 효과가 다른 예측변인을 통해 발생할 때 그 예측변인으로, 제시문에서 진로 스트레스가 이에 해당된다.
   ③ 통제변인 : 연구를 수행할 때 영향을 주지 않도록 통제하는 변인으로, 제시문에서는 오전 수업만 수강하는 대학생이 이에 해당된다.

04 다음 내용과 가장 관련 깊은 것은?

> 심리학 연구방법 중 하나로, 조작이나 통제를 가하지 않고 일상적인 상황에서 발생하는 사건이나 행동을 관찰하는 방법이다. 이러한 연구방법은 인과관계가 분명하지 않을 수 있으며 재현이 어려운 특징을 갖는다.

① 사례연구
② 자연관찰
③ 실험관찰
④ 현장관찰

04 ① 사례연구 : 개인의 성장·발달 과정의 구체적인 사례를 임상적으로 연구하는 방법
   ③ 실험관찰 : 실험자가 상황이 발생하는 장면을 조작하고 통제하는 연구방법
   ④ 현장관찰 : 연구자가 참여관찰하고 체험함으로써 현장 전체의 이해를 목적으로 하는 연구방법

정답 03 ④ 04 ②

05 **척도의 종류와 예시가 올바르게 연결된 것은?**
① 등간척도 – 성별
② 비율척도 – 온도
③ 명목척도 – 학력
④ 서열척도 – 소득수준

05 서열척도 : 변수의 속성들의 서열화(예 선호도, 석차, 자격등급 등)
① 등간척도 : 절대 영점은 없지만 서열·속성 간격 동일(예 IQ, EQ, 온도, 학력, 점수, 사회지표 등)
② 비율척도 : 절대 영점을 포함한 절대적 크기 비교(예 길이, 무게, 매출액, 출생률, 경제성장률 등)
③ 명목척도 : 차이점과 유사점에 따른 단순한 범주화(예 성별, 종교, 인종, 결혼유무 등)

06 **대뇌에서 일차 시각피질이 위치하는 부분은?**
① 후두엽
② 두정엽
③ 측두엽
④ 전두엽

06 후두엽 : 시각 정보를 처리하는 영역
② 두정엽 : 촉각에 관한 정보를 처리하는 기능을 가진 영역
③ 측두엽 : 청각, 언어, 기억과 관련이 있는 영역
④ 전두엽 : 운동, 기억과 판단, 추상적 사고 등 전문화된 영역

07 **뇌의 영역에서 대상회, 해마, 편도체 등과 같은 영역들의 집합으로, 정서 반응의 조절과 학습, 기억, 공격 행동 등에 관여하는 곳은?**
① 소뇌
② 척수
③ 시상하부
④ 변연계

07 ① 소뇌 : 평형 기능, 수의운동의 조절 등 신체의 세밀하고 다양한 운동기능을 담당하며, 손상을 입으면 평형 감각에 이상이 생긴다.
② 척수 : 중추신경과 말초신경 사이에서 정보전달을 중계하거나 반사기능을 한다.
③ 시상하부 : 생명유지의 중추적인 역할을 하여 혈압, 체온, 소화, 면역 등 자율신경 기능과 내분비 기능을 제어한다.

정답 05 ④ 06 ① 07 ④

08 다음 내용과 가장 관련 깊은 것은?

> 스트레스 상황 시 심장박동을 빠르게 하고 신체가 대응할 수 있도록 많은 양의 에너지를 소비하게 하며, 싸움이나 도주 반응을 일으키는 근력을 증가시킨다. 긴급 상황에서는 중요하지 않은 신체 작용을 느리게 한다.

① 체성신경계
② 중추신경계
③ 교감신경계
④ 부교감신경계

08
① 체성신경계 : 말초신경계의 일부로 운동신경(원심성신경)과 감각신경(구심성신경)으로 나뉜다.
② 중추신경계 : 뇌와 척수로 이루어지며, 정보를 기억·판단하여 음성·운동·반사 등을 명령한다.
④ 부교감신경계 : 동공의 수축, 맥박의 느려짐, 혈압의 하강 등 신체를 편안하고 안정된 상태로 유지시킨다.

09 피아제의 인지발달단계에 대한 설명으로 가장 적절하지 않은 것은?

① 과거나 미래가 없는 현재의 세계만 인식하는 시기는 감각운동기이다.
② 대상 영속성이 확립되며 직관적인 수준의 사고를 하는 시기는 전조작기이다.
③ 구체적 조작기의 사고를 나타내는 대표적인 예로는 물활론과 자아중심성 등이 있다.
④ 형식적 조작기에는 가설의 설정, 검증, 연역적 사고가 가능하다.

09 전조작기 사고를 나타내는 대표적인 예는 상징놀이와 물활론, 자아중심성이다. 구체적 조작기에는 자아중심성과 비가역성을 극복할 수 있다.

정답 08 ③ 09 ③

10 형식적 조작기는 추상적 사고가 발달하고, 실제 경험하지 않은 영역에 대한 논리적인 활동계획을 수립하며, 가설의 설정·검증·연역적 사고가 가능하다. 이 시기에는 체계적인 사고능력, 논리적 조작에 필요한 문제해결능력이 발달한다.

11 [문제 하단의 표 참고]

10 피아제의 인지발달단계 중 어느 단계에 대한 내용인가?

> A>B, B>C이면 A>C와 같이 구체적 대상이 없는 추상적인 개념에 대해서도 논리적 추론이 가능한 단계이다.

① 전조작기
② 감각운동기
③ 형식적 조작기
④ 구체적 조작기

11 다음 내용과 가장 관련 있는 것은?

> • 콜버그의 도덕적 추론의 발달수준 중 하나이다.
> • 도덕적 판단의 근거로 인간관계의 유지 및 사회질서를 준수하는 수준이다.
> • 착한 소년, 착한 소녀를 지향하는 수준이다.

① 인습적 수준
② 중인습적 수준
③ 전인습적 수준
④ 후인습적 수준

전인습적 수준 (4~10세)	1단계	도덕성	처벌과 복종을 지향
	2단계	욕구충족의 수단	상대적 쾌락주의에 의한 욕구충족을 지향
인습적 수준 (10~13세)	3단계	대인관계의 조화	개인 상호 간의 조화를 중시하며 착한 소년·착한 소녀를 지향
	4단계	법과 질서의 준수	사회질서에의 존중을 지향
후인습적 수준 (13세 이상)	5단계	사회계약 정신	민주적 절차로 수용된 법을 존중하는 한편, 상호합의에 의한 변경가능성을 인식
	6단계	보편적 도덕원리	개인의 양심과 보편적인 윤리원칙에 따라 옳고 그름을 인식

정답 10 ③ 11 ①

12 프로이트의 성격발달단계의 순서로 옳은 것은?

① 구강기 → 잠복기 → 남근기 → 항문기 → 생식기
② 구강기 → 남근기 → 잠복기 → 항문기 → 생식기
③ 구강기 → 항문기 → 남근기 → 잠복기 → 생식기
④ 구강기 → 항문기 → 잠복기 → 남근기 → 생식기

12 [문제 하단의 표 참고]

구분	내용
구강기 (0~1세)	• 아동의 리비도는 입, 혀, 입술 등 구강에 집중 • 구강기 전기에는 빨기와 삼키기에서 자애적 쾌락을 경험 • 구강기 후기에는 이유에 대한 불만에서 어머니에 대한 최초의 양가감정 경험 • 이 시기의 고착은 손가락 빨기, 손톱 깨물기, 과음, 과식 등의 행동으로 발현 가능
항문기 (1~3세)	• 배변으로 생기는 항문 자극에 의해 쾌감을 얻으려는 시기 • 배변훈련을 통한 사회화의 기대에 직면 • 이 시기의 고착은 결벽증이나 인색함으로 발현 가능
남근기 (3~6세)	• 리비도가 성기에 집중되어 성기를 자극하고 자신의 몸을 보여주거나 다른 사람의 몸을 보면서 쾌감을 경험 • 남아의 거세불안(오이디푸스 콤플렉스), 여아의 남근선망(엘렉트라 콤플렉스) 경험 • 아동은 부모와의 동일시 및 적절한 역할 습득을 통해 양심과 자아 이상을 발달시키며, 이 과정에서 초자아가 성립
잠복기 또는 잠재기 (6~12세)	• 다른 단계에 비해 평온한 시기로, 성적 욕구가 억압되어 성적 충동 등이 잠재되는 시기 • 리비도의 대상은 동성 친구로 향하고 동일시 대상도 주로 친구 • 잠복기 아동의 에너지는 지적인 활동, 친구와의 우정 등으로 집중
생식기 (12세 이후)	• 잠복되어 있던 성적 에너지가 되살아나, 또래의 이성 친구에게 관심 • 이 시기에 사춘기를 경험하며, 2차 성징 발현

정답 12 ③

13 최적각성수준이론을 '역전된 U함수' 또는 'Yerkes-Dodson 법칙'이라고도 한다. 과제의 수준이 높을 때는 각성의 수준이 낮아야, 과제의 수준이 낮을 때는 각성의 수준이 높아야 효율이 증대된다.

13 다음 내용과 가장 관련 깊은 것은?

> 각성 상태가 중간 수준일 때, 수행 수준이 가장 높다는 것을 말한다.

① 리비도
② 추동감소수준
③ 호메오스타시스
④ 최적각성수준

14 제임스-랑게 이론은 환경에 대한 신체반응이 정서체험의 원인이 된다는 주장이다. 심장박동이나 혈압과 같은 자율신경계의 변화가 대뇌에 전달되어 정서경험이 일어나는 것처럼, 신경생리학적 변화가 정서를 촉발한다는 의미이다. '슬퍼서 우는 것이 아니라 우니까 슬픈 것이다'라는 말로 대표된다.

14 다음 내용과 가장 관련 깊은 이론은?

> 정서를 '흥분한다는 사실을 지각할 때 신체적 변화가 나타나고 그 신체 반응에 대한 느낌'이라고 말한다.

① 캐논-바드 이론
② 플루칙 이론
③ 제임스-랑게 이론
④ 샤흐터의 정서 2요인설

15 학습된 무기력은 실패와 좌절이 반복되면 무력감을 학습하게 되어 자극에서 벗어나려는 자발적인 노력을 시도하지 않게 된다는 마틴 셀리그먼의 이론이다.

15 다음 사례와 가장 관련 있는 이론은?

> 10년 동안 가정 폭력을 당한 중년 여성에게 상담자가 왜 이혼을 하지 않는지 물었더니, 여성은 남편을 이길 수도 없고 벗어날 수도 없다고 답하며, 남편의 폭력은 통제할 수 없다고 한숨을 쉬었다.

① 기저효과
② 추동감소이론
③ 기대이론
④ 학습된 무기력이론

정답 13 ④ 14 ③ 15 ④

16 다음 내용과 가장 관련 깊은 것은?

> 20g에 5g이 더했을 땐 차이를 잘 탐지하다가, 200g에 5g을 더했을 땐 차이를 잘 탐지하지 못한다. 이와 같이 두 자극의 강도 비율에 따라 차이역이 변화하는 것으로, 감지하는 자극의 일정한 차이는 항상 등비로 증가해야 한다.

① 역하자극
② 신호탐지이론
③ 베버의 법칙
④ 감각순응

16 베버의 법칙은 변화된 자극을 감지하기 위해서는 기준 자극의 강도에 비례해서 변화의 강도도 커져야 한다는 이론이다.
① 역하자극 : 역치 이하의 자극으로, 감지할 수 없는 자극
② 신호탐지이론 : 자극에 대한 민감도와 반응기준에 따라 자극(신호)탐지가 달라진다는 이론
④ 감각순응 : 자극이 지속되면 수용기 감수성이 변화하여 그 반응이 감소하는 현상

17 시각에 대한 설명으로 가장 적절하지 않은 것은?

① 간상체는 색의 명암에 반응하여 추상체가 반응하지 않을 때 필요하다.
② 삼원색이론은 삼원색의 가산적 혼합으로 모든 색을 만들어 낼 수 있다는 이론이다.
③ 반대색설이론은 삼원색이론의 잔상효과에 근거를 두고 있다.
④ 선조 피질은 V1 영역으로 시각 정보의 일차적 수용 부위이다.

17 헤링의 반대색설이론은 빨강-초록, 흰색-검은색, 파랑-노랑의 대립쌍의 합성과 분해를 통해 색을 인식한다는 이론으로, 삼원색이론에서 설명하지 않는 잔상효과에 근거를 두고 있다.

정답 16 ③ 17 ③

18 ㄱ, ㄴ, ㄷ, ㄹ 모두 선택적 주의에 대한 옳은 설명이다.

18 선택적 주의에 대한 설명으로 옳은 것을 모두 고르면?

> ㄱ. 청각에도 존재한다.
> ㄴ. 대표적인 예로 지각적 착각을 들 수 있다.
> ㄷ. 양분청취 결과 집중하지 않은 쪽의 물리적 변화는 알아도 의미는 인지하지 못한다.
> ㄹ. 감각기관에는 필요 이상으로 많은 정보가 들어오므로 취사선택할 필요가 있다.

① ㄱ, ㄴ
② ㄱ, ㄴ, ㄷ
③ ㄱ, ㄷ, ㄹ
④ ㄱ, ㄴ, ㄷ, ㄹ

19 자극 일반화란 조건 형성이 될 경우 조건 자극과 비슷한 자극에도 조건 반응이 일어나는 것을 의미한다.
① 무조건 반응 : 유기체가 생득적으로 가지는 반응
② 무조건 자극 : 무조건 반응을 일으키는 자극
④ 자극 변별 : 조건 형성 과정에서 조건 자극과 다른 자극을 변별하는 것

19 다음 내용에서 괄호 안에 들어갈 용어로 가장 적절한 것은?

> "자라 보고 놀란 가슴, 솥뚜껑 보고 놀란다."라는 말처럼, ( )은(는) 조건화 과정에서 경험한 자극이 아닌 비슷한 자극에도 반응을 하는 것을 말한다.

① 무조건 반응
② 무조건 자극
③ 자극 일반화
④ 자극 변별

정답 18 ④ 19 ③

20 다음 중 정적 처벌의 예로 옳은 것은?

① 아이의 공부하는 행동을 칭찬하여 공부하는 행동을 늘게 하는 것처럼, 자극을 제시함으로써 행동의 빈도를 증가시키는 것
② 뜨거운 난로에 손을 댔다가 통증이 오면 난로에 손대는 행동이 줄어드는 것처럼, 자극을 제시함으로써 행동의 빈도를 줄이는 것
③ 비가 내릴 때 우산을 쓰면 비를 맞지 않게 됨으로써 우산 쓰는 행동이 증가하는 것처럼, 자극을 소거하여 행동의 빈도를 증가시키는 것
④ 게임을 할 때마다 용돈을 줄이면 게임 시간과 행동이 줄어드는 것처럼, 자극을 소거함으로써 행동의 빈도를 줄이는 것

20 조작적 조건형성의 목적은 도구를 사용[조작, 자극(강화물)제시나 소거]한 강화나 처벌로 행동의 변화를 꾀하는 것이다. 뜨거운 난로에 손을 대는 상황에서 통증 제공(자극 제시)으로 행동을 줄이는 것(처벌)처럼, 정적 처벌은 자극 제시로 행동 빈도를 감소시키는 것을 말한다.
① 정적 강화 : 공부하는 행동 칭찬(자극 제시), 공부 행동 증가(강화)
③ 부적 강화 : 비를 맞지 않게 됨(자극 소거), 우산 쓰는 행동 증가(강화)
④ 부적 처벌 : 게임 시 용돈을 줄임(자극 소거), 게임 행동과 시간 감소(처벌)

21 환경으로부터 감각기관으로 들어온 정보를 선택적으로 처리하며 물리적 자극이 잠시 저장되는 기억은?

① 단기기억
② 잔향기억
③ 일화기억
④ 의미기억

21 ② 잔향기억 : 청각적 자극을 순간적으로 기억하는 감각 기억
③ 일화기억 : 개인의 일상적 경험을 보유하는 장기적 기억
④ 의미기억 : 명시적 기억의 일종으로, 경험이 배제된 단순한 지식적인 기억

22 다음 내용과 가장 관련 깊은 것은?

> 장기기억의 종류 중 하나로, 어떤 일을 수행하기 위한 세부 단계들을 빠르고 무의식적으로 수행할 수 있게 해 준다.

① 일화기억
② 절차기억
③ 서술기억
④ 의미기억

22 ① 일화기억 : 개인의 추억이나 사건 등에 대한 자전적 기억으로, 시공간적인 기억
③ 서술기억 : 선언적 기억이라고도 하며, 의식적으로 회상이 가능한 경험과 지식에 대한 기억
④ 의미기억 : 사실과 정보에 대한 기억으로, 내용·지식·학습한 개념(사실, 법칙) 등의 장기기억

정답 20 ② 21 ① 22 ②

23 간섭이론은 망각을 기억 이전이나 이후의 정보에 의해 기억정보가 방해받기 때문에 생기는 현상으로 본다. 먼저 학습한 것이 나중에 학습한 것을 간섭할 때 순행간섭이라 하고, 최근 학습한 것이 이전에 학습한 것을 간섭할 때 역행간섭이라고 한다.
② 시연 : 기억할 항목을 반복, 복창하여 기억력을 높이는 방법
③ 대치 : 새로운 정보가 오면 오래된 정보가 사라지며 기억의 자리를 바꾸는 현상
④ 건망 : 일정 기간의 기억을 상실하는 현상

24 기능적 고착은 어느 사물의 습관적인 기능에 얽매여 그것이 가진 잠재적인 사용법을 활용하지 못하는 경향으로, 재생적 사고가 생산적 사고를 저해하는 경우에 해당한다.
① 재생적 사고 : 과거에 문제를 경험한 사실을 활용하여 해결하려는 사고
② 생산적 사고 : 기존에 알지 못하던 새로운 관계성을 발견하는 사고로, 창의성에 관계됨
④ 귀납적 추론 : 개별적이고 특수한 사례로부터 일반적이고 보편적 법칙을 찾는 방법

25 검사절차의 표준화는 검사 실시 상황이나 환경적 조건에 대한 엄격한 지침을 제공하는 동시에 검사자의 질문 방식이나 수검자의 응답 방식까지 구체적으로 규정함으로써 시간 및 공간의 변화에 따라 검사 실시 절차가 달라지지 않도록 하는 것을 말한다.

정답 23 ① 24 ③ 25 ②

---

23 다음 사례와 가장 관련이 있는 용어는?

> 기말고사를 앞두고 심리학개론을 먼저 공부한 후, 경제학개론을 공부하였다. 그런데 다음 날 심리학개론 시험을 볼 때, 먼저 공부한 심리학개론의 내용이 잘 떠오르지 않았다.

① 간섭
② 시연
③ 대치
④ 건망

24 다음 내용과 가장 관련 깊은 것은?

> 한 대상이나 물건의 용도 또는 기능을 기존 지식이나 기존 방식으로 고정하여 안정적으로 보려는 경향으로, 문제의 창의적 해결 능력을 제한할 수 있다.

① 재생적 사고
② 생산적 사고
③ 기능적 고착
④ 귀납적 추론

25 다음 내용에서 괄호 안에 들어갈 용어로 가장 적절한 것은?

> ( )는 같은 방식으로 검사하여 채점하고 해석에 이르기까지의 과정을 단일화·조건화하여 검사 과정의 일관성 확보와 더불어 검사자의 주관적 개입을 막는 것이다.

① 신뢰도
② 표준화
③ 타당도
④ 구성화

26 다음 내용과 가장 관련 깊은 것은?

> 신뢰도를 검증할 수 있는 방법으로, 내용과 난이도는 동일하지만 구체적인 문항의 형태는 다른 두 유형의 검사를 같은 피검자에게 실시하는 방법이다.

① 내적 합치도
② 동형검사 신뢰도
③ 반분 신뢰도
④ 검사-재검사 신뢰도

26 ① 내적 합치도 : 한 측정도구의 모든 문항 간의 상관계수를 근거로 신뢰도를 구한다.
③ 반분 신뢰도 : 하나의 측정도구에서 피험자를 동일한 수로 나누어 측정한 뒤 두 집단의 결과를 비교하여 상관계수를 계산해 신뢰도를 구한다.
④ 검사-재검사 신뢰도 : 동일한 측정도구를 동일한 사람에게 시간 차를 두고 두 번 조사하여 그 결과를 비교함으로써, 두 차례의 점수에 대한 상관계수로 신뢰도를 구한다.

27 투사적 성격검사에 대한 설명으로 가장 적절하지 <u>않은</u> 것은?

① 비구조적 성격검사는 검사자의 주관적 개입의 영향이 크다.
② 무엇을 측정하려고 하는지 알기 어려워 수검자의 방어가 어렵다.
③ 상황적 요인의 영향력이 크므로 신뢰도와 타당도가 높다.
④ 수검자 반응의 독특성이 잘 나타나며 반응이 풍부한 장점이 있다.

27 비구조적 검사는 상황적 요인의 영향력이 크고, 신뢰도와 타당도가 낮다.
[문제 하단의 표 참고]

구분	투사적 검사(비구조적 검사)	객관적 검사(구조적 검사)
장점	• 반응의 독특성 • 방어의 어려움 • 반응의 풍부함	• 검사 실시의 간편성 • 검사의 높은 신뢰도와 타당도
단점	• 검사의 신뢰도와 타당도가 부족 • 상황적 요인의 영향력이 큼	• 사회적 바람직성 • 반응 경향성 • 문항 내용의 제한성
종류	• 로샤 • TAT • HTP, DAP	• MMPI • TCI • NEO 성격검사

정답 26 ② 27 ③

28 아동 행동 평가척도(CBCL, Child Behavior Checklist)는 아동 및 청소년의 사회 적응 및 정서행동문제 평가에 사용하는 유용한 임상 도구이다.

28 다음 중 인지기능검사가 아닌 것은?

① CBCL 검사
② K-WAIS 검사
③ WISC-III 검사
④ 스탠포드-비네 검사

29 성격이란 시간적 · 공간적으로 일관성을 가지면서 한 개인과 타자를 구별하게 하는 독특한 행동과 사고의 성향을 나타낸다. 기질은 성격과 비슷한 개념이나 정서적 특성을 띠며 신경계통이나 내분비 등에 관련된 유전적 요소를 강조한다.

29 성격에 대한 설명으로 가장 적절하지 않은 것은?

① 한 개인을 다른 이와 구별하는 독특한 심리적 특징을 말한다.
② 정서적 특성을 띠며 유전적 요소를 강조한다.
③ 독특성 · 안전성을 특징으로 하며, 인성의 내용을 포함한다.
④ 시간적 · 공간적으로 지속적이며 일관된 개인 전체의 특징이다.

30 프로이트는 인간의 정신활동에는 의식 · 전의식 · 무의식의 존재가 있다고 보고, 정신구조를 원초아 · 자아 · 초자아 영역으로 나누어 가정하였다. 인격과 행동은 이러한 영역 사이의 상호관계 또는 갈등에 의해 변화하는 것으로 파악하였다.

30 다음 내용에 해당하는 학자는?

> 성격의 구조를 '원초아, 자아, 초자아'로 나누고, 행동을 이 세 가지의 상호작용으로 보았다.

① 올포트
② 로저스
③ 프로이트
④ 반두라

정답 28 ① 29 ② 30 ③

31 매슬로우의 욕구위계이론에 대한 설명으로 가장 적절하지 않은 것은?

① 인간의 욕구를 다섯 단계로 나눠, 상위 단계일수록 높은 수준의 욕구 추구로 보았다.
② 가장 기초적인 동기는 생리적 욕구로, 인간의 본능적 욕구이자 필수적 욕구이다.
③ 최고 수준의 욕구는 자아실현의 욕구이다.
④ '생리적 욕구 → 애정과 소속에 대한 욕구 → 안전에 대한 욕구 → 자기 존중 또는 존경의 욕구 → 자아실현의 욕구'의 위계를 갖는다.

31 '생리적 욕구 → 안전에 대한 욕구 → 애정과 소속에 대한 욕구 → 자기 존중 또는 존경의 욕구 → 자아실현의 욕구'의 위계를 갖는다.
[문제 하단의 표 참고]

구분	특징
생리적 욕구 (1단계)	• 의·식·주, 종족 보존 등 최하위 단계의 욕구 • 인간의 본능적 욕구이자 필수적 욕구
안전에 대한 욕구 (2단계)	• 신체적·정신적 위험에 의한 불안과 공포에서 벗어나고자 하는 욕구 • 추위·질병·위험 등으로부터 자신의 건강과 안전을 지키고자 하는 욕구
애정과 소속에 대한 욕구 (3단계)	• 가정을 이루거나 친구를 사귀는 등 어떤 조직이나 단체에 소속되어 애정을 주고받고자 하는 욕구 • 사회적 욕구로서 사회구성원으로서의 역할 수행에 전제조건이 되는 욕구
자기존중 또는 존경의 욕구 (4단계)	• 소속단체의 구성원으로서 명예나 권력을 누리려는 욕구 • 타인으로부터 자신의 행동이나 인격이 승인을 얻음으로써 '자신감, 명성, 힘, 주위에 대한 통제력 및 영향력'을 느끼고자 하는 욕구
자아실현의 욕구 (5단계)	• 자신의 재능과 잠재력을 발휘하여 자기가 이룰 수 있는 모든 것을 성취하려는 최고 수준의 욕구 • 사회적·경제적 지위와 상관없이 어떤 분야에서 최대의 만족감과 행복감을 느끼고자 하는 욕구

정답 31 ④

32 ① MMPI 검사 : 미네소타 다면적 인성검사(Minnesota Multiphasic Personality Inventory)는 성인의 성격과 정신병리의 표준화된 자기보고형 측정도구이다.
③ PAI 검사 : PAI(Personality Assessment Inventory) 검사는 MMPI 검사와 마찬가지로 수검자의 정보 제공을 위한 객관적 자기보고형 측정도구이다.
④ HTP 검사 : House-Tree-Person 그림검사는 집·나무·사람을 그려서 나온 그림을 통해 심리를 알아보는 투사검사이다.

33 로저스의 인간중심상담에서는 사람은 스스로 결정하고 해결하며 자기실현경향성을 갖는 존재라고 주장하면서, 상담자의 기본태도로 일치성과 진실성, 공감적 이해와 경청, 무조건적 배려 또는 존중을 강조한다.

34 환각과 망상은 조현병(정신분열)의 대표적인 증상으로 다른 심리질환에도 나타난다. 조현병에는 양성 증상과 음성 증상이 있는데 양성은 보통 사람에게는 없지만 조현병 환자에게 있다는 의미이고, 음성은 보통 사람에게는 있지만 조현병 환자에게 없다는 의미이다.

---

32 다음 내용과 가장 관련 깊은 것은?

> 성격 검사 중 하나로, 제시한 그림을 보고 상상하는 이야기 속의 생각이나 느낌을 통해 성격을 추정하는 방법이다.

① MMPI 검사
② TAT 검사
③ PAI 검사
④ HTP 검사

33 로저스의 적극적 경청에 대한 설명으로 가장 적절한 것은?

① 내담자를 무조건 긍정적으로 존중하며 내담자의 의견을 비교 판단하여 정리하는 태도
② 내담자가 풍부한 자기표현을 하도록 내담자 의견에 상담자의 의견을 일치시키는 태도
③ 내담자 이야기에 집중하면서 언어적·비언어적 표현에 관심을 기울이는 태도
④ 내담자를 공감적으로 이해하려 가능한 한 내담자 이야기에 끼어드는 태도

34 다음 증상과 가장 관련 깊은 정신장애는?

> ○○○은(는) 혼잣말을 하거나 소리치는 행동을 하면서 누군가가 자신을 해치려고 한다고 말하며 싸우는 듯한 몸짓을 하곤 한다. 누군가 자신의 핸드폰에 도청 장치를 하여 감시하고 있어서 안 가지고 다닌다고도 한다.

① 조현병
② 양극성장애
③ 공황장애
④ 강박장애

정답 32 ② 33 ③ 34 ①

35 자폐스펙트럼장애에 대한 설명으로 가장 적절하지 않은 것은?

① DSM-5에서는 소아기 붕괴성 장애, 자폐성 장애, 아스퍼거 장애, 달리 분류되지 않는 광범위성 발달장애를 통합했다.
② 자폐스펙트럼장애는 학령기 아동이 또래와 상호작용에 실패하며 발병하는 질환이다.
③ 대표적인 특징은 '사회적 의사소통의 질적인 결함', '제한된 관심사 및 반복적인 행동'이다.
④ 사회성 발달장애의 대표적인 질환이다.

35 자폐스펙트럼장애는 임신 초기 뇌 발달과정의 이상에 의해 발생한다고 보며, 특히 유전적 원인(유전자 물림보다는 유전자의 비정상적 기능)이 가장 핵심으로 여겨지고 있다.

36 다음 사례에서 실험 참가자들에게 나타난 현상에 해당하는 것은?

> 두 집단에 동일하게 재미없고 단순하며 지루한 과제를 하게 했다. 그리고 실험에 참여한 두 집단에게 과제가 재미있었다고 거짓말을 해달라고 부탁하면서, 거짓말을 한 대가로 A집단에는 30,000원을, B집단에는 1,000원을 주었다. 이후 두 집단에게 실제로 과제가 어땠었는지를 확인한 결과, 보상을 많이 받은 A집단보다 오히려 보상이 적었던 B집단에서 실제로 과제가 재미있었다고 대답을 한 비율이 우세했다. 이 실험에서 A집단의 경우 30,000원을 받고 거짓말할 동기가 충분했기 때문에 이후 재미가 없었다고 말할 수 있었지만, B집단의 경우 1,000원으로 자신의 거짓말을 정당화하기 어렵기 때문에 실제의 지루함 대신 재미있었던 것으로 자신의 감정을 왜곡하게 된 것이다.

① 동조압력
② 자기검열
③ 애쉬의 실험
④ 인지부조화

36 인지부조화는 둘 이상의 태도 또는 행동과 태도 사이에 불일치를 지각하는 심리적 긴장상태이다. 일반적으로 자기합리화라는 일종의 자기 방어기제를 통해 인지부조화의 해소를 시도한다.

정답 35 ② 36 ④

| 37 | 동조란 집단의 규범을 준수하기 위해 행동을 변화시키는 것을 말하는데, 정보적 영향 및 규범적 영향과 더불어 사회적 지지는 동조에 영향을 미친다.
① 점화 : 하나의 과제를 수행하는 것이 후속 과제 수행에서 지각이나 행동에 영향을 끼치는 것
② 응종 : 사회적 규범이 아닌, 타인의 직접적인 요청에 응해주는 행위
④ 편견 : 특정 집단의 구성원들에 대한 전반적인 부정적 태도 |

37 다음 내용과 가장 관련 깊은 개념은?

> 어떤 티셔츠를 살까 고민하는데 옷가게 점원이 드레스셔츠를 추천하였다. 친구도 그 드레스셔츠가 어울린다고 조언하자 티셔츠가 아닌 드레스셔츠를 구입하였다.

① 점화
② 응종
③ 동조
④ 편견

| 38 | • ㄱ・ㄴ・ㄹ : 밀그램의 복종실험 결과, 피해자와 거리가 멀수록(소리만 들을 수 있는 옆방), 피해자의 고통을 알면서도 상황과 권위에 복종하고 도덕적이지 못함에도 전기충격을 가했다. 이를 통해 도덕적 양심과 견해보다는 집단이나 권위자의 의견이 더 강력히 반영된다는 것을 도출했다.
• ㄷ : 복종 받는 사람의 익명성이 강화되면 자기 책임으로부터 자유로워진다는 생각에 의해 권위자의 의견이 더 강력하게 반영된다. 이는 한나 아렌트의 '예루살렘의 아이히만'을 통해 반향을 일으킨 악의 평범성과도 연관이 있다. |

38 밀그램의 복종실험에서 권위자에 대한 복종을 감소시키는 경우만을 고른 것은?

> ㄱ. 피해자의 고통이 심하다고 느낌
> ㄴ. 명령 내용에 대한 도덕적 양심과 견해
> ㄷ. 복종 받는 사람의 익명성 약화
> ㄹ. 피해자와의 거리가 가까워져서 서로 얼굴을 마주 볼 수 있음

① ㄱ, ㄴ
② ㄴ, ㄷ
③ ㄷ, ㄹ
④ ㄱ, ㄹ

정답 37 ③ 38 ③

39 다음 내용에서 괄호 안에 들어갈 말로 가장 적절한 것은?

> ( )은 사건과 행동의 원인을 어디에다 돌릴지 결정하는 과정이다.

① 귀인
② 복종
③ 고정관념
④ 부정적 편향

39 귀인은 타인의 행동에 관한 외부단서라는 간접 정보를 통하여 그 행동의 원인을 추론하는 인지과정이다.
② 복종 : 사회적 압력에 굴하여 자신이 생각하는 바와 다른 방향으로 변용하는 것이다.
③ 고정관념 : 특정 집단이나 대상을 지나치게 단순화·획일화함으로써 고착된 개념이나 이미지다.
④ 부정적 편향 : 한 사람을 평가하는 데 있어 긍정적 정보와 부정적 정보를 함께 주면 부정적인 쪽이 전체 인상을 좌우하는 것이다.

40 다음 내용에서 괄호 안에 들어갈 말로 가장 적절한 것은?

> ( )은(는) 집단 구성원들이 하나의 이슈에 집중하여 토의를 거치면 개인의 의사 결정보다 집단 의사 결정이 더 극단화되는 현상을 의미하며, 가령 개인들의 결정 평균이 보수 성향이라면, 그 집단의 결정은 그보다 더 보수적으로 극단화된다는 것이다.

① 몰개인화
② 집단무의식
③ 집단극화
④ 사회적 정체성

40 집단극화가 일어나기 쉬운 상황은 다음과 같다.
• 정보의 영향 : 타인과 토의 과정에서 자기 이외의 시각 및 정보를 접하며 의견이 강화된다.
• 사회적 비교 : 집단 속에서 돋보이려 기존의 생각을 더 강화한다.
• 모험 이행 : 개개인은 신중하나 집단토의를 거치며 대담하고 과격한 결론에 이르는 현상이다.
• 신중적 이행 : 개인의 단독 결정보다 집단토의를 거치면서 더 신중한 결정을 하는 현상이다.

정답 39 ① 40 ③

2023년 기출복원문제

심리학개론

※ 기출문제를 복원한 것으로 실제 시험과 일부 차이가 있으며, 저작권은 시대에듀에 있습니다.

01 두 변수 간 관계의 강도가 가장 강한 것은?

① r= -.80
② r= -.30
③ r= .00
④ r= .70

01 상관계수(r)는 두 변수 간의 관련성이 있는 정도를 나타내며, -1에서 +1의 값을 갖는다. 두 변수가 완전히 다르면 0, 동일하면 +1, 반대 방향으로 동일하면 -1을 갖는다. 절댓값이 클수록 상관관계가 높다는 것을 의미한다.

02 다음 내용에서 밑줄 친 변인이 바르게 짝지어진 것은?

> ㉠ 집단미술치료를 통한 ㉡ 중년 여성의 우울 감소가 ㉢ 자아존중감 및 심리적 안녕감 향상에 미치는 효과를 확인하기 위해 30명을 모집하여 각 15명씩 무선할당하였다. 그중 한 집단에 집단미술치료를 실시하였으며, 다른 한 집단에는 무처치하였다.

	㉠	㉡	㉢
①	독립변인	매개변인	종속변인
②	잠재변인	매개변인	독립변인
③	독립변인	조절변인	통제변인
④	종속변인	독립변인	잠재변인

02
- 독립변인 : 종속변인에 영향을 주는 변인
- 매개변인 : 독립변인의 영향을 받고, 종속변인에 영향을 주는 변인
- 종속변인 : 독립변인의 영향을 받는 변인
- 통제변인 : 연구에 영향을 주지 않도록 신경 써야 하는 요인
- 조절변인 : 독립변인이 종속변인에 미치는 영향의 강도에 영향을 주는 변인
- 잠재변인 : 직접적으로 관찰되거나 측정이 되지 않는 변수

정답 01 ① 02 ①

03 심리학 연구에서 연구대상이 되는 구성개념이 측정 가능한 형태로 변경될 때 사용하는 것은?

① 조건화
② 이론적 정의
③ 개념적 정의
④ 조작적 정의

03 조작적 정의는 사물 또는 현상을 객관적이고 경험적으로 기술하기 위해 추상적인 개념을 실제 현장에서 측정 가능하도록 관찰 가능한 형태로 정의한 것이다.

04 측정척도의 종류와 그 예시가 연결된 것으로 옳지 않은 것은?

① 명명척도 – 성별, 인종
② 비율척도 – 길이, 체중
③ 등간척도 – 지능지수, 소득
④ 서열척도 – 성적, 스포츠 순위

04 등간척도는 측정 대상을 속성에 따라 서열화하는 것뿐 아니라 서열 간의 간격이 동일하도록 수치를 부여하는 측정척도로, 절대 영점이 존재하지 않는다. 소득은 비율척도이며 '0'의 실제적 의미를 가지고 있으므로 모든 산술적 조작이 가능하다.

05 다음 내용에 해당하는 뇌의 부위는?

> 삼식이의 아버지는 술을 과하게 마신 다음 날, 술 마신 이후의 일을 기억하지 못하고 어떻게 귀가했는지 기억하지 못한다.

① 해마
② 편도체
③ 뇌량
④ 시상하부

05 기억이 만들어지는 과정에서 해마는 뇌에 전달된 감각정보를 단기간 저장하고 있다가, 장기기억으로 진행하는 것을 도와주는 역할을 한다. 해마는 기억과 학습을 관장한다.

정답 03 ④ 04 ③ 05 ①

06 소뇌는 피아노를 치거나 골프공을 쳐내는 것과 같은 새로운 운동기술을 익힐 때 절대적으로 필요하다. 소뇌가 손상을 입으면 근육 간 협동운동이 잘 이뤄지지 않고, 정확한 움직임을 하기 어렵다.

06 다음 내용에 해당하는 뇌의 부위는?

> 자세와 균형을 유지하고, 여러 근육이 효과적으로 협응하도록 통제하는 기능을 하며, 운동 행위를 정교한 피드백 시스템을 통해 획득하여 기억하는 역할을 수행한다.

① 연수
② 변연계
③ 소뇌
④ 시상하부

07 교감신경계는 자율신경계의 일부로 그 반응은 불수의적이다. 자율신경계는 하나의 기관에 대해 교감신경과 부교감신경에 의한 이중지배 구조를 가지며, 심장박동·호흡·혈압·땀·피부·온도 등 신체의 항상성 조절을 위해 활성화되거나(교감신경계), 혹은 억제된다(부교감신경계).

07 다음 내용에 해당하는 것은?

> 화재가 나는 등 위급한 상황에 활성화되어 빠르고 강하게 신체가 적응할 수 있도록 돕고, 동공을 확장시키며 심장박동과 호흡을 증가시키는 등의 활동으로 인체 내 항상성 조절에 기여한다.

① 체성신경계
② 중추신경계
③ 교감신경계
④ 부교감신경계

정답 06 ③ 07 ③

08 다음 내용에 해당하는 것은?

> 영아가 양육자와 분리되거나 낯선 상황에서도 양육자를 찾지 않으며, 양육자가 돌아와 친밀감을 표현해도 무시하며 다가가지 않는다. 이 유형의 아이들은 양육자가 적절한 반응을 해 주지 않을 것으로 기대하며, 양육자의 존재 유무에 영향을 받지 않는다.

① 안정애착
② 불안정-저항애착
③ 불안정-혼란애착
④ 불안정-회피애착

08 애착 유형은 친밀감을 회피하려는 정도와 불안감의 정도에 따라 크게 4가지 유형으로 나뉜다. 친밀감을 나누길 좋아하고 관계 불안도가 낮으면 안정형, 친밀감을 갈망하지만 관계 불안도가 높으면 저항형, 친밀감에 대한 회피도가 높고 관계 불안도는 낮다면 회피형, 친밀감을 불편해하면서 이와 동시에 관계 불안도가 높으면 혼란형이다.

09 발달연구방법에 대한 설명으로 가장 옳은 것은?

① 횡단연구는 동시대에 속한 다른 연령집단을 연구하는 방법으로, 발달상 유의미한 개인차를 파악하기 쉽다.
② 종단연구는 장기간에 걸쳐 한 개인의 정체성 및 변화를 세밀하게 연구하는 방법으로, 같은 특성을 반복적으로 측정함으로써 피험자들이 검사에 숙달되어 연습의 효과가 야기될 수 있다는 문제점이 있다.
③ 횡단연구는 주로 초기 경험과 후기 행동 간의 인과관계, 어떤 발달상의 변화를 가져오는 결정요소를 고찰하고자 할 때 사용하는 연구방법이다.
④ 종단연구는 관찰대상이 대표하는 행동발달이나 변화의 대략적인 양상을 파악할 때 사용하는 연구방법이다.

09 횡단연구는 특정시점에서 집단 간의 차이를 연구하는 방법으로, 다른 특성을 가지고 있는 집단들의 행동발달이나 변화의 양상 차이를 측정하는 연구이며, 연구대상의 수가 많아 개인차를 파악하기 쉽지 않다는 단점이 있다.
종단연구는 어떤 연구대상이 시점별로 어떻게 변화하는가에 대한 동태적 변화와 발전과정 및 퇴행과정의 지속적 연구로, 노력과 경비가 많이 소요되며, 연구대상의 선정 및 관리가 쉽지 않다는 단점이 있다.

정답 08 ④ 09 ②

10 대상영속성이란 대상이 사라지더라도 다른 장소에 계속해서 존재한다고 인식한다는 개념이다. 감각운동기는 출생부터 2세에 해당하며, 이 시기 영아는 대상영속성을 이해하기 시작한다.

10 피아제의 발달단계 중 다음 설명에 해당하는 단계는?

> 대상의 특성과 사물의 속성을 탐색하는 단계로 눈앞에 없는 사물을 정신적으로 그려낼 수 있다. 예를 들어, 가방에 책이 있다는 것을 눈으로 보지 않아도 가방 속에 책이 있다는 것을 알 수 있다.

① 전조작기
② 구체적 조작기
③ 감각운동기
④ 형식적 조작기

11 에릭슨은 인간의 성격발달이 전 생애에 걸쳐 일어나며 점성원칙에 따라 단계별로 발달됨을 심리사회적 발달이론으로 전개하였으며, 각 단계는 전 단계의 위기를 잘 극복해 내었을 때 이룰 수 있다고 보았다.
[문제 하단의 표 참고]

11 에릭슨의 심리사회적 발달단계 중 학령기의 위기로 볼 수 있는 것은?

① 자율성 대 수치심
② 근면성 대 열등감
③ 자아정체감 대 죄책감
④ 신뢰감 대 불신감

시기	심리사회적 위기	덕목
유아기	신뢰감 대 불신감	희망
초기 아동기	자율성 대 수치심	의지
학령전기	주도성 대 죄책감	목적
학령기	근면성 대 열등감	유능감
청소년기	자아정체감 대 정체감 혼란	성실성
청년기	친밀감 대 고립감	사랑
중년기	생산성 대 침체감	배려
노년기	자아통합 대 절망감	지혜

정답 10 ③ 11 ②

12 매슬로우의 욕구위계이론 중 가장 기초적인 동기는?

① 안전에 대한 욕구
② 생리적 욕구
③ 애정과 소속에 대한 욕구
④ 자아실현의 욕구

구분	특징
생리적 욕구 (1단계)	• 의·식·주, 종족 보존 등 최하위 단계의 욕구 • 인간의 본능적 욕구이자 필수적 욕구
안전에 대한 욕구 (2단계)	• 신체적·정신적 위험에 의한 불안과 공포에서 벗어나고자 하는 욕구 • 추위·질병·위험 등으로부터 자신의 건강과 안전을 지키고자 하는 욕구
애정과 소속에 대한 욕구 (3단계)	• 가정을 이루거나 친구를 사귀는 등 어떤 조직이나 단체에 소속되어 애정을 주고받고자 하는 욕구 • 사회적 욕구로서 사회구성원으로서의 역할 수행에 전제조건이 되는 욕구
자기존중 또는 존경의 욕구 (4단계)	• 소속단체의 구성원으로서 명예나 권력을 누리려는 욕구 • 타인으로부터 자신의 행동이나 인격이 승인을 얻음으로써 '자신감, 명성, 힘, 주위에 대한 통제력 및 영향력'을 느끼고자 하는 욕구
자아실현의 욕구 (5단계)	• 자신의 재능과 잠재력을 발휘하여 자기가 이룰 수 있는 모든 것을 성취하려는 최고 수준의 욕구 • 사회적·경제적 지위와 상관없이 어떤 분야에서 최대의 만족감과 행복감을 느끼고자 하는 욕구

12 매슬로우는 인간의 욕구를 다섯 단계로 나누어 구성하여, 하위단계에서부터 상위단계로 충족될수록 높은 수준의 욕구를 추구한다고 보았다.
[문제 하단의 표 참고]

정답 12 ②

13 각성이론은 우리가 각성될수록 행동이 변화할 것이라고 가정한다. 각성이 변화할 때 수행의 효율성이 증가하는 결과가 나오며, 각성이 극단적으로 변하면 효율적으로 반응하기 어려워진다. 'Yerkes-Dodson Law'(여키스-도슨 법칙)에 따르면 적절한 각성수준에서 과제 수행이 제일 좋고, 각성수준이 너무 높거나 낮을 때는 과제 수행이 저하된다. 이것을 '역전 U 함수'라고도 한다.

13 각성이론에 대한 설명으로 옳은 것은?

① 각성이론은 각성의 정도에 따라 행동이 변하지 않는 것을 전제로 한다.
② 각성이 극단적으로 또렷할 때 효율적으로 반응한다.
③ 수행의 효율성이 최고가 되는 각성의 적정수준은 존재하지 않는다.
④ 수행의 효율성은 각성의 중간 수준에서 최대가 된다.

14 에크만(Ekman)은 문화권이 다른 사람들의 얼굴표정에 담긴 정서 연구를 통해 '분노, 혐오, 공포, 행복, 놀람, 슬픔'의 6가지 기본 정서와 얼굴표정을 제시했다.

14 에크만의 6대 기본 정서가 아닌 것은?

① 혐오
② 공포
③ 수치
④ 놀람

정답 13 ④ 14 ③

15 개별 정서와 그 기능이 옳게 연결되지 않은 것은?

① 공포 – 보호
② 수치 – 사회화
③ 혐오 – 탐색
④ 기쁨 – 번식, 유대

15 정서는 유기체가 자신에게 주어진 환경에 주의를 기울여 정서를 일으킨 대상을 인식하고 적절한 대응행동을 하도록 한다. 혐오는 상한 것으로부터 유기체를 밀어내는 역할을 한다.

16 제임스-랑게 이론에서의 정서에 대한 설명으로 옳은 것은?

① 자극이 자율신경계의 활동과 정서경험을 동시에 일으킨다고 주장하였다.
② 정서란 생리적 반응과 원인의 인지작용 사이의 상호작용임을 주장하였다.
③ 환경에 대한 신체반응이 정서체험의 원인이 된다고 주장하였다.
④ 정서란 생리적 반응의 지각 자체가 아닌 그 원인을 설명하기 위한 인지해석임을 강조하였다.

16 제임스-랑게(James-Lange) 이론은 '외부자극 → 생리적 변화 → 정서체험'을 주장하며, 신경생리학적 변화가 정서를 촉발한다고 주장했다.
① 캐논-바드(Cannon-Bard) 이론에 대한 설명으로, 정서의 중추신경계의 역할을 중시하였으며, 자극이 대뇌피질에 전달되어 정서경험을 일으키고 동시에 생리적 변화를 일으킨다고 주장했다.
②·④ 샤흐터(Schachter)의 정서 2요인설에 대한 설명으로, 같은 생리적 반응이라도 상황과 환경에 따라 인지가 달라질 수 있다는 점을 주장하였다.

정답 15 ③ 16 ③

17 ② 역하자극은 절대역 이하의 자극을 말한다.
③ 신호자극은 동물의 본능이나 행동을 일으키는 자극을 말한다.
④ 최소식별차이는 두 자극이 다르다는 것을 탐지하는 데 필요한 최소한의 차이를 말한다.

18 게슈탈트란 개인의 전체성 혹은 총체적인 존재를 의미하는 것으로, 대상을 지각할 때 부분들의 집합이 아닌 부분과 부분을 하나의 의미 있는 전체로 파악하는 것이다. 우리가 어떤 대상을 지각할 때, 관심 있는 부분은 중심에 오르고 나머지는 배경으로 물러난다. 즉, 제시된 그림에서 검은 부분에 관심을 두면 물 잔이 보이고, 흰 부분에 관심을 두면 두 사람의 옆모습이 보인다.

정답 17 ① 18 ④

17 자극을 탐지하는 데에 필요한 최소한의 자극강도를 무엇이라 하는가?

① 절대역
② 역하자극
③ 신호자극
④ 최소식별차이

18 다음 그림을 지각할 때 사용되는 원리는?

① 연결성
② 유사성
③ 폐쇄성
④ 전경과 배경

19 다음 내용에 해당하는 것은?

> 상황에 따른 대상의 변화에도 불구하고 속성이 변하지 않고 일관성 있게 인식하도록 도와주는 것을 뜻한다.

① 깊이지각
② 착시
③ 항등성
④ 원근법

19 지각 항등성이란 자극조건이 변하더라도 대상의 크기·모양·색채 따위의 속성을 일정한 것으로 지각하는 현상으로, '모양 항등성, 크기 항등성, 밝기 항등성, 색채 항등성' 등이 있다.

20 고전적 조건 형성과 조작적 조건 형성을 비교한 것으로 옳지 <u>않은</u> 것은?

① 고전적 조건 형성은 자극이 반응 앞에 온다.
② 조작적 조건 형성은 특수 반응을 일으키는 특수 자극이 없다.
③ 고전적 조건 형성은 한 자극이 다른 자극을 대치한다.
④ 조작적 조건 형성은 정서적·부수적 행동이 학습된다.

20 [문제 하단의 표 참고]

구분	고전적 조건 형성	조작적 조건 형성
자극-반응 계열	자극이 반응의 앞에 온다.	반응이 효과나 보상 앞에 온다.
자극의 역할	반응은 추출된다.	반응은 방출된다.
자극의 자명성	특수 반응은 특수 자극을 일으킨다.	특수 반응을 일으키는 특수 자극이 없다.
조건 형성과정	한 자극이 다른 자극을 대치한다.	자극의 대치는 일어나지 않는다.
내용	정서적·부수적 행동이 학습된다.	목적 지향적·의도적 행동이 학습된다.

정답 19 ③ 20 ④

21 강화계획은 반응이 있을 때마다 강화하는 계속적 강화와 간격을 두고 행하는 간헐적 강화로 나뉘며, 그중 변동비율계획은 정해진 수의 조작 반응에 강화를 주지 않기 때문에 한 번 강화되면 소거가 어렵다.
[문제 하단의 표 참고]

21 강화계획 중 학습된 행동의 소거가 가장 어려운 것은?

① 고정비율계획
② 변동비율계획
③ 고정간격계획
④ 변동간격계획

계속적 강화		• 반응의 빠른 학습이 이루어진다. • 지속성이 거의 없으며, 반응이 빨리 사라진다.
간헐적 강화	고정간격계획	지속성이 거의 없으며, 강화시간이 다가오면서 반응률이 증가하는 반면 강화 후 떨어진다. 예 주급, 월급
	변동간격계획	느리고 완만한 반응률을 보이며, 강화 후에도 거의 쉬지 않는다. 예 평균 5분인 경우 2분, 7분, 15분 정도에 강화를 줌
	고정비율계획	빠른 반응률을 보이지만, 지속성이 약하다. 예 옷 공장에서 옷 100벌을 만들 때마다 1인당 100만 원의 성과급을 지급함
	변동비율계획	반응률이 높게 유지되며, 지속성도 높다. 예 자동도박기계

정답 21 ②

22 다음 사례에 해당하는 학습은?

> 3~6세 어린이 72명을 성별과 폭력성 수준에 따라 세 그룹으로 나누었다. 첫 번째 그룹은 성인이 보보인형을 때리고 욕하고 가지고 놀며 폭력적인 행동을 보여주는 비디오를 보았다. 두 번째 그룹은 성인이 보보인형과 친절하게 대화하고 가지고 놀며 비폭력적인 행동을 보여주는 비디오를 보았다. 세 번째 그룹은 성인과 보보인형의 상호작용을 보여주지 않는 비디오를 보았다. 비디오를 본 후, 어린이들은 다른 방으로 이동하여 다양한 장난감과 함께 보보인형을 만났다. 연구자들은 어린이들이 비디오로 본 내용을 어떻게 표현하는지 확인하였다.

① 관찰학습
② 통찰학습
③ 혐오학습
④ 잠재학습

22 반두라는 보보인형실험을 통해 관찰학습은 직접적 보상이나 징벌을 받지 않더라도 다른 사람의 행동을 관찰하는 것만으로 모델링이 되어 새로운 행동이 학습되므로 모방이 가능함을 검증하였다.

23 다음 설명에 해당하는 것은?

> 단기기억에 있어 매우 중요한 역할을 하는 인지과정으로, 기억대상인 자극이나 정보를 서로 의미 있게 연결하거나, 분리된 항목을 보다 큰 묶음으로 조합하여 기억의 효율성을 도모하는 방법이다.

① 파지
② 대치
③ 전이
④ 청킹

23 청킹(Chunking)은 단기기억을 머릿속에 저장하는 효율적인 학습방법으로, 단기기억의 한계 용량은 7±2이다.

정답 22 ① 23 ④

24 다음 설명에 해당하는 이론은?

> 기억의 유지 및 복구와 관련된 실질적 요인은 기억의 작동 방식을 설명하며, '학습, 연관성, 의미, 인지적 유사성, 시간' 등과 관련을 갖는다. 기억의 전이와 관련되며, 운동과제 및 환경특성을 요인으로 한다.

① 파지이론
② 간섭이론
③ 쇠잔이론
④ 망각이론

24 파지이론은 행동을 상징적인 형태로 기억하는 방식으로, 기억의 유지 및 복구와 관련된다.
② 간섭이론에 따르면, 경험되는 학습의 변화에 따라 기억하게 되는 내용이 서로 영향을 받는다.
③ 쇠잔이론에 따르면, 장기기억에 저장되었지만 기억 흔적이 약해지거나 사라져서 인출이 안 된다.
④ 망각이론에 따르면, 경험하고 학습한 것을 상기하거나 재생하는 능력이 일시적 또는 영속적으로 감퇴하거나 상실된다.

25 다음 설명에 해당하는 기억은?

> 지각-운동 과제를 통한 내잠 학습의 효과적 지각-운동성 기술의 발달은 훈련을 통하여 시간이 경과하면서 이루어진다(Seger, 1994). 운동 학습 과정에 있어 이러한 내잠적 기억을 통해 습득한 운동기술은 좀 더 자동적이고, 습관화된 동작과 관련이 있다.

① 서술기억
② 절차기억
③ 일화기억
④ 의미기억

25 절차기억은 스포츠, 악기 연주, 기술 등 직접 체득한 기억을 말하며, 반복하고 연습하여 익힐 수 있으며, 언어로 표현할 수 없는 비언어적인 기억이다.
① 서술기억(선언적 기억)은 의식적으로 회상이 가능한 경험과 지식에 대한 기억으로, 언어로 나타낼 수 있다.
③ 일화기억은 개인의 추억이나 사건 등에 대한 자전적 기억으로, 이미지의 형태로 부호화된다.
④ 의미기억은 사실적 정보에 대한 기억으로, '내용, 지식, 학습한 사실이나 개념·법칙' 등에 대한 장기기억에 해당하며, 기억 속에 명제로서 표상된다.

정답 24 ① 25 ②

26 언어의 구성요소 중 언어에 의미가 나타나기 시작하는 가장 작은 단위는?

① 구
② 음소
③ 통사
④ 형태소

26 형태소는 음절들이 조합되어 언어에 의미가 나타나기 시작하는 단위이다.
① 구는 둘 또는 그 이상의 어절이 어울려 하나의 단어 기능을 한다.
② 음소는 말소리의 가장 작은 단위로, 자음과 모음으로 구성된다.
③ 통사는 문법 범주를 파악하고, 파악된 범주의 단어를 분석한다.

27 월러스의 창조적인 문제해결 4단계의 순서로 옳은 것은?

① 준비단계 - 보존단계 - 조명단계 - 검증단계
② 보존단계 - 준비단계 - 조명단계 - 검증단계
③ 검증단계 - 준비단계 - 조명단계 - 보존단계
④ 보존단계 - 조명단계 - 준비단계 - 검증단계

27 준비단계(현재 곤란을 겪고 있는 곤란의 상태 즉, 문제 만들기) - 보존단계(문제를 잠시 잊기, 부화단계라고도 함) - 조명단계(떠오르는 것 기록하기) - 검증단계(꼼꼼하게 점검하기)

정답 26 ④ 27 ①

28 ① 비구조적 성격검사는 투사적 검사로서, 검사자의 주관적 개입의 영향이 크다.
③ 비구조적 성격검사에 대한 설명에 해당한다.
④ 비구조적 검사는 신뢰도와 타당도가 낮다.
[문제 하단의 표 참고]

28 성격검사에 대한 설명으로 옳은 것은?

① 비구조적 성격검사는 수검자들이 자신의 사고·감정·행동에 대해 묻는 질문에 대해 보고하는 것으로, 평가자의 주관적 반응이 개입될 여지가 없다.
② 구조적 성격검사는 자기보고식 성격검사로, 'NEO 성격검사, TCI, MBTI, MMPI' 등이 있다.
③ 수검자의 글, 그림, 이야기 속에 수검자의 성격이 투사되어 있다고 가정하고 구조적으로 분석하는 것이 구조적 성격검사이다.
④ 비구조적 검사는 신뢰도와 타당도가 높고, 수검자의 반응의 독특성이 잘 나타나며, 반응이 풍부한 것이 장점이다.

구분	투사적 검사(비구조적 검사)	객관적 검사(구조적 검사)
장점	• 반응의 독특성 • 방어의 어려움 • 반응의 풍부함	• 검사 실시의 간편성 • 검사의 높은 신뢰도와 타당도
단점	• 검사의 신뢰도와 타당도가 부족 • 상황적 요인의 영향력이 큼	• 사회적 바람직성 • 반응경향성 • 문항내용의 제한성
종류	• 로샤 • TAT • HTP, DAP	• MMPI • TCI • NEO 성격검사

정답 28 ②

29 다음 내용에 해당하는 지능은?

> 스턴버그의 삼원지능이론에서 새로운 상황이나 과제에 대처하는 능력과 정보처리의 자동화 능력을 포함하는 창의적인 능력을 말한다.

① 요소적 지능
② 경험적 지능
③ 맥락적 지능
④ 결정적 지능

29 스턴버그는 지능을 개인의 내부세계와 외부세계에서 비롯되는 경험의 측면에서 '성분적 지능, 경험적 지능, 상황적 지능'으로 구분하였다. 성분적 지능은 논리적인 문제 해결에 적용하는 분석적 능력이며, 경험적 지능은 직관력과 통찰력을 포함하는 창의적인 능력이며, 상황적 지능은 환경과의 조화를 이루는 실용적 능력으로 실제적 능력을 말한다.

30 다음 내용과 가장 관련 깊은 학자는?

> 지능의 본질을 규명하기 위해 요인분석을 사용하여, 지능이 모든 개인이 공통적으로 가지고 있는 일반요인과 언어나 숫자 등 특정한 영역에 대한 능력으로서의 특수요인으로 구성된다고 보는 2요인설을 주장하였다.

① 터먼
② 손다이크
③ 서스톤
④ 스피어만

30 ① 터먼은 지능을 다양한 문제를 해결하기 위해 추상적 상징을 사용하는 능력이라고 했다.
② 손다이크는 '기계적 지능, 사회적 지능, 추상적 지능'의 세 가지 요인으로 구분하였다.
③ 서스톤은 요인분석을 적용하여 기본정신능력의 요인을 7가지로 보았다.

정답 29 ② 30 ④

31 신뢰도는 동일한 대상에 같거나 유사한 측정도구를 사용하여 반복적으로 측정할 경우 동일하거나 비슷한 결과를 얻을 수 있는 정도이다.

31 다음 중 심리점수의 일관성과 가장 관련 깊은 것은?

① 적절도
② 타당도
③ 신뢰도
④ 효과도

32 초자아는 양심과 자아 이상이라는 두 가지 하위체계를 가진다. 양심은 잘못된 행동에 대해 처벌이나 비난을 받는 경험에서 생기는 죄책감이며, 자아 이상은 옳은 행동에 대해 긍정적인 보상을 받는 경험을 통해 형성된다.

32 다음 중 프로이트가 제시한 초자아를 형성하는 두 가지 과정은?

ㄱ. 자아 이상
ㄴ. 양심
ㄷ. 사회적 규범
ㄹ. 윤리체계

① ㄱ, ㄴ
② ㄴ, ㄷ
③ ㄱ, ㄷ
④ ㄴ, ㄹ

정답 31 ③ 32 ①

33 투사검사에 대한 내용으로 옳지 <u>않은</u> 것은?

① 개인의 심리특성을 다양하고 깊이 있게 파악하기 위한 비구조적 검사이다.
② 무엇을 측정하려고 하는지 알기 어려워 피검자의 방어가 어렵다.
③ 의식화되지 않던 사고나 감정이 자극됨으로써 무의식적인 심리특성이 나타날 수 있다.
④ 신뢰도와 타당도가 높다.

33 투사검사는 신뢰도와 타당도를 객관적으로 검증하기 어렵다는 단점이 있다.

34 이상행동의 판별기준과 가장 거리가 먼 것은?

① 개인이 주관적으로 경험하는 고통과 불편감
② 어디서나 동일한 문화적 규범
③ 개인의 적응을 저해하는 심리적 손상
④ 심리적 특성이 평균에서 벗어난 일탈 상태

34 문화적 규범은 시대에 따라 변화하며, 문화에 따라 다르다.

정답 33 ④ 34 ②

35 로저스의 인간중심치료 원칙이 아닌 것은?

① 자각
② 진실성
③ 공감적 이해
④ 무조건적인 긍정적 존중

36 이상행동에 대한 접근법에서 개인 특성과 환경의 상호작용을 강조하는 것은?

① 인지적 접근
② 실존주의적 접근
③ 인간중심적 접근
④ 소질-스트레스 모형 접근

---

35 로저스는 '공감적 이해, 무조건적인 긍정적 관심(존중), 일치성과 진실성'을 치료를 위한 필요충분조건이라고 했다.

36
① 인지적 접근은 이상행동이 인지적인 정보처리과정의 오류에 의해 발생한다고 본다.
② 실존주의적 접근은 인간을 '세계를 지각하고 자신이 보고 듣고 느끼는 사실을 통합하여 의미를 부여하는 존재'로 보고, 갈등과 선택의 과정을 통해 야기되는 불안과 좌절을 직면하면서 성장한다고 본다.
③ 인간중심적 접근은 개인의 긍정적인 성장을 방해하는 환경적 요인이 개인에게 동화되지 못하거나 불협화음을 발생시킬 때 갈등과 부적응의 문제가 된다고 본다.

정답 35 ① 36 ④

37 조현병의 양성 증상이 <u>아닌</u> 것은?

① 환각
② 무쾌감증
③ 망상
④ 와해된 행동

37 조현병에는 양성 증상과 음성 증상이 있다. 양성은 보통 사람에게 없지만 조현병 환자에게는 있다는 의미이고, 음성은 보통 사람에게 있지만 조현병 환자에게는 없다는 의미이다. ①·③·④는 조현병의 양성 증상이며, '무쾌감증, 무의욕증'은 조현병의 음성 증상이다.

38 다음 사례에 해당하는 이론은?

> 건강이 나빠져 금연해야겠다고 다짐하지만 금단 증상을 이기지 못하고 다시 흡연을 하며, '역시 스트레스 해소에는 이만한 게 없어.' 하고 생각하며 흡연에 대한 피해를 부정하고자 하는 것

① 귀인
② 사회적 촉진
③ 호손효과
④ 인지부조화이론

38 인지부조화란 둘 이상의 태도 사이에 또는 행동과 태도 사이에 개인적으로 불일치하는 점을 지각하는 것을 말한다. 사람이 불일치하는 상태에 대해 느끼는 경우 불일치의 간격을 최소화하려고 노력한다. 인지부조화를 해결하려는 상황을 보통 자기합리화라고 하는데 일종의 자기방어기제이다.
① 귀인은 자신과 타인의 행동이나 사건의 원인을 설명하는 방식을 말한다.
② 사회적 촉진은 혼자 있을 때보다 타인이 존재할 때 어떤 일을 더 잘 또는 더 못 수행하는 경향을 말한다.
③ 호손효과는 다른 사람이 보고 있을 때 행동을 변화시키는 현상을 말한다.

정답 37 ② 38 ④

39 동조는 다수의 의견이 어느 한 방향으로만 쏠리는 현상으로, 타인이나 집단의 기준, 가치관, 기대에 순응하여 행동하는 것을 가리킨다.
② 사회적 태만은 팀원이 있을 때 즉, 그룹 환경에서 더 적은 노력을 기울이는 현상을 말한다.
③ 사회적 촉진은 혼자 있을 때보다 타인이 존재할 때 어떤 일을 더 잘 또는 더 못 수행하는 경향을 말한다.
④ 권위에 복종은 권위자의 명령에 따라 행동을 취하는 현상을 말한다.

39 다음 사례에서 A의 행동은 무엇인가?

> 퀴즈에 참가한 A씨는 다른 6명의 참가자가 모두 동일한 오답을 말하며 자신이 정답이라고 확신했던 답과 다른 답을 하였을 때, 그것이 오답임을 알고 있음에도 불구하고 다른 참가자들이 모두 말한 오답을 따라 말했다.

① 동조
② 사회적 태만
③ 사회적 촉진
④ 권위에 복종

40 기본 귀인 오류는 타인의 행동을 해석할 때 상황 요인보다 행위자의 내적 기질과 성향 등 성격 특성에 초점을 맞추는 경향을 말한다.
① 확증편향은 자신의 견해 또는 주장에 도움이 되는 정보만 선택적으로 취하고, 자신이 믿고 싶지 않은 정보는 의도적으로 외면하는 성향을 뜻한다.
③ 고정관념은 사람들의 행동을 결정하는, 잘 변하지 않는 굳은 생각 또는 지나치게 일반화되고 고착된 사고방식을 말한다.
④ 피그말리온 효과는 긍정적인 기대에 부응하여 좋은 성과를 내는 것을 말한다.

40 다음 예시와 가장 관련 깊은 것은?

> • 내가 운이 나빠서 이번 시험에서 떨어진 거야.
> • 나쁘게 응대하는 저 종업원은 성격이 안 좋을 거야.
> • 직원들이 충분히 열심히 일하지 않아서 매출이 부진한 거야.

① 확증편향
② 기본 귀인 오류
③ 고정관념
④ 피그말리온 효과

정답 39 ① 40 ②

전력을 다해서 시간에 대항하라.

− 톨스토이 −

제1장

심리학의 본질

제1절 심리학의 접근방법
제2절 심리학의 분야들과 응용
제3절 심리학의 연구방법
제4절 심리학에서의 측정
실전예상문제

교육이란 사람이 학교에서 배운 것을 잊어버린 후에 남은 것을 말한다.

– 알버트 아인슈타인 –

보다 깊이 있는 학습을 원하는 수험생들을 위한
시대에듀의 동영상 강의가 준비되어 있습니다.
www.sdedu.co.kr → 회원가입(로그인) → 강의 살펴보기

제1장 심리학의 본질

제1절 심리학의 접근방법

1 심리학의 정의

(1) 일반적 정의 중요
① 심리학은 '인간이란 무엇인가'를 과학적으로 연구하는 데 목적이 있다. 따라서 인간이 영위하는 모든 것들이 심리학의 연구대상이라고 할 수 있다. 그만큼 심리학이 다루는 영역은 광범위하고 주제 또한 다양하다.
② 현대 심리학은 인간의 정신과정과 행동을 과학적으로 연구하는 학문이다.

> **더 알아두기**
> - **심리학** : Psychology란 그리스어 psyche(마음)와 logos(학문)의 합성어로, 즉 '마음의 학문'이라는 의미이다. 단 '마음'이란 시대별·학파별로 접근방식과 입장을 달리하는 다차원적인 개념이다.
> - **마음** : 인간의 사적이고 내적 경험인 사고, 지각, 기억, 감정으로 구성된 의식의 흐름
> - **행동** : 인간과 동물에게서 관찰할 수 있는 행위

(2) 연구대상에 따른 심리학의 정의 중요
① 의식의 심리학
  ㉠ 제임스(William James) : 심리학은 정신생활에 관한 과학으로서 내적인 경험을 포함한 의식을 연구하는 학문이다.
  ㉡ 분트(Wilhelm Wundt) : 심리학은 자연과학의 주제인 외적인 경험과 구별되는 내적인 경험(감각, 감정, 사고, 욕망)을 연구하여야 한다.
② 행동주의 심리학
  ㉠ 왓슨(John Watson) : 심리학은 인간과 동물의 행동을 주제로 삼는 자연과학의 일부이다.
  ㉡ 심리학은 의식이 아닌 객관적으로 관찰 가능한 행동을 대상으로 하여야 한다.
  ㉢ 스키너(Burrhus Skinner) : 인간행동은 자극-반응의 관계로 설명될 수 있다.

③ **인지심리학** : 심리학은 행동을 이해하기 위하여 인간의 정신과정과 기억구조를 과학적으로 분석하는 학문이라고 하였다.
④ **현대의 심리학(행동과 인지)** : 오늘날의 심리학은 인간의 정신과정과 행동을 연구하는 학문이다.

> **체크 포인트**
> 현대 심리학은 일반적으로 행동의 과학으로 정의된다. 다만 행동의 의미가 이전보다 확장되어 지각, 사고, 감정과 같은 내적인 작용까지 포함한다.

2 심리학의 역사

(1) 심리학의 배경

① **철학의 영향**
  ⊙ 고대 : 심리학의 기원은 고대 그리스로 거슬러 올라간다. 인간의 마음을 **영혼**이라고 보고 몸과 마음을 하나로 보았으며(심신일원론), 개인적인 직관과 사색을 통해 추론하는 사변적·형이상학적인 성격이 강했다.
  ⊙ 중세 : 심리학 연구는 주로 신학자들에 의해 이루어졌다. 토마스 아퀴나스는 아리스토텔레스의 철학을 토대로 인간의 본질, 능력, 정념 등에 대한 심리학적 사상을 전개하였다.
  ⊙ 데카르트(Descartes) : 육체와 정신은 서로 다르다는 물심이원론(物心二元論)과 몸과 마음은 따로 떨어지나 인간 유기체 안에서 상호작용을 한다는 학설을 주장하였다.
  ⊙ 경험주의 : 영국에서 전개된 경험주의는 **사물을 지각하는 것은 감각기관을 통한 경험에 의한 것**으로 생득적인 관념은 존재하지 않는다는 입장이다. 과학적 사고의 기반을 이루는 실증주의의 토대가 되었다.

② **생리학의 영향** : 19세기에 들어 신체의 생물학적 과정을 연구하는 생리학의 발달로 그 방법론 중 몇몇은 정신능력을 측정하는 데 이용되기 시작했다. 생리학적 실험에 따른 정신의 연구는 과학으로서의 현대 심리학 성립에 큰 영향을 주었다.

> **더 알아두기**
> **심리학의 확립**
> 1879년 분트가 라이프치히 대학에 심리학을 위한 연구실을 개설하였고, 이것은 독자적인 학문분야로서 심리학의 공식적인 탄생으로 기록되었다.

(2) 심리학의 전개 중요

① 구성주의(Structuralism) 기출 25, 21
- ㉠ 분트(Wilhelm Wundt)는 심리학을 의식에 대한 개인의 주관적인 관찰과 분석으로 파악하였다.
- ㉡ 의식의 내용을 요소로 분석하고 그 요소들의 결합으로서 의식현상을 설명하고자 하는 입장이다. 요소심리학이라고도 한다.
- ㉢ 내성법(Self-Observation)은 실험이라는 통제된 조건 속에서 자신의 의식 경험을 주관적으로 관찰·분석하는 방법이다. 중요

> **체크 포인트**
> 분트의 공헌은 심리학에 처음으로 실험적 방법을 도입한 것이다.

② 기능주의(Functionalism) 기출 24
- ㉠ 19세기 말~20세기 초 미국을 중심으로 발전한 학파로, 대표적인 학자는 제임스(W. James)와 듀이(J. Dewey)가 있다.
- ㉡ 의식을 요소들의 집합이 아닌 하나의 흐름으로 파악한다는 점에서 구성주의와 대립한다.
- ㉢ 다윈의 진화론의 영향을 받아 의식의 목적을 환경에 적응하는 기능의 관점에서 설명하려 하였다.

③ 형태주의(Gestalt Psychology)
- ㉠ 20세기 초 구성주의에 대한 반론으로 독일의 베르트하이머(Wertheimer)가 주장하였다.
- ㉡ 의식의 내용을 요소의 조합이 아닌 전체로서 인식한다는 것이 기본 개념이다.
- ㉢ 전체는 부분의 합이 아니다. 인식활동은 개별적 요소로 나눌 수 없는 전체성을 가진 하나의 고차원적인 형태로서 다루어져야 한다. 중요

> **더 알아두기**
> - 베르트하이머가 주장한 형태주의는 그의 동료인 코프카와 쾰러에 의해 널리 알려지게 되었다.
> - 부분의 합이 아닌 전체로서의 구조를 독일어로 게슈탈트(형태)라고 하며, 따라서 형태주의는 게슈탈트 심리학이라고도 한다.

④ 행동주의(Behaviorism)
- ㉠ 기능주의에서 분리된 것으로, 1910년대 왓슨(John Watson)이 주창하여 이후 미국 심리학의 주류를 이루었다.
- ㉡ 행동주의 심리학은 자극(S)-반응(R)으로서 관찰할 수 있는 행동이 연구대상이 된다. 연구목적은 행동의 예측과 제어에 있다. 인간의 마음은 '블랙박스(Black Box 혹은 Skinner Box라고도 함)'라 하여 관찰할 수도, 관찰하지 않을 수도 있다고 하였다.
- ㉢ 1930년대부터는 고전 행동주의의 행동뿐 아니라 마음의 활동도 객관적으로 연구가 가능한 대상으로 포함시키는 신행동주의(Neo-Behaviorism)가 일어났다.

> **체크 포인트**
> 신행동주의의 대표 학자로는 톨맨(Tolman), 스키너(Skinner), 헐(Hull) 등이 있다.

⑤ **정신분석(Psycho-Analysis)**
  ㉠ 정신분석은 의학에서 탄생한 새로운 심리학으로 프로이트(Freud)에 의해 확립되었다.
  ㉡ 프로이트는 인간의 행동은 무의식에 의해 동기화된다는 가설을 세우고, 심리학적 장애 또한 여기에 기인한다고 보았다.
  ㉢ 정신분석학의 꿈, 동기, 발달, 성격, 심리요법 등의 다양한 주제들은 심리학 연구에 영향을 주었다.

⑥ **인지심리학(Cognitive Psychology)**
  ㉠ 정보처리의 관점에서 인간의 인지활동을 연구하는 학문으로, 20세기 후반 이후 현대심리학의 주류가 되었다.
  ㉡ 컴퓨터의 발달에 따라 정보과학의 개념이 심리학에 도입되면서 인지심리학의 분야가 탄생하였다.
  ㉢ 지각·이해·기억·사고·학습·추론·문제 해결과 같은 고차원적인 인지능력을 연구대상으로 하며, 최근에는 의식이나 감정의 문제도 다루게 되었다.

3 현대 심리학의 접근방법

(1) 행동주의적 접근
① 내면적인 사고·동기·감정 등은 연구대상으로 하지 않고, 행동과 같이 관찰 가능한 객관적인 요소만을 연구대상으로 삼는다.
② S-R이론(Stimulus-Response theory)은 환경조건의 변화와 같은 외부세계의 자극과 반응의 관계를 이해하는 것을 연구목적으로 하기 때문에 자극-반응 심리학(S-R psychology)이라고 한다.
③ 오늘날에는 학습심리학, 동물심리학의 분야로 정착하였다.
④ 대표적인 학자로는 왓슨과 스키너 등이 있다.

(2) 생리심리학적 접근
① 생리학적인 방법으로 심리현상을 실증적·객관적으로 연구·해명하는 접근법이다.
② **접근방법**
  ㉠ 자율신경계 또는 중추신경계의 활동을 측정
  ㉡ 뇌를 중심으로 한 중추신경계의 기능과 작용을 측정

> **더 알아두기**
>
> **생리심리학**
> 생리반응을 통해 인간의 마음과 행동을 연구하는 학문이다.
> 예 • 공포체험을 하면 가슴이 두근거린다. - 심장박동
> • 스릴 있는 영화를 보면 손에 땀이 난다. - 발한

(3) 정신분석학적 접근
① 환자의 마음에 떠오르는 일련의 연상을 해석함으로써 마음의 심층을 분석해가는 정신요법이다.
② 프로이트는 유아기 시절의 경험들이 억압된 형태로서 무의식으로 남아 이후의 성격 형성과 발달에 영향을 주며, 신경증과 같은 증상으로 나타난다고 보았다.
③ 대화·꿈·연상을 통해 무의식의 정보를 끌어내어 의식화함으로써 증상을 해소시킬 수 있다는 가설을 기초로 한다.
④ 환자들의 연구사례를 일반화시켜 과학적 근거와는 동떨어졌다는 지적을 받지만 꿈, 동기, 성격, 심리요법과 같은 다양한 주제들은 심리학은 물론 종교·예술의 해석에도 영향을 주었다.

> **체크 포인트**
> 무의식이란 의식의 바깥쪽에 존재하면서 의식적 사고와 행동에 영향을 주는 마음의 영역을 말한다.

(4) 인지적 접근
① 인간의 고차원적인 정신활동, 즉 인지과정을 연구의 주된 영역으로 삼는다.
② 컴퓨터의 실용화에 따라 정보과학의 개념이 심리학에 도입되면서 인지심리학의 분야가 탄생하였다. 인간의 **인지활동을 하나의 정보처리 시스템**으로 간주한다.
③ 형태주의와 마찬가지로 부분적으로 적용되는 것이 아닌 의식·감정·발달·언어·학습·사고 등 거의 모든 분야에서 포괄적으로 쓰인다.

(5) 인본주의적 접근 기출 24
① 잠재능력, 자기실현, 주체성과 같은 인간의 건전하고 적극적인 측면을 강조하는 조류이다.
② 자본주의 심리학의 창시자 매슬로우(Maslow)는 인간은 누구나 자기실현(Self-Actualization)을 목적으로 더 나은 삶을 위해 살아가는 주체적인 존재로 파악하였다.
③ 인간의 독자성에 주목하여 타인에 의한 객관적인 관찰과 분석보다는 각 개인의 개성, 창조성, 가치판단, 자기계발을 중시한다.
④ 개인의 직접적이고 간접적인 경험이 중요한 대상이 되는 **상담심리학**에 주로 이용된다.
⑤ 과학적 탐구를 도외시하고 인간의 긍정적인 측면을 과신한 나머지 어둡고 악한 면을 간과했다는 비판도 있다.

> **체크 포인트**
> 자아실현 : 자아를 초월한 고차원적인 목표와 이상을 실현하고자 하는 인간 고유의 지향적 욕구

제2절 심리학의 분야들과 응용

1 기초(이론)심리학 중요

(1) 학습심리학

① 인간과 동물이 경험을 통해 행동을 변화시켜가는 과정을 연구하는 분야이다.
② 행동은 본능과 같이 생득적인 것과 경험을 통해 체득하는 학습적인 것으로 나뉜다.
③ 인간과 동물의 행동은 대부분 학습에 의한 것이므로 학습심리학은 새로운 기술과 지식을 경험하고 익히는 과정을 다룬다.

(2) 발달심리학

① 인간이 태어나 성장·변화해 가는 과정과 법칙을 연구하는 분야이다.
② 개체의 시기에 따라 아동심리학, 청년심리학, 노년심리학으로 나누어 평생의 발달·변화 과정을 연구대상으로 한다.

(3) 사회심리학

① 인간은 혼자 있을 때와 집단의 개인으로서 가지는 심리과정이 다른데, 사회심리학은 이러한 개인과 개인의 상호작용, 사회적 상황에서의 인간의 행동에 대해 연구한다.
② 첫 대면에서의 인상형성과정, 설득, 고정관념과 편견, 수락과 거절, 대인관계, 군중행동, 동조행동, 집단의사결정 등이 주제가 된다.

(4) 성격심리학 기출 21

① 성격심리학은 성격을 연구하여 개인의 차이를 규명하려는 분야이다.
② 인간 행동의 일반 원리를 찾는 다른 분야와는 달리 개인차의 측정과 배경에 관한 법칙을 탐구한다.
③ 개인차를 연구하기 위해 성격검사를 비롯한 각종 심리검사를 많이 다룬다.

(5) 동물심리학
① 인간 이외의 동물을 대상으로 지능・인지・학습 등의 심리과정을 연구하는 분야이다.
② 종에 따른 동물의 특유한 행동양식은 복잡한 인간 행동의 단순한 형태로서 비교・연구되어 비교심리학이라고도 한다.

(6) 생리심리학 : 인간의 심리와 행동을 뇌, 신경세포, 내분비선의 활동을 기초로 규명하고자 한다.

(7) 지각심리학 : 인간의 감각과 지각을 연구하는 분야로써 감각기관을 통하여 환경으로부터 오는 정보를 입력하고 처리하는 과정을 탐구한다.

(8) 인지심리학 : 정보처리의 관점에서 인간의 지각・기억・사고 등 인지과정을 연구하는 분야이다.

2 응용심리학 중요

(1) 임상심리학
① 정신질환 및 적응상의 문제를 가진 사람들에게 조언이나 권고를 통하여 문제 해결을 돕는 것을 목적으로 하는 심리학 분야이다.
② 스트레스, 등교 거부, 학대, 비행, 성적 학대 등 아동과 성인의 각종 정신질환 및 문제행동을 진단하고 치료하는 것을 목적으로 한다.

(2) 상담심리학
① 개인이 안고 있는 어려움과 고민에 대해 전문적인 지식과 기술을 이용한 상담을 통해 극복과 해결을 돕는 분야이다.
② 대상의 정신적 장애를 진단하고 치료하는 임상심리학과는 달리 상담하는 과정에서 피상담자가 스스로의 문제를 주체적으로 극복하도록 유도하는 데 목적이 있다.
③ 상담심리학자는 개인의 정신적 문제 및 직업지도, 학업지도, 결혼상담 등 다양한 범위에서 활약한다.

(3) 학교심리학 : 교육의 현장에서 학생의 학습지도, 진로 및 직업지도, 학교생활 전반에 대한 상담 및 그에 따른 문제에 대한 연구를 목적으로 하는 분야이다.

(4) 교육심리학
① 교육 문제 전반에 심리학의 지식을 활용하여 보다 효과적으로 교육하기 위한 방법을 찾는 분야이다.
② 주요 연구영역으로는 학습, 성장과 발달, 인격과 적응, 측정과 평가, 교사와 아동의 관계 등이 있다.

(5) 산업심리학

① 산업현장과 조직에서 발생하는 여러 문제들을 심리학적 원리를 통하여 해결하고자 하는 응용심리학의 한 분야이다.
② 처음에는 적성검사, 배치, 능률 향상, 사고 방지 등에 응용되다가 점차 일에 대한 동기 부여, 노동의욕, 직장에서의 인간관계와 같은 사회심리적인 면이 중시되고 있다.

(6) 범죄심리학
범행의 심리, 범죄자의 성격이나 환경요인을 밝힘으로써 범죄 예방과 수사에 활용하는 응용심리학의 분야이다.

(7) 분석심리학 기출 21

① 칼 융(Carl G. Jung)이 프로이트(Freud)의 정신분석학에 대한 비판적 검토를 통해 창시한 심리학의 분파로, 신비하고 종교적인 역사나 문화적 배경을 강조하였다.
② **인간 무의식의 영역이 두 층으로 분석될 수 있다고 파악함** : 자아와 관련된 '개인무의식'과 인간의 조상으로부터 유전된 '집단무의식'으로 분석될 수 있다.
③ 무의식에는 파괴적이고 공격적인 특징만이 아니라 건설적이고 창조적인 측면도 있다고 주장하였다.

제3절 심리학의 연구방법

1 과학적 접근 중요

(1) 경험주의 : 이론과 명제, 진위와 확실함의 판단은 관찰에 근거하여야 한다는 근대 과학의 인식방법이다. 현대 심리학의 가장 타당한 지식습득방법으로서 **연구자의 감각과 주관을 배제하고 관찰하는 과학적 연구법**이 이용되고 있다.

> **체크 포인트**
> 경험주의 : 대상이나 사건을 관찰함으로써 지식을 얻으려는 시도

(2) 연구방법 : 관찰에 필요한 규칙과 기법으로, 관찰자의 착각, 실수 그리고 단순 관찰로 인한 잘못된 결론을 피할 수 있게 한다.

(3) **연구설계** : 관찰이 더 과학적이고 정확해지기 위해서는 일회적이거나 우발적인 관찰이 아닌 체계적인 관찰이 되어야 한다. 연구설계는 대상이 되는 현상을 관찰하고, 어떠한 방법으로 자료를 수집할 것인지에 관한 계획이다.

> **체크 포인트**
>
> **체계적 접근의 방법**
> - 귀납법 : 경험주의와 통하는 관찰 결과에서 일반적인 원리를 유도함
> - 연역법 : 일반원칙에서 논리적인 추론에 의해 결론을 유도함

2 연구방법

(1) **실험법** 중요
  ① **실험** : 관찰하고자 하는 대상·조건·장면을 인위적으로 설정하고 통제하여 그에 따라 일어나는 변화를 측정하고 결론을 도출하는 방법이다.

  > **체크 포인트**
  >
  > - 실험법의 장점 : 조건의 통제가 용이하여 엄밀한 실험이 가능하다.
  > - 실험법의 단점 : 인공적인 설정에서 얻은 결과를 일반화하기가 쉽지 않다.

  ② **실험의 기본 원리** : 변인 간의 관계를 알아내기 위해 원인이 되는 요인(독립변인)에 조작과 통제를 가했을 때 어떠한 결과(종속변인)를 얻을 수 있는지를 측정하는 것이 기본이다. 즉, 실험은 두 변인 사이의 인과관계를 설정하는 기법이다.
  ③ **실험의 방법** : 피험자를 독립변인의 조작을 받는 실험집단과 조작을 받지 않는 통제집단으로 나누고 실험조작을 하여 각각의 반응을 측정한 다음, 양 집단의 종속변수의 차이를 비교·검토함으로써 독립변수의 효과를 검증하게 된다.

  > **더 알아두기**
  >
  > **실험의 3요소** 기출 25, 24, 23, 22
  > - 독립변인 : 의도된 결과를 얻기 위해 실험자가 조작·통제하는 값
  > - 종속변인 : 설정된 독립변인의 결과로서 달라지는 의존변인
  > - 통제변인 : 연구를 수행할 때 탐구하기 원하지 않아 통제하는 변인

(2) 관찰법 기출 24
① **자연관찰법** : 관찰대상에 의도적인 조작을 하지 않고, 있는 그대로의 모습을 관찰한다.
② **실험관찰법**
  ㉠ 실험자가 상황이 발생하는 장면을 조작하고 통제하는 관찰법이다.
  ㉡ 예기치 않은 상황이 발생하는 등의 자연관찰법의 단점을 극복하고 더 정확한 관찰을 하기 위함이다.

(3) 조사법
① **현장관찰법** : 연구자의 객관성·중립성을 요하는 자연관찰과는 달리 **참여관찰**하고 **체험함**으로써 현장 전체를 이해하는 것을 목적으로 한다.
② **면접법** : 어떤 내용에 대해서 연구자가 수검자와의 **대화**를 통해 정보를 얻는 방식이다. 연구자가 수검자의 답변에 대해 실시간으로 대응할 수 있기 때문에 더 심층적인 측정이 가능하다.
③ **질문지법** : 계획적으로 작성된 **일련의 문항들에 피험자가 응답하도록** 하는 자료수집 방법으로 눈으로 관찰할 수 없는 내면을 조사하는 데 널리 쓰인다. 면접법과는 달리 적은 노력과 시간으로 다수의 대상을 조사·연구할 수 있다.

(4) 임상법
① 개인의 성장·발달 과정의 구체적인 사례를 임상적으로 연구하는 방법으로 **사례연구법**(Case Study Method)이라고도 한다.
② 많은 표본을 수집하여 제한된 변인을 통계적으로 분석하여 일반적인 경향을 끌어내는 표본 연구나 통계적 연구와는 달리 한 대상을 심층적이고 정밀하게 그려낸다.
③ 심층적이고 질적인 정보를 얻을 수 있는 반면 소수의 사례에서 얻은 결과를 다수의 경우로 일반화하기 어려운 문제점이 있다.

제4절 심리학에서의 측정

1 측정 기출 22

(1) 개인과 집단에게 일어나는 **심리현상을 일정한 규칙에 따라 조사하여 수치화**하는 것이다. 이때 측정의 도구로서 이용되는 것이 **척도**이다.

(2) 측정한 결과가 정확한 자료가 되기 위해서는 타당도와 신뢰도를 모두 충족시켜야 한다.

> **더 알아두기**
> - 신뢰도(Reliability) 기출 25, 21 : 반복되는 측정에서 척도가 얼마나 일관된 결과를 내고 있는가의 정도
> - 타당도(Validity) : 척도가 측정하려는 대상을 얼마나 정확하게 측정하는가의 정도

2 척도의 수준 기출 24, 23

(1) 명명척도
① 측정 대상을 질적인 특성에 따라 구분하는 척도이다.
② 대상에 부여된 숫자는 속성에 따른 분류만을 위한 것일 뿐 순서 또는 가감의 의미는 갖지 않는다.
③ 예를 들어, 운동선수의 등번호, 주민등록번호, 전화번호, 도서 분류 등이 있다.

(2) 서열척도
① 크고 작음, 높고 낮음의 순위관계를 내포하는 척도이다.
② 상하, 대소의 관계성만을 나타낼 뿐 연산은 할 수 없다.
③ 성적, 경제적 계급, 스포츠 순위 등이 이에 해당한다.

(3) 등간척도
① 서열척도의 특성을 가지면서 수치 사이의 간격이 동일한 차이를 가지는 척도이다.
② 등간척도의 특징은 무(無)를 의미하는 절대 영점을 가지지 않으므로 덧셈, 뺄셈의 계산만 가능하다.
③ 달력, 지능지수, 섭씨・화씨의 온도 등에 쓰인다.

(4) 비율척도
① 명명척도, 서열척도, 등간척도의 속성을 모두 가지고 절대 영점을 가진 가장 상위의 척도이다.
② 덧셈, 나눗셈을 포함한 연산을 통해 측정・비교가 가능하므로 가장 많은 정보를 나타낼 수 있다.
③ 길이, 무게, 시간, 밀도 등 물리량의 거의 모든 측정이 비율척도로 이루어진다.

3 자료와 통계

(1) 통계의 목적
주어진 자료를 근거로 하여, 주어지지 않은 진리에 접근하고자 하는 것이다.

(2) 통계적 방법
① **기술통계** : 수집된 자료의 특성을 정리하여 도표나 표로 요약해 평균을 구하는 것이다.
② **추리통계** : 분석된 자료인 통계치를 근거로 모집단의 특성인 모수치를 추론하는 과정으로, 불확실한 상황에서 제한된 자료의 분석 결과를 근거로 의사결정을 한다고 하여, 통계적 의사결정론이라고도 한다.

제1장 실전예상문제

01 다음 중 최초의 심리학 실험실을 설립한 학자는?
① 분트
② 제임스
③ 프로이트
④ 베르트하이머

> **01** 분트가 라이프치히 대학에 최초의 심리학 실험실을 설립한 때를 독자적 학문으로서의 심리학이 성립한 것으로 본다.

02 자신의 의식 경험을 관찰하는 내성법을 사용한 심리학의 학파는?
① 기능주의
② 형태주의
③ 행동주의
④ 구성주의

> **02** 구성주의 학파는 자신의 의식 경험을 요소들로 나누어 분석하는 내성법을 사용하였다.

03 다음 중 인간의 정신을 요소의 집합이 아닌 전체성을 가진 구조로써 파악하는 학파는?
① 구성주의
② 행동주의
③ 형태주의
④ 경험주의

> **03** 형태주의 학파는 정신을 요소들의 합으로 보는 구성주의 학파와는 달리 전체성을 띤 구조에 관심을 두었다.

정답 01 ① 02 ④ 03 ③

04 스키너는 신행동주의 학자이다.

04 다음 중 형태주의 학자에 속하지 <u>않는</u> 사람은?
① 스키너
② 베르트하이머
③ 코프카
④ 쾰러

05 ③은 기능주의 심리학에 대한 설명이다.

05 다음 중 구성주의 심리학에 대한 설명으로 옳지 <u>않은</u> 것은?
① 의식이란 세상과 마음에 대한 개인의 주관적인 경험이다.
② 자신의 의식 경험을 주관적으로 관찰한다.
③ 정신의 목적은 유기체가 환경에 적응하려는 생물학적 욕구를 충족시키는 데 있다.
④ 마음을 구성하는 기본 요소들을 분석하는 접근 방식을 취한다.

06 의식의 전체성은 형태주의 심리학의 개념이다.

06 다음 중 구성주의 심리학과 관련이 <u>없는</u> 것은?
① 요소의 집합
② 분트
③ 내성법
④ 의식의 전체성

정답 04 ① 05 ③ 06 ④

07 다음 내용에 해당하는 학자는?

> - 심리학의 대상을 관찰 가능한 객관적 행동에 두어야 한다고 언급
> - 심리학은 인간과 동물의 행동을 주제로 삼는 자연과학의 일부라고 주장

① 프로이트
② 왓슨
③ 분트
④ 베르트하이머

07 제시문의 학자는 왓슨으로 그는 행동주의 학자이다.
① 정신분석 학자이다.
③ 구성주의 학자이다.
④ 형태주의 학자이다.

08 의식의 목적은 환경에 적응하려는 생물학적 욕구를 충족시키는 데 있다고 주장한 학파는?

① 행동주의
② 기능주의
③ 생리심리학
④ 정신분석

08 기능주의 학파는 의식의 심리학에서 행동주의 심리학으로 넘어가는 계기를 마련하였다.

09 다음 중 정신분석학과 관계 있는 것은?

① 인간의 행동은 무의식에 의해 동기화된다.
② 인간의 고차원적인 인지능력을 대상으로 한다.
③ 조건-반응과 밀접한 관련이 있다.
④ 생리반응을 통해 정신을 연구한다.

09 ② 인지심리학에 대한 설명이다.
③ 행동주의에 대한 설명이다.
④ 생리심리학에 대한 설명이다.

정답 07 ② 08 ② 09 ①

10 실험의 3요소
- 독립변인 : 의도된 결과를 얻기 위해 실험자가 조작·통제하는 값
- 종속변인 : 설정된 독립변인의 결과로서 달라지는 의존변인
- 통제변인 : 연구를 수행할 때 탐구하기 원하지 않아 통제하는 변인

11 발달심리학은 인간의 일반 법칙을 연구하는 기초 심리학의 한 분야이다.

12 성격심리학은 성격(인격)을 연구하여 개인의 차이를 규명한다.

정답 10 ④ 11 ① 12 ②

10 다음 중 실험의 기본요소가 <u>아닌</u> 것은?

① 통제변인
② 종속변인
③ 독립변인
④ 매개변인

11 다음 중 응용심리학의 분야가 <u>아닌</u> 것은?

① 발달심리학
② 임상심리학
③ 범죄심리학
④ 교육심리학

12 다음 중 인간 행동의 일반 원리가 아닌 개인차를 측정하는 심리학의 한 분야는?

① 발달심리학
② 성격심리학
③ 학습심리학
④ 인지심리학

13 다음 중 행동주의적 접근으로 바르지 않은 것은?
① 외부의 자극과 그에 따른 반응의 관계를 이해하고자 한다.
② 환경적 요인을 중요시한다.
③ 인간의 인지활동을 다룬다.
④ 심리학은 실험, 관찰과 같은 객관적 방법을 사용해야 한다.

13 인간의 인지활동을 다루는 것은 인지적 접근에 해당한다.

14 다음 중 현장관찰법에 대한 설명으로 옳은 것은?
① 교류와 참여와 같은 체험 형태의 관찰법이다.
② 조작을 하지 않고 자연 그대로의 상황 속에서 관찰한다.
③ 재현이 어려우며 인과관계가 분명하지 않다.
④ 보다 용이한 관찰을 위하여 상황을 조작하고 통제한다.

14 ②·③ 자연관찰법에 대한 설명이다.
④ 실험관찰법에 대한 설명이다.

15 임상법에 대한 설명으로 옳은 것은?
① 인위적인 조작·통제를 하여 그에 따른 결과를 도출한다.
② 개인의 성장·발달 과정의 구체적 사례를 연구한다.
③ 피험자와의 언어적 대화를 통해 정보를 얻는다.
④ 계획적으로 작성된 문항에 피험자가 응답하도록 한다.

15 ① 실험법에 대한 설명이다.
③ 면접법에 대한 설명이다.
④ 질문지법에 대한 설명이다.

16 크고 작음의 서열만이 존재할 뿐 수치 간의 등식관계는 성립하지 않는 척도는?
① 명명척도
② 등간척도
③ 서열척도
④ 비율척도

16 ① 명명척도는 자료를 질적으로 구분하는 분류이다.
② 등간척도는 수치의 간격 차이가 동일하며 비율의 의미를 가지지 않는다.
④ 비율척도는 절대 영점을 가지며 수치 간의 비교·평가가 가능하다.

정답 13 ③ 14 ① 15 ② 16 ③

17 명명척도는 측정 대상의 질적 차이만으로 분류하는 것으로, 대상에 부여된 숫자는 속성에 따른 분류만을 위한 것일 뿐이다.

17 다음 중 남학생을 1, 여학생을 2로 분류하는 척도는?
① 비율척도
② 명명척도
③ 등간척도
④ 서열척도

18 측정의 4가지 수준에 따른 적용 예
- 명목척도 : 성별, 결혼 유무, 종교, 인종, 직업 유형, 장애 유형, 지역 등
- 서열척도 : 사회계층, 선호도, 석차, 소득 수준, 자격 등급, 장애 등급 등
- 등간척도 : IQ, EQ, 온도, 학력, 학점, 물가지수, 사회지표 등
- 비율척도 : 연령, 무게, 신장, 수입, 매출액, 출생률, 사망률, 경제성장률 등

18 다음 중 온도나 지능검사의 점수를 측정할 때 사용되는 척도는?
① 서열척도
② 비율척도
③ 등간척도
④ 명목척도

19 매슬로우는 인간 욕구의 단계별 계층을 주장한 학자로 유명하며, 종래의 심리학이 다루지 않은 자기실현, 윤리, 가치 등을 다루는 인본주의 심리학을 창시하였다.

19 인간의 주체성, 자기실현 등을 연구하는 인본주의 심리학의 대표 학자는?
① 샤흐터
② 제임스
③ 에릭슨
④ 매슬로우

정답 17 ② 18 ③ 19 ④

제2장
행동의 생리적 기초

- 제1절 뉴런의 구조
- 제2절 중추신경계
- 제3절 대뇌의 구조와 기능
- 제4절 말초신경계
- 제5절 내분비선
- 제6절 뇌의 기능 분화
- 제7절 손상된 뇌
- 실전예상문제

우리 인생의 가장 큰 영광은 결코 넘어지지 않는 데 있는 것이 아니라
넘어질 때마다 일어서는 데 있다.

– 넬슨 만델라 –

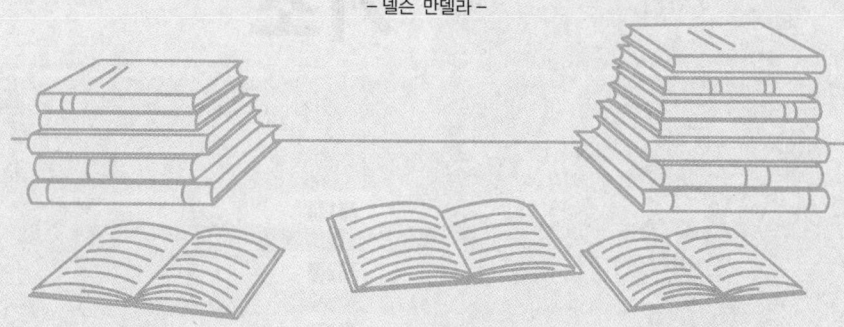

보다 깊이 있는 학습을 원하는 수험생들을 위한
시대에듀의 동영상 강의가 준비되어 있습니다.
www.sdedu.co.kr ➜ 회원가입(로그인) ➜ 강의 살펴보기

제 2 장 행동의 생리적 기초

제1절 뉴런의 구조

1 뉴런의 구조와 정보전달과정

(1) 뉴런이라 불리는 신경세포는 신경계를 구성하는 기본 단위로서 뇌 안의 정보처리와 정보전달의 역할을 수행한다.

(2) **뉴런의 구조** 중요
  ① **수상돌기** : 다른 뉴런으로부터 정보를 수용하여 이를 세포체에 전달한다.
  ② **세포체** : 뉴런의 본체에 해당하며 **정보처리 과제를 통합하고 세포활동을 유지하는 기능**을 한다. 유기체의 유전 정보를 담고 있는 핵이 위치한다.
  ③ **축색** : 신경세포의 한 줄기의 긴 섬유로, 그 말단부위는 여러 갈래의 축색종말로 나뉘어 다른 뉴런과 근육, 내분비선에 정보를 전달하는 역할을 한다.
  ④ **수초** : 뉴런의 축색을 둘러싼 일종의 절연물질로서 백색의 지방질로 구성되어 있으며 뉴런의 에너지 효율성을 증대시키고 축색에서의 신경 충동의 전파를 빠르게 한다.

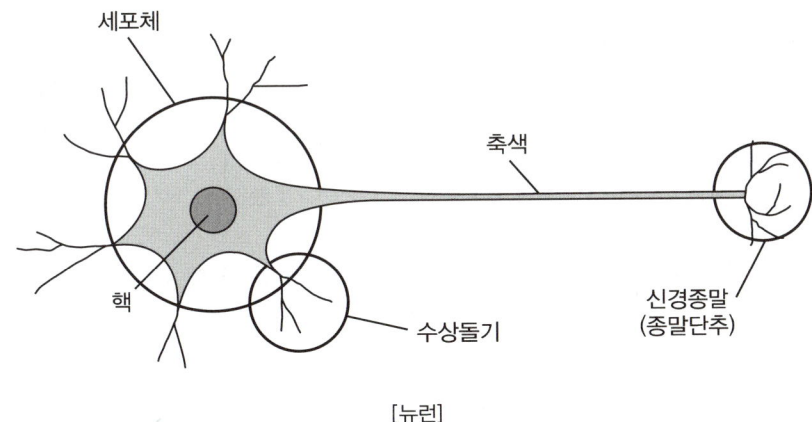

[뉴런]

(3) 정보전달의 전기화학적 작용 [중요] [기출] 25

① 수상돌기를 통해 자극(정보)이 전달되면 이것이 전기적 신호가 되어 세포체를 지나 축색으로 전도된다. 축색으로 전달된 전기신호는 축색의 말단(축색종말)에 있는 시냅스에 이르러 또 다른 뉴런의 수상돌기로 흘러간다. 이와 같은 전기 충동을 **활동전위**라고 한다.

② 축색의 말단과 후속 뉴런의 수상돌기 사이에는 시냅스 공간이라는 미세한 틈이 있다. 이곳에서 전기적 신호는 신경전달물질이라는 화학적 형태로 수상돌기에 이르러 다시 전기적 신호를 연결시킨다. 이 두 과정을 뉴런의 전기화학적 작용이라고 한다.

(4) 활동전위 : 신호의 흐름

신호를 받은 신경세포는 이것을 다시 다른 세포로 전달하려 하는데, 다음과 같은 과정을 거쳐 활동전위가 일어나게 된다.

① **정지전위**
  ㉠ 세포막 밖의 전위는 +, 안의 전위는 − → 분극
  ㉡ 세포외액의 주요 이온은 나트륨이온(Na^+)
  ㉢ 세포내액의 주요 이온은 칼륨이온(K^+)

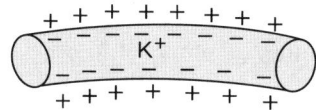

② **자극을 받아 탈분극이 일어남**
  ㉠ 나트륨채널이 열리며 Na^+가 세포 안으로 유입
  ㉡ 막전위가 변화하며 전위차가 축소 → 탈분극

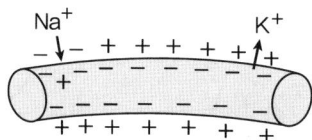

③ **탈분극의 진행과 활동전위의 발생** : 충분한 자극을 받으면 탈분극이 진행되면서 +, −가 역전되며 활동전위가 발생

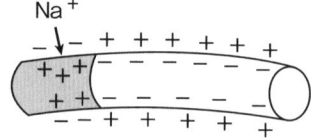

④ **활동전위의 전도** : 처음 자극을 받은 부위의 탈분극이 인접한 부위의 막의 투과성을 변화시킴

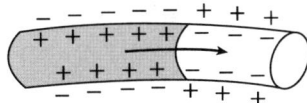

⑤ **재분극** : K⁺가 세포 안으로 유입되면서 정지전위 상태로 돌아감

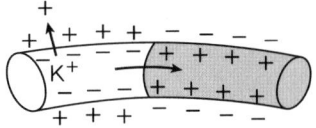

> **더 알아두기**
>
> - 활동전위 : 축색을 따라 시냅스로 전도되는 전기적 신호
> - 신경전달물질 : 시냅스를 건너 인접한 뉴런의 수상돌기에 정보를 전달하는 화학물질
> - 수상돌기 → 시냅스 : 활동전위(전기)
> - 시냅스 → 수상돌기 : 신경전달물질(화학)

2 시냅스의 정보전달과정 〈중요〉

(1) **시냅스** : 뉴런과 뉴런의 연결부위(접합부)를 말한다. 뉴런은 시냅스라는 미세한 틈(시냅스 간극)을 두고 정보를 주고받는다.

(2) **시냅스의 구조**
　① **시냅스 전 뉴런** : 시냅스를 통하여 정보를 전달하는 뉴런
　　㉠ 종말단추 : 축색 끝에서 혹처럼 나온 구조
　　㉡ 시냅스 소포 : 종말단추 안에 있는 작은 주머니로 신경전달물질을 담고 있음
　　㉢ 시냅스 전 막
　② **시냅스 후 뉴런** : 시냅스 전 뉴런으로부터 정보를 수용하는 뉴런
　　㉠ 시냅스 후 막
　　㉡ 수용기 : 신경전달물질을 수용하고 새로운 전기적 신호를 생성하는 세포막의 일부분
　③ **시냅스 간극** : 시냅스의 전후 세포막 사이에 있는 미세한 틈

(3) 시냅스의 전달과정
① 시냅스에서의 정보전달방식은 **화학적 전달**에 의해 이루어진다.
② 축색을 따라 종말단추에 이른 활동전위는 소낭 속에 담긴 신경전달물질이 시냅스에 분비되도록 자극한다.
③ 분비된 신경전달물질은 시냅스 후 뉴런의 수상돌기에 있는 수용기와 접촉하여 새로운 활동전위가 생성되고 축색을 타고 다른 뉴런에 전달되는 과정을 반복한다.

3 신경전달물질의 종류와 기능

(1) **아세틸콜린(ACh)** : 근육을 활성화시켜 운동을 가능하게 하며 주의, 학습, 수면, 꿈과 기억 등을 통제하는 데에도 관여한다.

(2) **도파민(DA)** : 집중력과 쾌감, 도취감 등에 관여하는 물질이다. 또한, 공격성·창조성·운동기능 등을 조절하는 기능을 가진다. **중요**

(3) **글루타민산** : 학습과 기억에 관여하는 주요 흥분성 전달물질이다.

(4) **GABA(감마아미노낙산)** : 글루타민산과는 달리 수면을 촉진시키고, 경련을 완화시키는 등의 억제성 전달물질이다. 부족할 경우 불안과 불면증 등을 일으킨다.

(5) **노르에피네프린(노르아드레날린)** : 신경을 흥분시키는 신경전달물질로 의욕, 집중, 기억, 적극성 등에 관여한다.

(6) **세로토닌** : 침착성과 안정감을 주는 전달물질로서 쾌감이나 각성을 조절하고 행동을 적절히 억제하는 기능을 한다. 부족할 경우 우울증, 불안증에 걸릴 수 있다. **중요** **기출** 22, 21

(7) **엔도르핀** : 내인성 모르핀(Endogenous Morphine)의 약칭으로 모르핀처럼 통증을 완화시키고 기분을 안정시키는 뇌 안의 생성물질이다.

제2절 중추신경계

1 중추신경계 중요

뇌와 척수로 이루어진 중추신경계는 정보를 기억·판단하여 음성·운동·반사 등의 명령을 내린다.

(1) 뇌
① 동물의 신경계에 있어 신경세포가 모여 신경활동의 중추를 이루는 기관이다.
② 크게 대뇌, 간뇌, 중뇌, 소뇌, 연수, 뇌교, 망상체로 이루어진다.

(2) 척수
① 중추신경과 말초신경 사이에서 정보전달을 중계하거나 반사기능을 한다.
② **척수반사** : 척수 자체가 중추가 되어 일어나는 가장 단순한 반사를 말한다. 무릎 반사, 아킬레스건 반사, 발한 등이 이에 해당한다. 중요
③ **반사궁(반사의 신경 경로)** : 수용기에서 받아들인 자극은 전기신호로 바뀌어 구심로를 지나 반사중추로 보내진다. 반사중추에서 생성된 전기신호는 원심로를 지나 실행기(근육, 분비샘 등)로 전달되어 반응이 일어난다.

제3절 대뇌의 구조와 기능

1 후뇌

(1) 연수
① 뇌와 척수를 연결하는 중계지점으로 신체의 모든 감각정보와 대뇌의 명령전달이 지나는 곳이다.
② 심장박동, 순환, 호흡을 제어하는 등 생명유지에 있어 중요한 자율신경의 중추가 있다.

(2) 소뇌 중요 기출 23
① 평형 기능, 수의운동의 조절 등 신체의 세밀하고 다양한 운동기능을 담당한다.
② 소뇌가 손상을 입으면 몸의 평형감각에 이상이 생겨 제대로 걷거나 뛸 수 없게 된다.

(3) 뇌교 : 뇌간의 일부로 소뇌와 대뇌, 척수가 서로 연락을 주고받을 수 있도록 다리 역할을 하는 곳이다. 중추신경과 말초신경의 신경섬유 경로이자 중계소의 역할을 한다. 연수보다 부피가 크고 대부분 단백질로 되어 있다.

(4) 망상체 : 복잡한 수상돌기와 축색을 가진 뉴런들이 산만하게 상호 연결되어 망을 이루고 있으며 뇌간의 중심부를 차지한다. 흥분이나 각성상태를 조절하는 데 중요한 역할을 한다.

2 중뇌

(1) 중뇌의 구조 : 간뇌의 뒤, 소뇌와 뇌교의 상부에 위치한다. 중뇌개와 대뇌각으로 나뉘며 그 사이에는 중뇌수도가 지난다. 중뇌개에는 사구체라 불리는 한 쌍씩의 돌기가 위아래에 각각 있다. 위의 한 쌍은 시각, 아래의 한 쌍은 청각 정보를 처리한다.

(2) 상구체 : 시각과 관련이 있어 시개라고도 불린다. 빛의 자극에 동공을 수축시키는 대광반사와 수정체의 두께를 조절하는 조절반사 등의 역할을 한다.

(3) 하구체 : 청각반사에 관여하여 소리가 나는 위치 등을 판별하는 데 중요한 역할을 한다.

3 전뇌 : 복잡한 감각, 정서, 인지, 운동 기능을 통제

(1) 간뇌 : 대뇌반구와 중뇌 사이에서 **자율신경의 중추**를 담당한다.
  ① **시상** : 감각기관으로부터 전달되는 정보를 중계하여 대뇌피질로 전달하는 역할을 한다.
  ② **시상하부** : 혈압, 혈류, 체온, 체액, 소화, 배설, 대사, 성기능, 면역 등 자율신경 기능과 내분비 기능을 제어하는 생명유지의 중추적인 역할을 한다. **중요**
  ③ **뇌하수체** : 시상하부의 신호를 받아 **호르몬을 생성·분비**하는 내분비선으로 다른 내분비선을 자극하는 호르몬을 분비하여 체내 여러 활동을 통제한다.

(2) 대뇌(종뇌) 중요

① 지각·사고·기억 등 고차원적이고 복잡한 정신활동이 이루어지는 뇌의 대표적인 기관으로 좌반구와 우반구로 나뉜다.

② 뇌의 표면은 많은 주름과 골로 이루어져 있으며, 패인 곳을 구(溝), 볼록하게 솟은 곳을 회(回)라고 부른다. 이 중 그 모습이 뚜렷한 중심구는 뇌를 해부학적으로 구분할 때 중요한 곳이다.

③ **대뇌피질** : 대뇌의 표층을 덮는 회백질의 부분으로 신경세포들이 집중되어 있다. 감각·운동 및 고차원의 정신활동이 이루어진다.

④ **뇌엽(대뇌의 영역들)** 기출 25, 24, 21
  ㉠ 전두엽 : 운동, 기억과 판단, 추상적 사고 등 전문화된 영역
  ㉡ 측두엽 : 청각, 언어, 기억과 관련이 있는 영역
  ㉢ 두정엽 : 촉각에 관한 정보를 처리하는 기능을 가진 영역
  ㉣ 후두엽 : 시각 정보를 처리하는 영역

⑤ **대뇌 변연계** : 대뇌반구 아래에 위치하며 해마, 편도체, 대상회 등의 부위를 포함한다. 섭식·본능·욕구 등 동물로서 생존에 필요한 기능을 하면서 노여움, 슬픔, 공포 등의 **정동(情動)**과 밀접한 관련이 있다. 기출 24, 21
  ㉠ 해마 기출 23 : 학습과 기억에 관여, 입력된 정보를 취사선택한다.
  ㉡ 편도체 기출 22 : 정동 반응(좋고 싫음, 공포, 불쾌감 등)과 감정적 기억을 관여한다.

⑥ **뇌량** : 좌우 대뇌반구를 연결하는 신경섬유의 다발(교련섬유)은 좌우 반구들이 정보를 교환하게 한다.

제4절 말초신경계

1 체감각계(체성신경계)

(1) 말초신경은 흥분전도의 방향에 따라 구심성 신경과 원심성 신경으로 나뉜다.
  ① **구심성 신경** : 감각기관으로부터 중추신경계로 흥분을 전달하는 감각 지배 신경
  ② **원심성 신경** : 중추신경계에서 골격근으로 흥분을 전달하는 운동 지배 신경

(2) **뇌신경**
  ① 척수를 거치지 않고 뇌에서 직접 말초신경으로 분비하는 신경
  ② 후신경·시신경·동안신경·내이신경·안면신경 등 12쌍이 있음

(3) **척수신경** : 척수에서 대뇌로 연결되는 31쌍의 신경

2 자율신경계 중요 기출 21

(1) 개체의 의식과는 상관없이 소화·호흡·대사와 같은 생명활동을 조절하는 신경으로 혈관·내장·분비샘이 이에 해당한다.

(2) 자율신경계는 교감신경계와 부교감신경계로 이루어진다.
   ① **교감신경계** 기출 24, 23 : 동공의 확대, 심장박동의 빨라짐, 혈관의 수축에 따른 혈압의 증가에 관련된 기능을 한다.
   ② **부교감신경계** 기출 22 : 동공의 수축, 맥박의 느려짐, 혈압의 하강 등 신체를 편안하고 안정된 상태로 유지시킨다.

> **더 알아두기**
> - 말초신경계는 몸의 지각과 운동을 제어하는 체성신경계와 내장·혈관 등과 같이 자율기능을 제어하는 자율신경계로 나뉜다.
> - 신경계는 일반적으로 중추신경계와 말초신경계로 나뉜다.
> - 신경계의 구분
>
> | 중추신경 | 뇌 | |
> | --- | --- | --- |
> | | 척수 | |
> | 말초신경 | 체성신경 | 운동신경 |
> | | | 감각신경 |
> | | 자율신경 | 교감신경 |
> | | | 부교감신경 |

> **더 알아두기**
>
> - 교감신경과 부교감신경의 기능
>
> | 구분 | 교감신경계 | 부교감신경계 |
> |---|---|---|
> | 동공 | 확대 | 축소 |
> | 눈물샘 | 눈물이 나오지 않음 | 눈물이 나옴 |
> | 침샘 | 양이 적음 | 양이 많음 |
> | 심장 | 맥박이 빨라짐 | 맥박이 느려짐 |
> | 소화 | 소화액 분비를 억제 | 소화액 분비를 촉진 |
> | 백혈구 수 | 증가 | 감소 |
> | 호흡 | 촉진 | 억제 |
> | 혈압 | 상승 | 하강 |
> | 방광 | 이완 | 수축 |
> | 음경 | 발기 억제 | 발기 촉진 |
>
> - 교감신경 : 활동 · 긴장 · 스트레스 상태
> - 부교감신경 : 휴식 · 회복 · 긴장완화 상태

제5절 내분비선

내분비선은 별도의 도관을 가지지 않고 혈액이나 림프관에 분비되는 분비샘이다. 내분비선은 갑상선, 부갑상선, 부신, 췌장, 신장, 난소, 정소, 태반 등이 있으며 이들에게서 방출되는 물질을 호르몬이라 한다.

1 뇌하수체 : 전엽, 중엽, 후엽 기출 21

(1) 뇌하수체 전엽
① **성장 호르몬** : 키가 자라는 데 관여하는 호르몬이다.
② **갑상선 자극 호르몬** : 갑상선 호르몬의 생성과 분비를 촉진한다.
③ **부신피질 자극 호르몬** : 부신피질에서 방출되는 호르몬(특히 당질코르티코이드, 부신안드로겐)의 생성과 분비를 촉진시킨다.
④ **황체형성 호르몬** : 난소로부터 배란을 촉진하고 배란 후 황체형성과 황체호르몬의 생성·분비를 촉진한다.

⑤ **난포 자극 호르몬** : 난소에서 나오는 난포 호르몬의 생성과 분비를 촉진한다.
⑥ **프롤락틴** : 분만 후 유즙 생성과 분비를 촉진하는 기능이 있다.

(2) 뇌하수체 중엽

멜라닌 자극 호르몬이 분비되는 곳으로 멜라닌은 피부를 검게 하는 작용을 한다.

(3) 뇌하수체 후엽

① **옥시토신** : 자궁을 수축시키는 기능이 있어 분만 때 중요한 역할을 하며 젖의 분비를 촉진한다.
② **항이뇨 호르몬** : 이뇨를 억제하는 기능을 가지며 혈관을 수축시켜 혈압을 올리는 효과가 있다. 바소프레신이라고도 한다.

2 갑상선과 부갑상선

(1) 갑상선

① **티록신** : 물질대사를 활발하게 하고 성장을 촉진하는 호르몬이다.
② **칼시토닌** : 혈액 속의 칼슘 농도를 떨어뜨리는 역할을 한다.

(2) 부갑상선 : 파라토르몬으로 알려진 부갑상선 호르몬은 혈액 속의 칼슘 농도를 올리는 작용을 한다. 혈액 속의 칼슘이 부족하면 테타니(전신 또는 손발의 근육경련)의 원인이 된다.

3 부신

(1) 부신피질

① **전해질 코르티코이드** : 오줌이 생성될 때 나트륨 이온을 재흡수하고 칼륨 이온의 배출을 촉진하는 체내의 전해질과 수분을 조절한다.
② **당질 코르티코이드**
　㉠ 당 신생 작용
　㉡ 지방이나 단백질을 당으로 바꿔 혈당치를 상승시킴
　㉢ 항염증 작용
　㉣ 혈액 속의 림프구, 호산구의 감소 작용
③ **부신안드로겐** : 남성 호르몬으로서 부신피질에서 남녀 모두에게 분비되지만 양이 미약하여 생리작용은 거의 없다.

(2) **부신수질** : 에피네프린(아드레날린)과 노르에피네프린(노르아드레날린)이 분비된다. 자율신경 중 교감 신경과 같은 기능을 한다.

4 췌장

(1) 췌장에는 랑게르한스섬이라는 세포군이 존재하며 그 모양에 따라 A세포와 B세포로 구분된다. A세포에서는 글루카곤, B세포에서는 인슐린이 분비된다.

(2) **글루카곤** : 혈당치를 높이고 글리코겐 및 지방분해를 촉진한다.

(3) **인슐린** : 당질·지방·단백질·핵산의 합성·저장을 촉진하며, 특히 포도당의 근육 내 유입을 촉진하여 혈당을 감소시킨다.

5 난소

(1) **난포 호르몬** : 여성의 성기와 유방을 발달시키며 체형을 여성답게 만든다.

(2) **황체 호르몬** : 배란이 일어나면 황체를 만들고 이곳에서 분비되는 호르몬을 황체 호르몬이라고 한다. 수정란이 착상할 수 있도록 하며, 배란을 억제하여 임신상태를 유지시킨다.

6 정소

정소에서 분비되는 남성 호르몬은 테스토스테론이라 하며, 남성의 성기 발달과 남성다운 체형을 만든다.

제6절 뇌의 기능 분화

1 좌뇌와 우뇌

(1) **좌뇌** : 언어능력, 개념, 읽기·쓰기, 계산, 음성·소리의 인식 등 논리적인 사고를 담당한다.

(2) **우뇌** 기출 25 : 이미지, 도형, 음악, 시각정보의 종합적인 파악, 직관적 사고를 담당한다.

(3) 좌우 반구는 따로 활동하는 것이 아니라 뇌량을 통해 정보교환을 하여 종합적인 사고를 한다.

2 분리 뇌 중요

분리 뇌란 사고와 수술에 의해 대뇌의 좌우반구를 연결하는 뇌량이 절단되어 두 개의 대뇌반구가 서로 정보를 주고받지 못하는 상태를 말한다. 분리 뇌 환자의 시야를 좌우로 나누어 왼쪽 시야에 무언가를 보여줬을 때 그것을 인지하면서도 언어로 설명하지 못했는데, 이는 왼쪽 시야를 담당하는 우뇌에만 정보가 전달되고 그 정보가 언어능력을 맡는 좌뇌로 전달되지 못하기 때문이다. 이는 대뇌 반구의 전문화에 대한 결정적인 증거를 제공하였다.

제7절 손상된 뇌

1 브로카(Broca) 실어증 중요 기출 22

(1) **브로카 영역** : 좌반구 전두엽의 후방에 위치한 브로카 영역은 **운동성 언어**와 관련이 있다.

(2) 브로카 영역에 손상을 입으면 매끄러운 발화와 문장 구성에 장애를 초래한다. 청각적인 이해능력은 발화능력에 비해 양호하다.

2 베르니케(Wernike) 실어증 중요

(1) 베르니케 영역 : 좌반구 측두엽 청각피질 근처에 위치하여 타인의 말을 이해하는 기능을 한다.

(2) 브로카 실어증 환자와는 달리 유창하게 발화할 수 있지만 상황과 질문에 맞지 않는 의미 없는 말을 하거나 다른 사람의 말을 잘 이해하지 못한다.

3 전도성 실어증

이해하고 표현하는 데 지장은 없지만 들은 말을 반복하지 못하는 장애를 말한다. 베르니케 영역과 브로카 영역을 연결하는 궁상속(弓狀束)의 손상에 원인이 있다.

> **체크 포인트**
> 실어증이란 언어중추의 손상으로 인해 말하기·듣기·쓰기·읽기의 언어능력에 장애가 생기는 증상을 말한다.

제2장 실전예상문제

01 수상돌기는 다른 신경세포로부터 신호를 받아 시냅스 전위를 일으킨다.

01 다음 중 정보를 전달받는 신경세포(뉴런)의 부분은?
① 수상돌기
② 세포체
③ 축색
④ 시냅스

02 수상돌기는 다른 신경세포로부터 전기신호를 입력하는 역할을 한다.

02 뉴런에 대한 설명으로 바르지 않은 것은?
① 수상돌기는 다른 신경세포로 전기신호를 내보내는 역할을 한다.
② 세포체는 핵을 포함한 부분이며 뉴런의 본체이다.
③ 뉴런은 다른 뉴런과 정보를 주고받는 특수한 세포이다.
④ 축색은 정보를 다른 뉴런 혹은 내분비선으로 전달한다.

03 정지전위(안정전위)에서 안팎으로 전위차를 띤 상태를 분극 상태라고 한다. 신호자극에 의해 세포 안팎의 전위 차이가 바뀌며(탈분극) 역전되면 활동전위가 일어난다.
① 신경전달물질에 대한 설명이다.
③ 화학적 신호에 대한 설명이다.
④ 전기적 신호에 대한 설명이다.

03 뉴런의 정보 소통에 대한 설명으로 바른 것은?
① 활동전위는 시냅스를 건너 다른 뉴런의 수용기로 전달된다.
② 정지전위(안정전위)란 뉴런의 세포막 안팎의 전위차를 나타낸다.
③ 뉴런들 사이에서 정보전달은 전기적 신호에 의해 이루어진다.
④ 전도란 축색을 따라 시냅스로 이동하는 화학적 신호이다.

정답 01 ① 02 ① 03 ②

04 시냅스의 정보전달과정으로 옳은 것은?
① 신경세포들은 시냅스를 사이에 두고 서로 밀착되어 있다.
② 시냅스의 전달방식은 전기적 전달이다.
③ 전기신호는 시냅스에 이르러 화학물질로 바뀐다.
④ 시냅스를 건너 다른 신경세포와 결합한 신경전달물질은 그대로 정보를 전달한다.

04 시냅스의 정보전달과정
- 축색을 따라 종말단추에 이른 활동전위는 소낭속에 담긴 신경전달물질이 시냅스에 분비되도록 자극한다.
- 분비된 신경전달물질은 시냅스 후 뉴런의 수상돌기에 있는 수용기와 접촉하여 새로운 활동전위를 생성한다.

05 다음 중 정신을 안정시키는 작용을 하는 신경전달물질은?
① 엔도르핀
② 도파민
③ 노르아드레날린
④ 세라토닌

05 세라토닌은 도파민과 노르아드레날린을 제어하여 마음의 평정을 유지시키는 기능을 한다.
① 엔도르핀은 통증을 완화시키고 기분을 안정시킨다.
② 도파민은 집중력, 의욕을 높이고 운동기능에 관여한다.
③ 노르아드레날린은 신경을 흥분시키는 작용을 한다.

06 신경계에 대한 설명으로 잘못된 것은?
① 자율신경계는 내장을 제어한다.
② 체성신경계는 골격근을 제어한다.
③ 체성신경계는 비수의적인 운동을 관장한다.
④ 혈압을 상승시키는 것은 자율신경계의 기능이다.

06
- 체성신경은 통증이나 온도를 뇌에 전달하는 지각신경과 수의적(자신의 의지로 움직일 수 있는) 운동신경이 있다.
- 자율신경은 자신의 의지로 움직일 수 없는 심장, 혈관, 내장에 분포한 신경이다.

정답 04 ③ 05 ④ 06 ③

07 교감신경과 부교감신경이 정반대의 활동을 함으로써 우리 몸의 균형을 유지한다.
- 교감신경 : 활동할 때, 긴장할 때, 스트레스를 받을 때
- 부교감신경 : 휴식을 취할 때, 수면 중일 때

07 다음 중 교감신경과 부교감신경의 기능을 바르게 짝지은 것은?
① 교감신경 - 혈압이 낮아짐
② 부교감신경 - 심장 박동이 빨라짐
③ 부교감신경 - 잠들었을 때 작용
④ 부교감신경 - 긴장했을 때 작용

08 우리 몸이 활동을 하거나 긴장이나 피로에 노출되어 있으면 교감신경계가, 휴식을 취함으로써 긴장이 완화되면 부교감신경계가 활성화된다.

08 다음 중 부교감신경계가 작용하는 상황으로 옳은 것은?
① 수면
② 업무
③ 추위·더위
④ 스트레스

09 척수 반사는 뇌를 거치지 않고 척수가 중추가 되어 일어나는 반응이다 (예 뜨거운 것을 만졌을 때 재빨리 놓는 반응).

09 다음 중 중추신경계에 대한 설명으로 바르지 않은 것은?
① 감각기관으로부터 들어온 자극을 느끼거나 명령을 보낸다.
② 뇌와 척수로 이루어져 있다.
③ 척수는 뇌와 말초신경을 중계하는 역할을 한다.
④ 척수 반사는 뇌의 명령으로 일어난다.

정답 07 ③ 08 ① 09 ④

10 뇌의 부위와 그 기능을 바르게 연결한 것은?
① 변연계 – 시상과 시상하부로 이루어진다.
② 연수 – 호흡과 순환기(심장)를 제어한다.
③ 간뇌 – 정동행동이나 성행동, 섭식 등 본능적인 기능을 한다.
④ 중뇌 – 운동기능을 조절한다.

10 ① 변연계는 정동행동이나 성행동, 섭식 등 본능적인 기능을 한다.
③ 간뇌는 시상과 시상하부로 구성되어 있다.
④ 중뇌는 안구의 운동과 청각에 관여한다.

11 다음 중 신체의 항상성을 유지하는 기능을 가진 뇌의 부위는?
① 시상하부
② 변연계
③ 대뇌피질
④ 뇌하수체

11 항상성(Homeostasis)
생명체의 체내 여러 기관이 외부 환경(기온·습도 등)의 변화에 따라 체내 환경(체온·혈류량 등)을 일정 범위로 유지시키는 상태 및 기능이다. 자율신경과 내분비선이 그 주체가 된다.
① 시상하부에서 자율신경과 내분비선의 중추적인 역할을 맡는다.

12 다음 중 시상하부의 기능에 해당하지 않는 것은?
① 체온조절
② 성기능
③ 섭식(식욕)
④ 성장 호르몬 분비

12 시상하부는 체온, 배고픔, 갈증과 같은 생명유지에 중요한 항상성의 중추를 이룬다. 호르몬의 생산과 분비는 뇌하수체의 기능이다.

정답 10 ② 11 ① 12 ④

13 대뇌는 뇌의 대부분을 차지하며 감각, 언어, 기억 및 고도의 정신 기능을 하는 부위로, 기능별로 전두엽, 두정엽, 후두엽, 측두엽으로 나뉜다.

13 보고, 듣고, 만지는 감각이나 언어, 기억, 사고와 같은 고도의 기능을 하는 뇌는?
① 연수
② 소뇌
③ 대뇌
④ 변연계

14 공포 조절, 공포 학습, 공포 기억 형성에 중요한 역할을 하는 편도체가 손상되면 공포를 느끼지 못하여 위험한 상황을 회피하지 못하게 된다.

14 공포를 느끼지 못하게 된다면 다음 중 어느 것이 손상되었기 때문인가?
① 소뇌
② 편도체
③ 시상하부
④ 해마

15 ① 측두엽은 언어, 청각, 정서적 경험, 기억 등을 담당한다.
② 후두엽은 망막에서 들어오는 시각 정보를 분석·통합하는 역할을 담당한다.
④ 두정엽은 공간지각 및 운동지각, 신체의 위치 판단 등을 담당한다.

15 다음 중 대뇌피질 각 영역의 기능에 관한 설명으로 옳은 것은?
① 측두엽 - 망막에서 들어오는 시각 정보를 받아 분석하며, 이 영역이 손상되면 안구가 정상적인 기능을 하더라도 시력을 상실하게 된다.
② 후두엽 - 언어를 인식하는 데 중추적인 역할을 하며, 정서적 경험이나 기억에 중요한 역할을 담당한다.
③ 전두엽 - 현재의 상황을 판단하고 상황에 적절하게 행동을 계획하고 부적절한 행동을 억제하는 등 전반적으로 행동을 관리하는 역할을 한다.
④ 두정엽 - 대뇌피질의 다른 영역으로부터 모든 감각과 운동에 관한 정보를 다 받으며 이러한 정보들을 종합한다.

정답 13 ③ 14 ② 15 ③

16 대뇌의 네 영역 중 눈으로부터 들어온 시각 정보를 해석·처리하는 영역은?
① 후두엽
② 두정엽
③ 전두엽
④ 측두엽

16 후두엽은 중요한 시각 정보를 처리하는 기능을 하므로 이 부분이 손상을 입을 경우 눈으로 본 것이 무엇인지 판단할 수 없게 된다.

17 언어를 이해하는 능력이 저하됐다면 뇌의 어느 부분이 손상을 입은 것인가?
① 두정엽
② 후두엽
③ 전두엽
④ 측두엽

17 측두엽은 귀로부터 감각 정보를 받아들여 이것을 의미 있는 단위인 말소리와 단어로 처리한다.

18 어느 환자가 왼쪽 눈으로 본 것의 이름을 말하지 못한다면 이는 뇌의 어느 부분에 손상을 입은 것인가?
① 시상
② 뇌량
③ 대뇌피질
④ 소뇌

18 좌우 각각의 시각 정보는 교차되어 각각의 대뇌반구에 전해지며, 다시 좌우 반구는 뇌량을 통해 정보를 주고받음으로써 종합적인 판단을 한다. 따라서 뇌량이 손상을 입으면 각각의 정보는 각 반구 안에서만 머무르는 분리 뇌 현상이 일어난다.

정답 16 ① 17 ④ 18 ②

19 다음 중 좌뇌의 역할에 해당하지 않는 것은?
① 언어
② 논리적 사고
③ 사람의 얼굴 알아보기
④ 기호

19 좌뇌는 언어·수학·논리에서 우세하고, 우뇌는 공간이해능력, 이미지, 시각 정보 등 감각적인 면에서 우세하다고 알려져 있다.
④ 기호 : 수학-논리

20 듣고 이해하는 능력은 양호하나 발화하는 데 어려움이 있는 장애는?
① 브로카 실어증
② 전도성 실어증
③ 전실어증
④ 베르니케 실어증

20 청해 양호, 유창하지 못한 발화, 복창 장애, 운동성 실어증
② 유창한 발화, 눈에 띄는 복창 장애, 양호한 청해
③ 청해, 발화, 복창 등의 모든 기능에 장애를 보임
④ 유창한 발화, 복창 장애, 청해능력 장애, 감각성 실어증

정답 19 ③ 20 ①

제3장

심리적 발달

- **제1절** 행동발달
- **제2절** 발달을 형성하는 규정요인
- **제3절** 발달연구방법
- **제4절** 신체발달 및 운동발달
- **제5절** 인지발달
- **제6절** 도덕성 발달
- **제7절** 성격발달
- **제8절** 생의 주기단계
- **실전예상문제**

얼마나 많은 사람들이 책 한 권을 읽음으로써 인생에 새로운 전기를 맞이했던가.

– 헨리 데이비드 소로 –

보다 깊이 있는 학습을 원하는 수험생들을 위한
시대에듀의 동영상 강의가 준비되어 있습니다.
www.sdedu.co.kr → 회원가입(로그인) → 강의 살펴보기

제3장 심리적 발달

제1절 행동발달

1 성숙

경험이나 훈련에 관계 없이 인간의 내적 또는 유전적 기제의 작용에 의해 나타나는 체계적이고 규칙적으로 진행되는 신체 및 심리의 변화를 의미한다.

2 학습

후천적 변화의 과정으로서 특수한 경험이나 훈련 또는 연습과 같은 외부자극이나 조건, 즉 환경에 의해 개인이 내적으로 변하는 것을 의미한다.

3 발달 중요

(1) 출생에서 사망에 이르기까지 전 생애에 걸쳐 계속적으로 일어나는 변화의 과정이다.

(2) 지적·정서적·사회적·신체적 측면 등 전인적인 측면에서 변화한다.

(3) 분화와 통합의 과정이며, 유전과 환경의 상호작용에서 이루어진다.

(4) 인간발달에 의한 변화는 양적·질적 변화, 상승적·하강적 변화로 나타난다.

제2절 발달을 형성하는 규정요인

1 유전인자의 적용

(1) 유전인자
① 인간의 모든 유전적 잠재성은 46개의 염색체에 의해 결정된다.
② 두 쌍의 염색체 중 22개는 상염색체이고 23번째 쌍이 성염색체이다.
③ 남성은 XY, 여성은 XX가 정상적인 성염색체에 해당한다.
④ 염색체에는 유전의 기본 단위인 유전인자가 들어있으며, 이는 DNA(Deoxyribonucleic Acid) 화학물질로 구성되어 있다.
⑤ DNA는 뉴클레오티드로 구성되어 있으며 핵산을 형성하는 유전물질이다.

(2) 게젤(Gesell)의 성숙이론
① 성숙이론이란 유전적 요인으로 규정된 생물학적 순서에 따라 인간의 발달이 결정된다고 보는 이론이다.
② 게젤은 개인의 발달 속도와 시기의 차이는 있지만, 발달의 순서는 모든 사람에게 동일하기 때문에 새로운 행동이나 능력이 언제 나타날 것인지는 미리 결정된다고 보았다.
③ 신체적·정신적인 성숙이 이루어지기 전에 이루어지는 학습행위는 무의미하며, 학습을 개시하기 위한 준비단계(Readiness)까지 지켜볼 것을 중시하였다.

2 환경요인

(1) 왓슨의 행동주의 심리학
① 게젤과는 반대로 후천적인 환경요인만이 성격·지성·능력 등을 결정지을 수 있다는 환경결정론을 주장하였다.
② 왓슨은 한 갓난아이를 맡아 환경조건을 조정하여 특정 능력과 기능을 가진 인간으로 키울 수 있다고 할 만큼 환경요인에 따른 발달을 중시하였다.
③ **비판**: 성격·능력에 대한 유전요인의 영향을 경시하고 현시점에서의 환경·자극의 조건부여에 치우쳤다는 비판을 받는다.

> **체크 포인트**
>
> **환경요인**
> - 환경론: 인간발달은 유전인자보다 환경의 영향을 더 많이 받는다고 주장
> - 유전론: 인간발달은 환경보다 유전인자의 영향을 더 많이 받는다고 주장

(2) 상호결정론

인간의 성격 형성·정신 발달·능력 향상은 유전요인과 환경요인 중 어느 한쪽만으로 결정될 만큼 단순하지 않기 때문에 두 가지 요인이 상호적으로 영향을 주고받는다는 의견이 유력하다.

① 인간은 어느 정도 자기 방향을 제시할 수 있는 우수한 능력을 가지므로 유전이나 환경에 전적으로 영향을 받는 것은 아니다.
② 인간 행동의 원인들은 **행동적·인지적·환경적 요소들 간의 지속적인 상호작용**에 의해 발달한다.
③ 인간은 상징을 사용할 수 있는 비범한 능력을 가지므로 행동으로 나타나는 인지과정인 사고와 창조, 계획 등을 할 수 있다.

제3절 발달연구방법

1 종단적 방법 [중요] [기출 23]

(1) 정의: 둘 이상의 시점에서 동일한 분석단위를 장기간에 걸쳐 추적하여 연구한다.

(2) 특징

① 개인의 연령에 따른 연속적인 변화 양상을 파악하려는 경우 사용한다.
② 비용이 많이 들고 시간 소모가 많다.
③ 오랜 시간에 걸쳐 연구되므로 수검자의 탈락이 발생할 수 있다.
④ 개인이나 특정 집단에서 얻은 자료를 일반화하는 데 한계가 있다.

2 횡단적 방법 [중요] [기출 23]

(1) 정의: 어느 한 시점에서 다수의 분석단위에 대한 **자료를 수집하는 연구로 어떤 현상의 단면을 분석한다.**

(2) 특징

① 연령이 다른 개인 간의 발달적 차이를 단기간에 비교하려는 경우 사용한다.
② 자료수집이 비교적 짧은 기간에 이루어지며, 간단하고 비용이 절감된다.
③ 어떤 현상의 진행과정 변화에 대한 측정이 불가능하고, 개인이 어떻게 변화하는지 알 수 없으며, 성장과 발달에 있어서 증가나 감소가 명확하지 않다.

3 시기차이법

시기차이법은 대상 연령을 일정하게 고정시켜 놓은 상태에서 시대적 변화에 따른 개인의 변화를 파악하기 위해 사용한다. 예를 들어, 한국전쟁 당시의 10대 청소년과 오늘날의 10대 청소년은 설령 신체적으로 커다란 차이를 보이지 않더라도 사고 및 가치관은 사뭇 다르다.

제4절 신체발달 및 운동발달

1 신체기관의 발달

(1) 태아기
   ① **임신 1개월** : 심장과 소화기관이 발달
   ② **임신 2개월** : 태아가 인간의 형태를 갖추기 시작
   ③ **임신 3개월** : 팔, 다리, 손, 발의 형태 형성
   ④ **임신 중기(4~6개월)** : 손가락, 발가락, 피부, 지문, 모발이 형성
   ⑤ **임신 말기(7~9개월)** : 태아가 모체에서 분리되어도 생존이 가능

(2) 영아기(출생~1세 또는 18개월)
   ① 인간의 일생에서 신체적 성장이 가장 빠른 속도로 이루어지는 시기이다.
   ② 제1성장 급등기에 해당한다.

(3) 유아기(1세 또는 18개월~4세)
   ① 발달이 영아기처럼 급속도로 이루어지지는 않으나 꾸준한 성장을 보인다.
   ② 뇌와 신경계의 성숙으로 새로운 운동기술과 인지능력을 발달시킨다.
   ③ 발달이 머리 부분에서 점차 신체의 하부로 확산된다.

(4) 전기 아동기(학령 전기, 4~6세)
   ① 신체의 양적 성장은 상대적으로 감소하나 지속적으로 이루어진다.
   ② 약 5세 무렵에 신장은 출생기의 약 두 배가 되며, 약 6세 무렵에는 뇌의 무게가 성인의 90~95%에 달한다.
   ③ 유치가 빠지고 머리 크기는 성인의 크기가 되며 신경계의 전달능력도 향상된다.

(5) 후기 아동기(학령기, 6~12세)
① 이전처럼 급속한 신체발달은 아니지만 비교적 완만하고 꾸준한 발달이 이루어진다.
② 10세 이전에는 남아가 여아보다 키와 몸무게에서 우세하지만, 11~12세 무렵에는 여아의 발육이 남아보다 우세해진다.
③ 성장기 아동의 10~20%가 근육이 당기는 성장통을 경험한다.

(6) 청소년기(12~19세)
① 급격한 신장의 증가와 함께 뼈와 근육의 성장이 이루어지는 제2의 성장 급등기를 보인다.
② 사춘기를 경험하면서 2차 성징과 함께 생식기관의 성숙이 뚜렷이 나타난다.
③ 여성이 남성보다 키와 몸무게가 우세하던 아동기와는 달리 이 시기부터는 남성이 여성보다 우세해진다.
④ 남자는 어깨가 넓어지고 근육이 발달하여 남성다운 체형이 만들어지며, 여자는 골반이 넓어지고 피하지방이 축적되어 여성스러운 체형으로 변모한다.
⑤ 머리의 크기가 전신에서 차지하는 비중이 작아지고 얼굴 모양은 길쭉한 형으로 변화하며, 코와 입이 넓어지고 전체적인 윤곽이 달라진다.

2 운동발달

(1) 운동기능의 발달
① **운동발달** : 손 뻗기·쥐기, 앉기, 걷기와 같은 수의운동(스스로의 의지를 수반하는 운동)을 수행하는 능력이 나타나는 것이다.
② **반사(Reflex)** : 특정 자극에 대해 일어나는 특정 운동 반응 양식이다. 예를 들면, 신생아가 뺨에 닿는 모든 물체를 입에 가져가는 먹이 찾기 반사(Rooting Reflex)와 입에 들어오는 모든 물체를 빠는 **빨기 반사(Sucking Reflex)**의 경향이 있다.
③ 유아기가 되면 신생아 시기의 반사운동은 점차 사라지고 수의운동이 출현·발달한다.

(2) 운동발달의 원리 : 운동발달은 일정한 순서와 방향성을 가진다. 중요
① **머리에서 아래로** : 운동기술이 머리에서 발까지 순서대로 나타나는 경향이다. 영아의 신체통제력은 처음에 머리를 가누고 팔과 몸통 그리고 다리로 이어진다. → 두미법칙
② **중추에서 말초로** : 운동기술이 몸의 중심에서 말단으로 진행되는 경향이다. 손가락을 움직이기에 앞서 팔을 먼저 통제하는 것이 그 예이다. → 중심말단법칙
③ **전체 운동에서 특수 운동으로** : 분화되지 않은 운동에서 점차 분화되고 섬세한 운동으로 발달한다.
④ **연속성** : 발달은 전 생애를 통해 연속적으로 지속되지만 그 속도는 일정하지 않다.
⑤ **개인차** : 아이들의 발달 속도는 개인에 따라 모두 다르다.

> **체크 포인트**
>
> **운동발달의 과정**
> - 분화 : 몸 전체를 움직이다가 차츰 필요한 부분만 움직인다.
> - 통합 : 여러 부분의 행동이 합쳐지는 것으로 손과 눈의 동작이 일치한다(협응).

제5절 인지발달

1 지각발달

(1) 갓 태어난 아기는 시각능력이 미숙하여 두 눈을 움직여 대상에 초점을 고정시키지 못하는 경향이 있다. 따라서 생후 3개월 전의 영아는 사시인 경우가 많다.

(2) 얼굴지각
   ① 생후 8주까지는 얼굴의 윤곽에 초점을 고정시킨다.
   ② 9~12주 무렵 : 얼굴 내부를 보기 시작하며, 친숙한 사람과 낯선 사람을 구별한다.
   ③ 3~4개월 : 얼굴표정에 민감하다.
   ④ 5~7개월 : 낯선 사람과 친숙한 사람의 얼굴을 확실히 구별한다.

(3) 깊이지각 기출 22 : 깁슨(Gibson)과 워크(Walk)는 유아의 깊이지각 능력을 알아보기 위해 시각벼랑이라는 실험 장치를 고안하였다.

> **더 알아두기**
>
> **시각벼랑 실험**
> 생후 6~12개월의 유아들을 대상으로 한 실험 결과, 대부분의 아이들이 절벽처럼 보이는 장치 앞에서 멈추어 울음을 터뜨리는 등 공포반응을 보였다. 또 다른 실험에서 생후 3개월의 아이는 시각벼랑 앞에서 심장박동이 빨라지는 등 생리학적인 변화를 보였다. 이 실험의 결과 생후 3개월부터 깊이지각이 가능하며, 6개월부터는 깊이지각과 공포의 정서가 함께 작동하는 것을 알 수 있다.

(4) 형태지각(R. L. Fantz)
   ① 영아는 색이나 밝기보다 형태에 더 집중한다.
   ② 단순한 형태보다 적당히 복잡한 도형을 더 주시한다.
   ③ 직선보다는 곡선을 더 주시한다.
   ④ 움직이는 물체에 주의한다.

2 기억발달

(1) **재인(Recognition)** : 이전에 경험한 것과 같은 것을 경험했을 때 그것을 앞서 경험한 것과 같은 것으로서 확인하는 것이다.
   ① 영아기 초기부터 나타나는 초보적인 기억능력이다.
   ② 현재 지각하는 것이 친숙한 것인지 아닌지를 기억해내는 것이다.
   ③ 유아기 때 두드러지게 발달하여 4세가 되면 매우 정확해진다.

(2) **기억책략** : 반복연습, 정보의 정교화, 조직화를 통하여 기억을 장기화할 수 있는데, 이처럼 기억을 높이는 방법이다.
   ① **시연(Rehearsal)** : 기억해야 할 대상이나 정보를 여러 번 보거나 말로 되풀이하는 것이다.
   ② **군집화(Chunking)** : 서로 관련이 있거나 유사한 것끼리 묶어서 기억하려는 경향으로, 단기 기억의 용량도 늘어가고 더 많은 정보를 기억할 수 있다.
   ③ **작업기억(Working Memory)** : 새로 습득한 정보에 이미 기억된 정보를 떠올려 결부시키는 역동적인 의식행위이다.

> **더 알아두기**
>
> **기억의 구분** 기출 22
>
> | 감각기억 | 시각이나 청각 등의 감각기관으로 들어온 정보를 순간적으로 저장하는 기억 |
> |---|---|
> | 단기기억
(작업기억) | 우리가 현재 의식 중에서 능동적으로 정보를 처리하는 활동 중인 기억으로서, 감각기억에 들어온 환경에 관한 정보 중 일부만이 이 단계로 전환 |
> | 장기기억 | 감각기억과 단기기억의 과정을 거쳐 장기적으로 저장되는 기억 |

3 언어발달 기출 22

(1) **촘스키의 이론(생득설)** 중요
   ① 누구나 태어날 때부터 언어습득능력을 가지고 있다는 학설이다. 모국어 습득이 짧은 기간(3~4세)에 이루어지며 따로 노력이 필요하지 않다.
   ② 인간은 선천적으로 뇌 속에 **언어획득장치**(LAD ; Language Acquisition Device)를 가지고 태어난다.
   ③ 언어란 환경적 요인보다 생물학적 요인에 더 영향을 받아 발달한다.

(2) 스키너의 이론(환경·학습 요인) 중요
① 언어는 조작적 조건화를 통해 관찰할 수 있는 과학적인 행위로서 자극 – 반응 – 강화에 따른 학습과 습득이 이루어진다.
② 예를 들어, 아이가 주위 사람들의 말을 듣고 모방을 하며, 그것이 정확했을 때 주변인들로부터 강화를 받게 되어 언어가 습득된다는 이론이다.
③ 부모는 아이의 말에서 내용에 반응을 하는 것이지 문법의 옳고 그름을 따지는 것은 아니므로 언어발달을 강화이론으로만 설명하기 어렵다.
④ 아이들은 모방뿐 아니라 스스로 문법적인 문장을 생성하는 창조적 능력을 가졌으며 이것이 반드시 학습에 의한 것만은 아니다.

(3) 인지이론
① 피아제는 언어를 인지발달에 따라 나타나는 상징적 표상으로 보았다.
② 영아의 자기중심적인 언어 사용은 그의 사고력이 다른 사람의 입장에서 생각하고 추론할 만큼 성숙하지 않았기 때문이다.

> **더 알아두기**
>
> **의사소통의 발달단계**
> - 1단계 : 자기중심적인 언어로 의사소통의 기능은 없다.
>   - 반복 : 상대에게 의사를 전달하는 기능 없이 어떤 단어나 음절을 되풀이하는 것
>   - 독백 : 상대의 존재 여부와 관계 없이 자신의 언어를 혼자 말하는 것
>   - 집단적 독백 : 여러 사람과 말을 하지만 각자 자신의 이야기만 하며 상대의 반응을 기대하지 않는 발화
> - 2, 3단계 : 질문과 대답, 정보 교환 등 다른 사람에게 의사를 전달하거나 상호간의 공통된 주제를 위해 뜻을 종합하는 언어 유형

4 피아제(Piaget)의 인지발달론 기출 22

(1) 피아제(Piaget)의 인지발달론
① 인지발달이론의 정의
  ㉠ 피아제는 인간이 주관적인 존재로서 나름대로 의미를 부여하는 주관적인 현실만이 존재한다고 주장하였다.
  ㉡ 각 개인의 정서·사고·행동은 개인이 현실세계를 구성하는 방식에 따라 다르다.
  ㉢ 인간은 변화하고 성장하는 존재로서 인간의 의지 또한 환경과 상호작용하면서 변화하고 발달한다.

② **주요 개념**
　㉠ 도식 : 사물이나 사건에 대한 전체적인 윤곽 또는 지각의 틀, 즉 인간의 마음속에서 어떤 개념 또는 사물의 가장 중요한 측면이나 특징을 인식하고 표현하는 능력이다.
　㉡ 적응 : 자신의 주위환경의 조건을 조정하는 능력으로서 주위환경과 조화를 이루고 생존하기 위해 변화하는 과정을 말한다.
　㉢ 조직화 : 서로 다른 감각의 입력 정보들을 상호 관련시키거나 심리적 측면에서 조직화하여 떠오르는 생각들을 이치에 맞도록 종합하는 것이다.
　㉣ 보존 : 질량은 양적 차원에서는 동일하지만 모양의 차원에서는 변할 수 있다는 개념이다.
　㉤ 자아중심성 중요 : 자신과 대상을 서로 구분하지 못하는 것으로서, 유아기 초기에는 자신과 주변의 대상들을 구분하지 못하는 반면 청소년기에는 현실과 환상을 구분하지 못한다.

> **더 알아두기**
>
> **적응의 유형** 기출 25
> - 동화 : 새로운 지각물이나 자극이 되는 사건을 자신이 이미 가지고 있는 도식이나 행동양식에 맞춰가는 인지적 과정이다.
> - 조절 : 기존 도식이 새로운 대상을 동화하는 데 적합하지 않을 경우 새로운 대상에 맞도록 기존의 도식을 변경하여 인지하는 과정이다.
> - 평형 상태 : 동화와 조절의 결과, 조직화된 유기체의 각 구조들이 균형을 이루는 것이다.

(2) 인지발달의 4단계 중요 기출 24

① **감각운동기(0~2세)** 기출 23
　㉠ 과거나 미래가 없는 **현재의 세계만을 인식**한다.
　㉡ 자신과 외부 대상을 구분하지 못한다.
　㉢ 직접 만지거나 조작해보고 근접탐색을 함으로써 환경을 이해한다.
　㉣ 대상영속성을 이해하기 시작한다.
　㉤ 목적 지향적 행동을 한다.

② **전조작기(2~7세)** 기출 21
　㉠ 사고는 가능하나 **직관적인 수준**이며, 아직 논리적이지 못하다.
　㉡ 감각운동기에 형성되기 시작한 대상영속성이 확립된다.
　㉢ 보존 개념을 어렴풋이 이해하기 시작하지만 아직 획득하지 못한 단계이다.
　㉣ 전조작기 사고를 나타내는 대표적인 예는 상징놀이와 물활론, 자아중심성이다.
　㉤ 전조작기의 논리적 사고를 방해하는 요인은 자아중심성, 집중성, 비가역성이다.

> **체크 포인트**
>
> **비가역적 사고** : 전조작기의 유아는 조작적 사고능력이 부족하여 변화된 상황을 역전시키지 못한다. 상황을 역전시켜 사고할 수 있는 조작능력이 생기면 자기중심적이고 직관적인 사고에서 벗어날 수 있다.

③ 구체적 조작기(7~12세)
　㉠ 구체적 사물을 중심으로 한 이론적·논리적 사고가 발달한다.
　㉡ 논리적인 사고는 가능하나 가설·연역적 사고에 이르지는 못한다.
　㉢ 자아중심성과 비가역성을 극복할 수 있고 집중력을 향상시킬 수 있다.
　㉣ 분류(유목화)·서열화(연속성)·보존 개념을 획득한다.
④ 형식적 조작기(12세 이상) 기출 24
　㉠ 추상적 사고가 발달한다.
　㉡ 실제 경험하지 않은 영역에 대해 논리적인 활동계획을 수립한다.
　㉢ 가설의 설정·검증·연역적 사고가 가능하다.
　㉣ 체계적인 사고능력, 논리적 조작에 필요한 문제해결능력이 발달한다.

더 알아두기

- 대상영속성 : 어떤 사물이 어떤 것에 감추어져 보이지 않더라도 그것이 존재하고 있음을 아는 능력
- 보존 개념 : 어떤 사물의 수, 양, 길이, 부피 등이 변한다고 해도 그 속성이나 실체는 변하지 않는다는 것을 이해하는 능력

제6절　도덕성 발달 기출 21

1 콜버그(Kohlberg)의 도덕성 발달이론의 정의

(1) 콜버그는 인간의 도덕성 추론 능력의 발달이 인지적 발달과 연관되며, 발달의 순서는 모든 사람과 모든 문화에 동일하게 나타난다고 보았다.

(2) 피아제의 도덕성 발달에 관한 이론을 청소년기와 성인기까지 확장하였다.

(3) 인지 발달 수준 및 도덕적 판단능력에 따라 도덕적 발달 수준을 3가지 총 6단계로 구분하였다.

2 도덕성 발달단계 [중요] [기출] 25, 24

전인습적 수준 (4~10세)	1단계	도덕성	처벌과 복종을 지향
	2단계	욕구충족의 수단	상대적 쾌락주의에 의한 욕구충족을 지향
인습적 수준 (10~13세)	3단계	대인관계의 조화	개인 상호간의 조화를 중시하며 착한 소년·소녀를 지향
	4단계	법과 질서의 준수	사회질서에의 존중을 지향
후인습적 수준 (13세 이상)	5단계	사회계약정신	민주적 절차로 수용된 법을 존중하는 한편 상호합의에 의한 변경가능성을 인식
	6단계	보편적 도덕원리	개인의 양심과 보편적인 윤리원칙에 따라 옳고 그름을 인식

제7절 성격발달

1 프로이트(Freud)의 심리적 성격발달이론 [중요]

(1) 지형학적 모델(정신의 3요소)

① **의식(Consciousness)** : 어떤 순간에 우리가 알거나 느낄 수 있는 모든 감각과 경험으로 특정 시점에 인식하는 모든 것이다.

② **전의식(Preconsciousness)** : 의식과 무의식의 교량 역할을 하며, 당장 의식을 못하지만 주의를 집중하는 경우 의식으로 가져올 수 있는 정신작용의 부분이다.

③ **무의식(Unconsciousness)** : 의식적 사고의 행동을 전적으로 통제하는 힘으로, 스스로가 전혀 의식하지 못하는 정신작용의 부분이다.

(2) 구조적 모형(성격의 3요소) [기출] 22

① **원초아(Id)** : 출생 시 타고나는 성격의 가장 원초적인 부분으로서 본능적 충동과 쾌락의 원리에 의해 지배되므로, 충동적이고 비합리적이며 자애적으로 나타난다.

② **자아(Ego)** : 출생 후 발달하기 시작하는 것으로서 성격의 조직적이고 합리적이며 현실지향적인 체계이다.

③ **초자아(Super Ego)** : 무엇이 옳고 그른지를 판단하는 데 관여하는 성격의 일부분으로서 도덕성 및 죄책감과 연관된다.

> **체크 포인트**
> 리비도(Libido) : 성본능·성충동의 본능적인 성적 에너지를 말하는 것으로, 개인의 사고 및 행동에 지대한 영향을 미친다.

(3) 프로이트의 심리적 성격발달단계 중요 기출 24, 22

구강기(0~1세)	• 아동의 리비도는 입, 혀, 입술 등 구강에 집중되어 있다. • 구강기 전기에는 빨기·삼키기에서 자애적 쾌락을 경험한다. • 구강기 후기에는 이유에 대한 불만에서 어머니에 대한 최초의 양가감정을 경험한다. • 이 시기에 고착되는 경우 손가락 빨기, 손톱 깨물기, 과음, 과식 등의 행동이 나타날 수 있다.
항문기(1~3세)	• 배변으로 생기는 항문 자극에 의해 쾌감을 얻으려는 시기이다. • 배변훈련을 통한 사회화의 기대에 직면한다. • 이 시기에 고착되는 경우 결벽증이나 인색함 등이 나타날 수 있다.
남근기(3~6세)	• 리비도가 성기에 집중되어 성기를 자극하고 자신의 몸을 보여주거나 다른 사람의 몸을 보면서 쾌감을 얻는다. • 남아는 오이디푸스 콤플렉스(거세불안), 여아는 엘렉트라 콤플렉스(남근선망)를 경험한다. • 아동은 부모와의 동일시 및 적절한 역할습득을 통해 양심과 자아 이상을 발달시키며, 이 과정에서 초자아가 성립된다.
잠복기 또는 잠재기(6~12세)	• 다른 단계에 비해 평온한 시기로 성적 욕구가 억압되어 성적 충동 등이 잠재되어 있는 시기이다. • 리비도의 대상은 동성 친구로 향하고 동일시 대상도 주로 친구가 된다. • 잠복기 아동의 에너지는 지적인 활동, 운동, 친구와의 우정 등에 집중된다.
생식기(12세 이후)	• 잠복되어 있던 성적 에너지가 되살아나, 또래의 이성 친구에게 관심을 가지게 된다. • 이 시기에 사춘기를 경험하며, 2차 성징이 나타난다.

> **더 알아두기**
>
> **프로이트 정신분석이론의 주요 특징**
> • 정신적 결정론(심리결정론) : 인간의 정신활동이 과거의 경험(대략 5세 이전의 경험)에 의해 결정된다.
> • 무의식의 강조 : 인간의 행동은 의식적 과정이라기보다는 인식할 수 없는 무의식에 의해 동기가 유발된다.
> • 리비도의 강조 : 본능적인 성적 에너지가 행동과 사고의 동기가 된다.
> • 성격발달의 5단계 : 구강기 → 항문기 → 남근기 → 잠복기 → 생식기

2 에릭슨(Erikson)의 심리사회이론 중요

(1) 에릭슨 심리사회이론의 정의
① 인간의 전 생애에 걸친 발달과 변화를 강조하였다.
② 인간을 합리적인 존재이자 창조적인 존재로 보았다.

③ 인간의 행동이 자아에 의해 동기화된다고 보았다.
④ 인간의 행동이 개인의 심리적 요인과 사회문화적 영향의 상호작용에 의해 형성된다고 보았다.
⑤ 기존의 정신분석적 방법과 달리 인간에 대하여 정상적인 측면에서 접근하였다.
⑥ 창조성과 자아정체감의 확립을 강조하였다.
⑦ 문화적 · 역사적 요인과 성격구조의 관련성을 중시하였다.

(2) 주요 개념
① **자아정체감(Ego Identity)** : 자아정체감은 동일성과 일관성을 유지하려는 어떤 개인의 능력과 타인이 그에게서 발견하는 동일성과 일관성이 일치할 때 생기는 것이다. 주체성, 독립성, 과거로부터의 연속성, 주관적 · 실존적 의식과 감각의 총체로, '이것이 나 자신이다'라는 실감을 뜻한다.
② **점성원리** : 성장하는 모든 것은 기초안을 가지며, 각 단계는 특별히 우세해지는 **결정적 시기**가 있다.
③ **위기** 중요 : 인간의 발달 단계마다 사회는 개인에게 어떤 심리적 요구를 하는데 이를 위기라 한다. 각 심리단계에서 개인은 위기에서 야기되는 스트레스와 갈등에 적응하려고 노력하며, 이러한 위기를 성공적으로 해결하지 못하는 경우 자아정체감의 혼란이 야기된다.

(3) 에릭슨의 인간발달단계 중요 기출 25, 23, 22

시기	심리사회적 위기	심리사회적 능력	관계 범위	주요 사건	주요 병리	프로이트 발달단계
유아기 (출생~1년 또는 18개월)	신뢰감 대 불신감	희망	어머니	스스로 먹기	위축	구강기
초기 아동기 (1년 또는 18개월~3세)	자율성 대 수치심 · 회의	의지력	부모	스스로 용변 보기	강박적 행동	항문기
학령 전기 또는 유희기 (3~5세)	주도성 대 죄의식	목적 의식	가족	신체활동	억제	남근기
학령기 (5~12세)	근면성 대 열등감	능력감	이웃, 학교	취학	무력함	잠복기
청소년기 (12~20세)	자아정체감 대 정체감 혼란	성실성	또래집단, 지도력 모형	또래관계	부인	생식기
초기 성인기 (20~24세)	친밀감 대 고립감	사랑	우정 · 경쟁 · 협동 대상	애정관계	배척	–
성인기 (24~65세)	생산성 대 침체	배려	직장 및 확대가족	부모역할과 창조	거절	–
노년기 (65세 이후)	자아통합 대 절망	지혜	인류, 동족	인생회고와 수용	경멸	–

제8절 생의 주기단계 (중요)

1 유아기(출생~1년 또는 18개월)

(1) **심리사회적 위기** : 신뢰감 대 불신감

(2) 자신의 욕구가 외부세계, 특히 어머니에 의해 어떻게 충족되는지에 따라 믿음(정서적 유대감) 또는 불신을 형성한다.

2 아동기

(1) **초기 아동기(1년 또는 18개월~3세)**
   ① **심리사회적 위기** : 자율성 대 수치심·회의
   ② 스스로를 제어하는 방법을 학습하는 한편, 자신이 무엇을 할 수 있는지에 대한 불안이나 의심을 갖기도 한다.

(2) **학령 전기 또는 유희기(3~5세)**
   ① **심리사회적 위기** : 주도성 대 죄의식
   ② 스스로의 행위에 방향성을 가지고 목적을 이루고자 노력하는 시기이다. 반면 자발성을 발휘하는 것을 억제하면 스스로 여러 가지를 시도하는 것에 대해 죄악감을 갖게 된다.

(3) **학령기(5~12세)**
   ① **심리사회적 위기** : 근면성 대 열등감
   ② 근면의식과 호기심으로 학습에 열의를 보인다. 그렇지 않은 경우 열등감을 가지거나 주어진 과제에 흥미를 보이지 않는다.

3 청소년기(12~20세)

(1) **심리사회적 위기** : 자아정체성 대 정체성 혼란

(2) 청소년기에는 스스로가 일정한 사상을 가진 독립된 인간으로서의 정체성을 확립해간다.

(3) **동일성 확산(Identity Diffusion)** : 자기탐구과정에 있는 청소년이 흔히 일시적으로 경험하는 자기상실 상태

(4) **모라토리엄** : 사회적 책임이나 의무가 어느 정도 유예된 기간

4 성인과 노인 기출 25

(1) **초기 성인기(20~24세)**
   ① **심리사회적 위기** : 친밀감 대 고립감
   ② 타인과의 관계 속에서 친밀감·유대감을 형성하고자 한다. 반대의 경우 자기몰두나 고립감에 빠지게 된다.

(2) **성인기(24~65세)**
   ① **심리사회적 위기** : 생산성 대 침체
   ② 자식을 낳아 양육을 하며, 가족·사회에서 책임 있는 역할을 맡아 후진의 지도에 나서는 시기이다.

(3) **노년기(65세 이후)**
   ① **심리사회적 위기** : 자아통합 대 절망
   ② 노년기는 헤어짐과 상실의 시기이다. 자녀의 독립, 체력의 쇠퇴, 퇴직에 따른 사회로부터의 고립감과 경제적 기반의 상실을 말한다. 이 시기에는 삶에 대한 긍정적인 인식을 통하여 죽음을 받아들이는 용기를 가지기도 하지만, 부정적인 인식에 의해 절망에 이르기도 한다.

제3장 실전예상문제

01 이전의 발달은 태어나 성인이 될 때까지의 '상승의 과정'을 의미하는 것이었으나, 현대 발달 심리학은 성인 이후 중년기·노년기까지의 평생의 과정을 발달로 보고 있다.

01 수정에서 죽음에 이르기까지 평생의 질적·양적 변화의 과정을 일컫는 말은?
① 발달
② 성숙
③ 학습
④ 성취

02 발달심리학은 19세기 진화론의 영향에서 비롯되었다. 진화론을 통해 인간 이전의 존재에 관심을 가지게 되면서 동물의 형태적 변화뿐 아니라 지능, 심리 등의 변화와 발달에 대한 다각적인 연구가 진행되었다.

02 다음 중 발달심리학에 대한 설명으로 옳지 <u>않은</u> 것은?
① 프로이트의 정신분석 이론에서 시작되었다.
② 문제에 대한 적절한 통제 및 개입을 목표로 한다.
③ 변화를 일으키는 기제가 무엇인지 기술한다.
④ 아동, 청년, 장년, 노년에 걸친 평생의 성장·변화를 모두 포함한다.

03 발달에 일정한 순서와 방향성이 있다는 것은 위에서 아래로, 중추에서 말초나 모세혈관 쪽으로 방향성을 띠고 발달한다는 의미이다.

03 다음 내용과 관계있는 발달의 원리는?

> 아기들은 몸을 뒤집거나 팔을 휘두르다가 손을 쥐어 물건을 잡기 시작하고, 나중에는 엄지와 집게손가락으로 작은 물건을 집을 수 있게 된다.

① 발달은 연속적이고 점진적인 과정이다.
② 발달에는 개별성 혹은 개인차가 있다.
③ 발달에는 일정한 순서와 방향성이 있다.
④ 발달은 통합되어 상호관련성을 가진다.

정답 01 ① 02 ① 03 ③

04 다음 중 운동발달의 원리에 대한 설명으로 옳지 않은 것은?

① 발달에는 개인차가 있다.
② 단순한 것에서 복잡한 것으로 발달한다.
③ 상부에서 하부로 발달한다.
④ 말초에서 중심으로 발달한다.

04 운동발달의 원리
• 상부 → 하부 : 아기들은 먼저 머리를 가누고, 앉고, 마지막으로 일어서는 단계를 보인다.
• 중심 → 말초 : 몸통에서 어깨, 팔, 손가락의 방향으로 발달한다.
• 단순 → 복잡 : 단순한 동작에서 복잡하고 세밀한 동작으로 발달한다.

05 다음 중 아동기에 해당하는 시기는?

① 0~1세(18개월)
② 1(18개월)~6세
③ 6~12세
④ 12~18세

05 성인기 이전은 대략 영아기(0~1세), 유아기(1~6세), 아동기(6~12세), 사춘기(12~18세)로 구분한다. 아동기(학령기)는 6~12세의 초등학생들이 해당하며, 이성에 대한 관심(성적 욕구)이 억제된 채 사춘기까지 나타나지 않으므로 정신분석에서는 잠재기(잠복기)라고 한다.

06 다음 내용과 연관된 발달의 원리에 해당하는 것은?

> 나의 키는 중학교 1학년 때 20cm가 컸고 그 후에는 5cm, 2cm 정도 컸고 지금은 거의 변화가 없다.

① 중심에서 말초로 발전한다.
② 발달은 연속적이다.
③ 발달에는 결정적 시기가 있다.
④ 유전과 환경이 상호작용을 한다.

06 발달에 있어서 결정적 시기는 신체 및 심리의 발달과정상 가장 용이한 시기가 있음을 의미하는 것으로, 이 시기를 놓치면 발달과업 획득의 효율성이 떨어진다는 것이다.

정답   04 ④   05 ③   06 ③

07 프로이트의 성격발달단계
- 구강기 : 0~1세에 해당하며, 아동의 리비도가 입, 혀, 입술 등의 구강에 집중되어 있다.
- 항문기 : 1~3세에 해당하며, 배변으로 생기는 항문 자극에 의해 쾌감을 얻으려는 시기이다.
- 남근기 : 3~6세에 해당하며, 리비도가 성기에 집중되어 성기의 자극을 통해 쾌감을 얻는다.
- 잠복기 또는 잠재기 : 6~12세에 해당하며, 성적 욕구가 억압되어 성적 충동이 잠재된 시기이다.
- 생식기 : 12세 이후에 해당하며 잠복된 성적 에너지가 되살아나는 시기로 2차 성징이 나타난다.

08 남근기(3~6세)의 특징
- 리비도가 성기에 집중되어 성기를 자극하고 자신의 몸을 보여주거나 다른 사람의 몸을 봄으로써 쾌감을 얻는다.
- 남아는 오이디푸스 콤플렉스(거세불안), 여아는 엘렉트라 콤플렉스(남근선망)를 경험한다.
- 부모와 형제·자매 사이에서 갈등을 느끼는 가족 삼각관계의 시기이다.
- 아동은 부모와의 동일시 및 적절한 역할습득을 통해 양심과 자아 이상을 발달시키며, 이 과정에서 초자아가 성립된다.

09 정신분석이론에서 성격의 3요소
- 원초아(Id) : 쾌락의 원리에 따르며, 성격의 기초가 되는 기본 욕구와 충동을 대표한다.
- 자아(Ego) : 현실의 원리에 따르며, 성격의 의사결정 요소로서 원초아와 현실을 중재한다.
- 초자아(Super-ego) : 도덕의 원리에 따르며, 사회의 가치와 관습, 양심과 자아 이상의 한 측면으로 이루어져 있다.

정답 07 ④ 08 ② 09 ③

---

07 다음 중 프로이트의 성격발달단계를 순서대로 나열한 것은?

① 잠복기 → 항문기 → 구강기 → 남근기 → 생식기
② 잠복기 → 구강기 → 항문기 → 남근기 → 생식기
③ 구강기 → 항문기 → 잠복기 → 남근기 → 생식기
④ 구강기 → 항문기 → 남근기 → 잠복기 → 생식기

08 프로이트의 성격발달단계 중 남근기에 대한 설명으로 옳은 것은?

① 어머니에 대한 최초의 양가감정을 경험한다.
② 거세불안을 경험한다.
③ 6~12세에 해당한다.
④ 또래의 이성 친구에게 관심을 가진다.

09 프로이트가 제시한 성격구조 중 원초아(Id)의 특징은?

① 욕구지연의 원리
② 현실의 원리
③ 쾌락의 원리
④ 양심의 원리

10 다음 중 심리사회적 측면에서 갈등과 위기를 통해 성격의 발달단계를 구분한 학자는?

① 에릭슨
② 길포드
③ 피아제
④ 콜버그

10 에릭슨은 신뢰감과 희망, 자율성과 의지력, 주도성과 목적의식, 근면성과 능력감, 자아정체감과 성실성, 친밀감과 사랑, 생산성과 배려, 자아통합과 지혜 등과 같은 성격을 자아 속에 포함시킴으로써 문화적·역사적 맥락 속에서 분석하였다. 따라서 그의 이론을 심리사회이론이라고 한다.

11 다음 중 에릭슨의 인간발달단계에서 단계별 심리사회적 특징을 올바르게 연결한 것은?

① 초기 성인기 – 자아정체감 대 정체감 혼란
② 성인기 – 친밀감 대 고립감
③ 초기 아동기 – 주도성 대 죄의식
④ 학령기 – 근면성 대 열등감

11 에릭슨(Erikson)의 심리사회적 단계에서의 위기
- 유아기(0~1세) : 기본적 신뢰감 대 불신감
- 초기 아동기(1~3세) : 자율성 대 수치심·회의
- 학령 전기 또는 유희기(3~5세) : 주도성 대 죄의식
- 학령기(5~12세) : 근면성 대 열등감
- 청소년기(12~20세) : 자아정체감 대 정체감 혼란
- 초기 성인기(20~24세) : 친밀감 대 고립감
- 성인기(24~65세) : 생산성 대 침체
- 노년기(65세 이후) : 자아통합 대 절망

12 에릭슨의 인간발달단계에서 초기 성인기에 겪는 심리사회적 위기는?

① 생산성 대 침체감
② 신뢰감 대 불신감
③ 자아통합 대 절망
④ 친밀감 대 고립감

12 초기 성인기는 대략 취업, 연애, 결혼을 하는 시기로 볼 수 있다. 이 시기에 겪는 위기는 친밀성과 고립으로, 청년기에 자아동일성이 확립됐을 경우 스스로에 대한 자신감이 생겨 자신의 동일성과 타자와의 동일성을 융합시켜 친밀성을 높일 수 있다. 친밀성은 곧 취업, 연애, 결혼이라는 인생의 중대사에 잘 적응할 수 있다는 것을 의미한다. 반면 자아동일성에 확신을 갖지 못하면 인간관계에 있어 친밀성을 꺼리고 스스로를 고립시킴으로써 형식적인 인간관계에 그치게 된다.

정답 10 ① 11 ④ 12 ④

13　② 남근기 - 주도성 대 죄의식
　　③ 잠복기 - 근면성 대 열등감
　　④ 구강기 - 기본적 신뢰감 대 불신감

14　[문제 하단의 표 참고]

정답　13 ①　14 ③

---

13 프로이트의 심리적 성격발달단계와 에릭슨의 심리사회적 인간발달단계를 바르게 연결한 것은?

① 항문기 - 자율성 대 수치심·회의
② 남근기 - 근면성 대 열등감
③ 잠복기 - 친밀성 대 고립
④ 구강기 - 주도성 대 죄의식

14 피아제의 인지발달단계 중 보존 개념을 획득하는 시기는?

① 형식적 조작기
② 전조작기
③ 구체적 조작기
④ 감각운동기

[피아제의 인지발달단계]

감각운동기 (0~2세)	• 자신과 외부 대상을 구분하지 못한다. • 대상영속성을 이해하기 시작한다. • 목적지향적인 행동을 한다.
전조작기 (2~7세)	• 사고는 가능하나 직관적인 수준이며, 아직 논리적이지 못하다. • 대상영속성을 확립한다. • 상징놀이, 물활론, 자아중심성을 특징으로 한다.
구체적 조작기 (7~12세)	• 구체적 사물을 중심으로 한 논리적 사고가 발달한다. • 자아중심성 및 비가역성을 극복한다. • 유목화, 서열화, 보존 개념을 획득한다.
형식적 조작기 (12세 이상)	• 추상적 사고가 발달한다. • 가설의 설정, 연역적 사고가 가능하다.

15 다음 내용에서 괄호 안에 들어갈 말이 순서대로 묶인 것은?

> 새로운 지각물이나 자극이 되는 사건을 자신이 이미 가지고 있는 도식이나 행동양식에 맞춰가는 인지적 과정이 (　　)이고, 기존 도식이 새로운 대상을 동화하는 데 적합하지 않을 경우 새로운 대상에 맞도록 기존의 도식을 변경하여 인지하는 과정이 (　　)이다.

① 변화, 수용
② 동화, 조절
③ 조절, 동화
④ 수용, 변화

15 피아제의 인지발달
- 동화 : 환경자극을 자신이 지니고 있는 개인의 행동이나 체계 속으로 흡수, 통합하려는 기제
- 조절 : 개인을 환경자극에 맞춰 수정하여 결과적으로 유기체가 가지고 있는 특성을 환경에 적응하도록 하는 기제
- 평형 상태 : 동화와 조절의 결과, 조직화된 유기체의 각 구조들이 균형을 이루는 것

16 다음 중 학령 전기(4~6세) 아동의 발달특성에 해당하는 것을 모두 고르면?

> ㄱ. 자신의 성역할을 인식
> ㄴ. 프로이트의 잠복기
> ㄷ. 중심화 및 비가역적 사고
> ㄹ. 자신을 돌봐주는 사람과 애착 형성

① ㄱ, ㄷ
② ㄱ, ㄴ, ㄷ
③ ㄱ, ㄴ, ㄷ, ㄹ
④ ㄴ, ㄹ

16 ㄴ. 프로이트의 남근기에 해당한다.
ㄹ. 유아기의 발달특성이다.

17 다음 중 피아제의 인지발달단계에 대한 설명으로 옳지 않은 것은?

① 감각운동기 – 자신과 외부 대상을 구분하지 못한다.
② 구체적 조작기 – 구체적 사물을 중심으로 한 이론적·논리적 사고가 발달한다.
③ 형식적 조작기 – 추상적인 사고가 발달한다.
④ 전조작기 – 자아중심과 비가역성을 극복한다.

17 자아중심과 비가역성을 극복하는 것은 구체적 조작기에 대한 설명이다.

정답 15 ② 16 ① 17 ④

18 ① 감각운동기에 대한 설명이다.
② 형식적 조작기에 대한 설명이다.
③ 전조작기에 대한 설명이다.

19 [문제 하단의 표 참고]

정답 18 ④ 19 ②

18 피아제의 인지발달단계 중 구체적 조작기의 특성으로 옳은 것은?

① 현재의 세계만을 인식한다.
② 가설-명제적 사고가 가능하다.
③ 상징놀이를 한다.
④ 자아중심성에서 벗어나 타인의 시점을 이해할 수 있게 된다.

19 콜버그의 도덕성 발달단계에서 주위 사람들을 기쁘게 하거나 이들로부터 인정받는 것을 선한 행위로 인식하는 수준은?

① 후인습적 수준
② 인습적 수준
③ 전인습적 수준
④ 보존 수준

[콜버그의 도덕성 발달단계]

전인습적 수준 (4~10세)	• 타율적 도덕성(제1단계) : 처벌과 복종 • 개인적 · 도구적 도덕성(제2단계) : 개인적 욕구충족
인습적 수준 (10~13세)	• 대인관계적 도덕성(제3단계) : 사회적 순응 및 역할 수행 • 법 · 질서 · 사회체계적 도덕성(제4단계) : 사회규범 및 질서의 존중
후인습적 수준 (13세 이상)	• 민주적 · 사회계약적 도덕성(제5단계) : 자유 · 평등 · 계약의 원리 • 보편 윤리적 도덕성(제6단계) : 개인의 양심, 보편적 사회 정의

20 콜버그의 도덕성 발달단계 중 가장 낮은 단계에 있는 것은?

① 물리적·신체적인 벌과 복종에 의한 도덕성
② 대인관계의 조화를 위한 도덕성
③ 보편적 도덕원리 지향의 도덕성
④ 법과 질서를 준수하는 도덕성

20 ② 3단계에 해당한다.
③ 6단계에 해당한다.
④ 4단계에 해당한다.

21 다음 내용과 가장 관련이 깊은 것은?

> 아이는 수, 길이, 넓이, 부피 등을 차례나 형태를 바꾸어 여러 방법으로 보여줘도 그것이 변하지 않는다는 것을 알게 된다.

① 보존 개념
② 대상영속성
③ 적응
④ 가역성

21 형태가 서로 다른 두 개의 그릇을 준비하고 같은 양의 물을 채웠을 때 보존 개념이 발달하지 않은 아이의 경우 물의 양이 동일함에도 어느 한쪽에 담긴 물의 양이 더 많다고 말한다. 이와 같은 실험은 보존 개념의 발달 정도를 알아보는 대표적인 예이다.

정답 20 ① 21 ①

지식에 대한 투자가 가장 이윤이 많이 남는 법이다.

– 벤자민 프랭클린 –

제4장

동기와 정서

- **제1절** 동기의 개념
- **제2절** 동기의 몇 가지 이론들
- **제3절** 동기의 유형
- **제4절** 정서에 관한 이론
- **제5절** 동기와 정서의 손상
- **실전예상문제**

행운이란 100%의 노력 뒤에 남는 것이다.
- 랭스턴 콜먼 -

보다 깊이 있는 학습을 원하는 수험생들을 위한
시대에듀의 동영상 강의가 준비되어 있습니다.
www.sdedu.co.kr → 회원가입(로그인) → 강의 살펴보기

제 4 장 동기와 정서

제1절 동기의 개념

1 동기의 정의

(1) 일정한 방향으로 행동을 일으키고 지속시키는 과정 또는 기능을 말한다.

(2) 동기의 저변에는 욕구가 존재하며, 인간행동의 원동력이자 행동의 방향을 결정하는 심리적 요인이다.

2 매슬로우(Maslow)의 욕구 5단계 중요 기출 25, 24, 23, 21

매슬로우는 행동의 동기가 되는 욕구를 다섯 단계로 나누어, 인간은 하위의 욕구가 충족되면 상위의 욕구를 이루고자 한다고 주장하였다. 1~4단계의 하위 네 단계는 부족한 것을 추구하는 욕구라 하여 **결핍욕구**(Deficiency Needs), 가장 상위에 있는 자아실현의 욕구는 **존재욕구**(Being Needs)라고 부르며 이것은 완전히 달성될 수 없는 욕구로 그 동기는 끊임없이 재생산된다.

구분	특징
생리적 욕구 (제1단계)	• 의·식·주, 종족 보존 등 최하위 단계의 욕구 • 인간의 본능적 욕구이자 필수적 욕구
안전에 대한 욕구 (제2단계)	• 신체적·정신적 위험에 의한 불안과 공포에서 벗어나고자 하는 욕구 • 추위·질병·위험 등으로부터 자신의 건강과 안전을 지키고자 하는 욕구
애정과 소속에 대한 욕구 (제3단계)	• 가정을 이루거나 친구를 사귀는 등 어떤 조직이나 단체에 소속되어 애정을 주고받고자 하는 욕구 • 사회적 욕구로서 사회구성원으로서의 역할 수행에 전제조건이 되는 욕구
자기존중 또는 존경의 욕구 (제4단계)	• 소속단체의 구성원으로서 명예나 권력을 누리려는 욕구 • 타인으로부터 자신의 행동이나 인격이 승인을 얻음으로써 자신감, 명성, 힘, 주위에 대한 통제력 및 영향력을 느끼고자 하는 욕구
자아실현의 욕구 (제5단계)	• 자신의 재능과 잠재력을 발휘하여 자기가 이룰 수 있는 모든 것을 성취하려는 최고 수준의 욕구 • 사회적·경제적 지위와 상관없이 어떤 분야에서 최대의 만족감과 행복감을 느끼고자 하는 욕구

제2절 동기의 몇 가지 이론들

1 추동감소이론 중요 기출 25

(1) 추동(Drive)이란 생리적 최적 상태에서 벗어난 내적 상태로서 배고픔이나 목마름과 같은 상태를 말한다.

(2) 추동감소란 한 유기체가 항상성을 유지하기 위해 물이나 음식을 섭취하여 배고픔과 목마름이라는 추동을 경감·해소하는 행위이다.

2 최적각성수준이론 기출 25, 24, 23

(1) 각성이란 인간이 적절한 활동을 유지하기 위해 **적정수준의 흥분감과 긴장을 유지하는 것**을 말한다.

(2) 너무 낮거나 높지 않은 적당한 자극상태를 유지하기 위해 인간은 지루함 또는 과도한 자극을 피하는 행동을 한다. 즉, 최적각성수준이란 인간이 행복감을 느끼는 정신적 자극의 단계를 이른다.

(3) 이러한 각성수준은 과제 수행과 연관이 깊은데, 적절한 각성수준에서의 과제 수행이 제일 좋고, 너무 높거나 낮을 때는 과제 수행이 저하된다. 이것을 '**역전된 U함수**' 혹은 '**Yerkes-Dodson 법칙**'이라고 한다. 또한, 과제의 수준이 높을 때는 각성의 수준이 낮아야 효율적이고, 과제의 수준이 낮을 때는 각성의 수준이 높아야 효율이 증대된다.

3 기대이론

(1) 인간이 어떠한 심리적 과정을 통해 동기가 부여되며, 그에 따른 행동의 선택과 지속성의 구조를 이론화한 것이다.

(2) 사회심리학자 브룸(Vroom)은 동기부여의 요인으로 기대와 유의성을 설명하였다.
   ① **기대** : 어떤 행위를 했을 때 그것이 자신에게 보상으로 이어질 것이라는 믿음이다.
   ② **유의성** : 특정 결과에 대한 주관적인 가치 또는 매력의 정도이다.

(3) 인간이 어떠한 행동을 하는 데 있어 그 대상이 진정한 가치가 있으며 그것을 실천함으로써 보다 나은 결과를 기대할 수 있다는 믿음이 들었을 때 비로소 동기부여가 된다.

4 대립과정이론

(1) 인간은 한 쌍의 대립되는 감정을 가지며, 정상상태에서 벗어나 어느 한쪽의 감정으로 치우치면 반대되는 감정으로 균형이 기울어지는 **대립과정(Opponent Process)**이 일어난다는 이론이다.

(2) 공포의 경험은 그것이 반복될수록 대립과정에 의해 상쇄되어 공포는 경감되고 약간의 긴장감과 행복감이 남게 된다는 것이다.

제3절 동기의 유형

1 생리적 동기 기출 21

(1) 항상성의 유지

① **호메오스타시스(Homeostasis, 항상성)** : 유기체는 신체 내부의 상태를 일정하게 조절하여 최적화하려는 성질을 가진다.

② **추동(생리적 동기)** : 유기체의 생존에 필요한 생리적 동기를 추동이라고 하며 목마름, 배고픔, 수면, 호흡, 배설, 성욕, 온도 유지 등이 이에 속한다. 배고픔, 목마름과 같은 생리적 결핍상태가 강해지면 자극이 되어 추동이 일어나 유기체는 이에 반응·행동하게 된다.

(2) 생리적 동기의 종류

① **배고픔**
  ㉠ 식욕 : 필요한 영양을 섭취함으로써 개체를 유지하는 생득적·일차적인 욕구이다.
  ㉡ 식욕의 제어
   • 공복중추 : 위장의 수축 또는 에너지 소비에 따른 혈당수치의 저하는 외측 시상하부에 위치한 공복중추를 자극하여 식욕을 돋운다.
   • 만복중추 : 섭식행위를 하면 위가 팽창하고 혈당수치가 올라가 복내측 시상하부에 있는 만복중추를 자극하여 식욕을 낮춘다.
  ㉢ 공복이 아닐 때도 냄새와 겉모양, 맛, 소리 등 오감을 자극하는 요인과 특정 음식에 대한 기억이 뇌를 자극하여 식욕이 생기기도 한다.

② 성(性)
　㉠ 남성과 여성에게는 테스토스테론과 에스트로겐이 생산되는데, 남성은 전자, 여성은 후자를 더 많이 생산한다.
　㉡ 테스토스테론과 에스트로겐은 각기 시상하부의 특정 부위에 작용하여 남성과 여성의 성욕을 증가시킨다. 여성보다 많은 테스토스테론을 생산하는 남성은 여성보다 강한 성 추동을 가진다.
　㉢ 성 추동과 성적 지향은 생득적·일차적인 욕구 이외에도 경험이나 학습, 사회적 규범의 영향을 받는다.
③ **수면** : 수면욕은 식욕, 성욕과 더불어 3대 욕구로 일컬어질 만큼 인간의 가장 기초적인 동기에 속한다. 며칠 동안 수면을 이루지 못할 경우 뇌의 고차원적인 기능에 장애를 초래하여 망상이나 환각이 나타날 수 있으며, 체중 감소와 면역력 저하 등의 이상이 발생한다.
④ **체온조절** : 체온조절의 중추는 시상하부 및 시상 전 영역에 있으며, 체온은 땀과 말초혈관의 수축과 확장에 의해 조절된다.

2 심리적 동기

(1) 외재적 동기와 내재적 동기 중요 기출 22
① **외재적 동기** : 보상의 획득과 같은 외부요인에 의해 행동에 동기가 부여되는 것
② **내재적 동기** : 내면에서 자발적으로 발생하는 동기
　㉠ **지적 호기심** : 지식의 획득을 추구하는 경향
　㉡ **유능감(Competence)** : 환경과 능동적으로 상호작용할 수 있는 유기체(인간)의 능력
　㉢ **자기결정감(Feeling of Self-Determination)** : 어느 행동이 타자에 의해서가 아닌 자기 자신의 결정에 의한 것이라고 인지하는 것
③ 외재적 동기는 동기의 대상이 **외부의 보상**에 있는 반면, 내재적 동기는 **내면의 가치관**에 있다.

더 알아두기

심리적 동기

동기	인간형태	교육관	관련 요인	관련 욕구	학습의 이유	예
외재적 동기	수동적	강제·관리 (당근과 채찍)	경쟁, 상벌	의존, 승인 등	외부로부터 부여	입학시험
내재적 동기	자율적	원조·지지 (자기교육)	과제 자체	호기심, 탐구 욕구	내생적 (스스로 부여)	학문탐구, 퍼즐

(2) 성취동기

① 자신이 가진 역량을 최대한으로 발휘하여 어려움을 극복하고 높은 목표를 실현하고자 하는 동기이다.
② 성공에 따른 보상보다도 스스로 그것을 해내겠다는 데 의미를 두고 노력한다.

> **더 알아두기**
>
> **미국의 심리학자 맥클레랜드(McClelland)가 말하는 성취동기가 높은 사람의 특징**
> - 자신의 발전에 관심을 두며 무엇이든 스스로 해내려 한다.
> - 자신의 성취 가능성을 긍정적으로 믿는다.
> - 적절한 목표를 설정하며, 극히 어렵거나 성공확률이 낮은 목표는 피하려는 경향이 있다.
> - 과제수행에 있어 자신의 노력이 어떠한 결과로 나타났는지 알고자 한다.
> - 행동을 타인이나 환경의 탓으로 돌리지 않고 스스로 책임지려 한다.
> - 뛰어난 능력을 가진 사람에게 접근하려는 경향이 있다.

③ **성공회피 동기**
   ㉠ 주위로부터의 기대, 지위 유지, 시기와 질투 등 성공에 따른 부담과 스트레스를 회피하려는 동기이다.
   ㉡ 호너(Horner)는 성공에 대한 공포가 여성에게서 두드러지게 나타난다고 하였다. 이는 성공의 달성과 성 역할과의 불일치, 남성사회에서의 성공에 대한 여성 특유의 양면가치 등에서 기인한다고 보았다.

(3) 친화동기 기출 21

① 타인과 우호적인 관계를 성립시키고 그것을 유지하고자 하는 동기이다.
② 친화동기가 강한 사람의 특징
   ㉠ 전화와 서신교환 등 소통을 자주 한다.
   ㉡ 타인의 평가를 받는 상황에서 불안해 한다.
   ㉢ 우호적인 상황에서 타인과 시선을 자주 맞춘다.
   ㉣ 업무 파트너로서 유능한 사람보다 자신과 마음이 맞는 사람을 선택하는 경향이 있다.

제4절 정서에 관한 이론

1 개요

(1) 기쁨, 슬픔, 분노, 불안과 같은 일과성(一過性)의 강렬한 감정상태 또는 감정체험을 뜻한다. 도피 또는 공격 등 특정 행동의 동기가 된다.

(2) **정서의 요소들** : 주관적인 의식체험, 생리적 변화, 표정·행동의 신체적 표출 등

(3) 대뇌변연계와 시상하부는 정서에 중요한 역할을 한다.

2 정서에 관한 이론

(1) 제임스-랑게(James-Lange) 이론 중요 기출 24, 23, 21
   ① **환경에 대한 신체반응이 정서체험의 원인**이 된다는 주장이다. 같은 주장을 한 제임스와 랑게의 이름을 합쳐 James-Lange 이론이라고 한다.
   ② 심장박동이나 혈압과 같은 자율신경계의 변화가 대뇌에 정보로서 전달되어 정서경험이 일어난다는 것이다. 신경생리학적 변화가 정서를 촉발한다는 의미에서 말초기원설이라고도 한다.
   ③ **외부자극 → 생리적 변화 → 정서체험**, 즉 "슬퍼서 우는 것이 아니라 우니까 슬픈 것이다."라는 말로 대표된다.

(2) 캐논-바드(Cannon-Bard) 이론 중요
   ① **자극이 자율신경계의 활동과 정서경험을 동시에 일으킨다**는 주장으로, 신체변화를 인지하고 정서적 경험이 이루어진다는 James-Lange 이론을 비판하였다.
   ② 감각기관의 자극으로 일어난 흥분에 시상이 반응하면서 이를 대뇌피질에 전달하여 정서 경험을 일으키고, 동시에 말초신경에 생리적 변화를 일으킨다. 정서에 있어 중추신경계의 역할을 중시함으로써 중추기원설이라고 한다.

(3) 샤흐터(Schachter)의 정서 2요인설 기출 25
   ① 외부자극이 신체의 생리적 변화와 정서의 경험을 일으킨다는 점에서는 이전의 이론과 공통된다. 나아가 샤흐터는 정서란 생리적 반응과 원인의 인지작용 사이의 상호작용임을 주장하였다.
   ② 화를 낼 때의 심장박동수의 증가와 발한은 좋아하는 사람에게 고백할 때의 긴장감과 생리적 반응이 같다.

③ 같은 생리적 반응이라도 상황과 환경에 따라 인지가 달라질 수 있다는 점에서, 정서란 생리적 반응의 지각 자체가 아닌 그 원인을 설명하기 위한 인지해석임을 강조하였다.

(4) 플루칙(Plutchick) 이론
① 정서의 식별이나 분류는 대체로 임의적인 것으로, 인간의 기본적 정서로 슬픔, 혐오, 노여움, 예상, 즐거움, 인정, 두려움, 놀람의 8가지를 꼽았다.
② 이런 기본적인 정서들이 서로 섞여 새로운 정서를 만들어 낸다고 주장했는데 가령, '기쁨 + 인정 = 친근, 두려움 + 놀라움 = 경계'와 같은 식이다.

제5절 동기와 정서의 손상

1 학습된 무력감 [중요] [기출] 24, 21

(1) 정의 : 오랫동안 회피가 불가능한 혐오자극에 반복적으로 노출되면 그러한 자극으로부터 벗어나려는 자발적인 노력을 하지 않게 된다는 이론으로, 1967년 미국의 심리학자 셀리그먼(Seligman)이 제창한 심리학 이론이다.

(2) 셀리그먼(Seligman)의 실험
① 개를 저항할 수 없는 상황에 놓고 반복적으로 전기충격을 가한 후 다음에는 회피 가능한 상황에서 같은 실험을 하였다. 그러자 그 개는 회피할 시도조차 하지 않고 전류를 맞고 있었는데, 이는 앞서 이루어진 실험에서 자신의 힘으로는 회피할 수 없다는 무력감을 학습했기 때문이다.
② 인간에게도 적용되어 스스로 통제할 수 없는 경험이 어차피 무엇을 해도 안 된다는 무력감을 형성하여 이후의 성공에 대한 기대감과 의욕을 저하시킨다고 설명하였다.

(3) 문제 및 증상
① **인지적 장애** : 주위가 산만해지거나 건망증 등이 심해진다.
② **동기의 저하** : 행동을 하는 데 추진력이 결여되고, 어려움이 닥치면 쉽게 포기한다.
③ **정서장애** : 매사에 비관·부정적이고 곧잘 화를 낸다.

2 학습된 무력감의 수정

(1) 내재성 : 원인이 자신의 내부 혹은 외부에 있는지에 대한 기준이 되며 내적 귀속은 열등감, 자기평가의 저하로 이어진다.

(2) 안정성 : 원인이 오랜 시간에 걸쳐 온 안정적인 것인지, 시간에 따라 변화하는 것인지에 대한 조건이다. 원인이 안정적이라고 인식하면 무력감이 만성이 될 수 있다.

(3) 일반성 : 원인이 일반적인 것인지, 해당 문제에 한정된 것인지에 대한 인식이다. 일반적이라고 생각할수록 무기력·의욕저하에 빠지기 쉽다.

> **체크 포인트**
> 학습된 무력감의 수정은 기존의 학습된 무력감에 통제할 수 없는 상황을 어떻게 해석할지에 관한 인지 과정이 추가된 것이다. 회피 불가능한 상황을 원인귀속의 관점에서 파악하는 이론이다.

제 4 장 실전예상문제

01 행동을 일으키고 목표를 달성하고자 그 행동에 방향을 부여하는 것을 무엇이라고 하는가?
① 인지
② 동기
③ 욕구
④ 성격

> 01 동기란 자발적으로 행동하는 데 있어 의욕을 일으키는 요인을 말한다. 동기에 영향을 주는 요인의 예로는 목표의 매력, 성취감, 과제 내용의 매력 등을 들 수 있다.

02 매슬로우의 욕구 5단계 중 가장 원초적인 욕구의 단계는?
① 자아실현의 욕구
② 애정과 소속에 대한 욕구
③ 안전에 대한 욕구
④ 생리적 욕구

> 02 [문제 하단의 표 참고]

[매슬로우의 욕구 5단계]

단계	욕구	구분
1단계	생리적 욕구	결핍 욕구
2단계	안전(안정)에 대한 욕구	
3단계	애정과 소속에 대한 욕구	
4단계	자기존중 또는 존경의 욕구	
5단계	자아실현의 욕구	성장 욕구

정답 01 ② 02 ④

03 자아실현의 욕구는 자신의 능력을 한껏 끌어낸 창조적 활동, 목표달성, 자기성장을 목표로 하는 매슬로우의 욕구 5단계 중 가장 상위의 욕구이다.

03 매슬로우의 욕구 5단계 중 자신의 잠재력을 발휘하고 타인의 의견에 대해 독립적으로 행동하려는 단계는?

① 자아실현의 욕구
② 애정과 소속에 대한 욕구
③ 안전에 대한 욕구
④ 생리적 욕구

04 애정과 소속에 대한 욕구는 좋은 직장, 좋은 동료와 같은 사회적인 귀속 욕구이다. 주위 사람들에게 주목받거나 인정받고자 하는 욕구는 존경의 욕구에 해당한다. 존경의 욕구를 성취하기 위해서는 어딘가의 집단에 소속될 필요가 있다.

04 매슬로우의 욕구 5단계와 관련된 내용이 잘못 연결된 것은?

① 안전에 대한 욕구 – 신변의 안전과 수입의 안정을 확보하고 싶다.
② 자아실현의 욕구 – 개성을 살리고 인간으로서 성장하고 싶다.
③ 애정과 소속에 대한 욕구 – 주위 사람들로부터 주목받고 칭찬받고 싶다.
④ 생리적 욕구 – 배고픔과 갈증을 해결하고 싶다.

05 심리적 동기는 생리적 기반에 의존하기보다는 학습에 의해서 형성되는 동기로, 지적 호기심, 자극추구, 역능감과 성취동기, 통제동기, 작업동기 등이 있다.

05 다음 중 심리적 동기의 요소에 해당되지 않는 것은?

① 작업
② 호기심
③ 성취
④ 수면

정답 03 ① 04 ③ 05 ④

06 다음 중 목마름, 배고픔, 온도 유지 등을 해결하여 신체의 항상성을 유지하는 동기의 유형은 어느 것인가?

① 심리적 동기
② 사회적 동기
③ 성취동기
④ 생리적 동기

06 생리적 동기란 생명을 유지하고 종을 보존하기 위한 생득적인 동기로, 수면·배설·섭식 등이 이에 해당한다.

07 물을 마시거나 음식을 섭취함으로써 갈증과 배고픔이라는 상태를 경감 또는 해소시키는 행위를 일컫는 이론은?

① 대립과정이론
② 최적각성이론
③ 기대이론
④ 추동감소이론

07 추동(Drive)이란 생리적 최적 상태를 벗어난 고갈 상태를 일컫는 말로, 이를 해소하기 위해서는 추동이 원하는 자극을 주어야 한다. 목마르면 물을, 배고프면 음식이라는 자극을 주어 추동을 감소시킬 수 있다. 즉, 인간은 추동이란 긴장상태를 감소시키기 위해 행동을 한다는 원리이다.

08 다음 중 내재적 동기를 나타내는 것으로 거리가 먼 것은?

① 충실감
② 삶의 보람
③ 금전적 보상
④ 성취감

08 내재적 동기란 과제 자체에 대한 자기결정과 호기심에 따른 것인 반면, 외재적 동기는 상벌과 같은 외부적 요인에 의해 동기가 부여되는 것을 말한다. 빈번한 보상이 주어지면 과제 자체의 즐거움에 눈뜨기보다 보상을 받기 위해 노력하게 된다.

정답 06 ④ 07 ④ 08 ③

09 내재적 동기는 외부의 보수에 의존하지 않으며 과제 자체를 수행하는 데서 오는 만족감을 추구한다. 내재적 동기의 원천은 지적 호기심, 유능감, 자기결정감에서 오는 것이다.

09 다음 중 내재적 동기를 구성하는 요소가 아닌 것은?
① 항상성
② 지적 호기심
③ 유능감
④ 자기결정감

10 ①은 내재적 동기로서 보수의 여부와 관계 없이 과제 자체에 흥미를 느껴 이를 달성하고픈 동기를 의미한다. 기대이론에 따르면, 어떤 행위를 했을 때 그것이 더 나은 결과(보상)를 기대할 수 있다는 믿음이 들었을 때 동기부여가 된다.

10 다음 중 기대이론에 대한 예와 거리가 먼 것은?
① 영어를 무척 좋아하며 영어로 대화하는 것이 즐겁다.
② 영어 공부를 열심히 하면 영어 시험에서 좋은 점수를 받을 수 있다.
③ 영어 시험에서 만점을 받으면 부모님이 원하는 물건을 사주실 것이다.
④ 내가 얻을 수 있는 보상은 영어 공부를 열심히 할 가치가 있는 것이다.

11
- 내재적 동기 : 자율적, 호기심·탐구욕, 과제자체의 성취감
- 외재적 동기 : 수동적, 강제·관리, 처벌의 회피, 보상에 대한 흥미

11 다음 중 내재적 동기와 외재적 동기를 나타내는 것으로 바르게 짝지어진 것은?
① 외재적 동기 - 흥미, 호기심, 즐거움
② 외재적 동기 - 보상
③ 내재적 동기 - 사회적 압력
④ 내재적 동기 - 처벌의 회피

정답 09 ① 10 ① 11 ②

12 외재적 동기에 해당하는 내용을 모두 고른 것은?

> ㄱ. 부모님에게 칭찬을 받고 싶음
> ㄴ. 훌륭한 사람이 되고 싶음
> ㄷ. 그것을 하고 있으면 무척 즐거움
> ㄹ. 더욱 새로운 것을 알고 싶음
> ㅁ. 선생님에게 꾸중을 듣기 싫음

① ㄱ, ㅁ
② ㄱ, ㄴ, ㄷ, ㄹ, ㅁ
③ ㄴ, ㅁ
④ ㄷ, ㄹ

13 다음 중 성취동기에 대한 설명으로 바르지 <u>않은</u> 것은?

① 자신이 노력한 결과에 대하여 알고 싶어한다.
② 동료를 선택할 때 친밀감보다도 능력을 우선시한다.
③ 자신의 성취 가능성을 긍정적으로 믿는다.
④ 달성하기 어려운 높은 목표를 설정한다.

14 다음의 특징을 보이는 사람이 가지는 동기는 무엇인가?

> • 전화와 서신을 통한 소통이 활발하다.
> • 함께 일할 파트너를 선택하는 데 있어 친밀도를 중시한다.
> • 불안을 느낄수록 누군가와 함께 있고 싶어 한다.

① 외재적 동기
② 성취동기
③ 생리적 동기
④ 친화동기

---

12 외재적 동기의 특징인 보상에 대한 기대와 처벌회피에 대한 내용을 고르면 ㄱ, ㅁ이다.
ㄴ·ㄷ·ㄹ과 같이 과제 자체에 대한 흥미와 내적인 탐구욕 등은 내재적 동기에 대한 내용이다.

13 성취동기는 지나치게 달성이 어려운 목표나 쉬운 목표를 피해 어느 정도 노력하면 결과를 낼 수 있는 적정한 수준의 목표를 지향한다.

14 친화동기가 강한 사람은 늘 다른 이와의 소통을 중시하며, 누군가와 함께 성취하는 기쁨을 추구한다.

정답 12 ① 13 ④ 14 ④

15 "슬퍼서 우는 것이 아니라 우니까 슬픈 것이다."라는 말로 대표되는 심리학의 학설은?

① 2요인설
② 제임스–랑게 이론
③ 추동감소이론
④ 캐논–바드 이론

16 다음 중 제임스–랑게 이론에 대한 설명으로 거리가 먼 것은?

① 자동차가 빠르게 내 앞을 지나간 순간 식은땀이 나고 뒤이어 무서움을 느꼈다.
② 말초신경계의 생리적 반응이 자각적인 정서경험보다 먼저 일어난다.
③ 정서는 외부자극 → 감정체험 → 생리적 변화의 순서로 형성된다.
④ 환경의 자극에 대한 신체적 반응이 정서경험을 일으키는 원인이 된다.

17 다음 중 정서경험과 생리학적 변화가 동시에 일어난다고 주장한 학자는?

① 제임스와 랑게
② 셀리그먼
③ 샤흐터
④ 캐논과 바드

---

15 "슬퍼서 우는 것이 아니라 우니까 슬픈 것이다."라는 생리학적 반응이 심리적 정서경험보다 먼저 일어난다는 제임스–랑게 이론의 학설을 나타내는 말이다.

16 제임스–랑게 이론은 감정적인 체험에 앞서 생리적 변화가 선행한다는 이론이다. 따라서 제임스–랑게 이론에 있어서의 정서의 형성과정은 외부자극 → 생리적 변화 → 감정체험의 순서가 된다.

17 생리적 변화가 정서경험보다 앞선다는 제임스–랑게 이론에 대한 비판으로 등장한 것이 캐논–바드의 이론이다. 캐논과 바드는 정서경험은 뇌의 시상이 외부대상에 대한 정보처리를 하면서 이루어지며 동시에 말초신경계의 생리적 변화가 발생한다고 주장하였다.

정답 15 ② 16 ③ 17 ④

18 인간의 정서는 생리적 반응을 개인이 어떻게 인지하고 해석하느냐에 따른 것이라고 주장한 학자는?

① 매슬로우
② 캐논과 바드
③ 샤흐터
④ 제임스와 랑게

18 샤흐터는 인간에게 생리적 변화의 원인을 추측하려는 무의식적인 과정이 있다고 보고, 긴장·발한·혈압 상승·심박 수 증가 등의 생리학적 지표를 어떻게 인지하고 해석하느냐에 따라 정서가 발생한다고 주장하였다. 같은 생리적 변화라도 인지적 평가에 따라 전혀 다른 정서체험을 할 수 있다는 샤흐터의 이론을 '정서의 2요인설'이라고 한다.

19 다음 중 개를 이용한 실험으로 학습된 무력감을 발견한 학자는?

① 제임스
② 셀리그먼
③ 왓슨
④ 캐논

19 셀리그먼은 개를 이용한 실험을 통해 오랫동안 전류를 피할 수 없는 환경에 노출된 개가 환경이 바뀌어도 자발적인 회피 노력을 포기하는 결과를 두고 학습된 무력감을 발견하였다.

정답 18 ③ 19 ②

또 실패했는가? 괜찮다. 다시 실행하라. 그리고 더 나은 실패를 하라!

— 사뮈엘 베케트 —

제5장 감각과 지각

- **제1절** 정신물리학
- **제2절** 시각의 기제와 특징
- **제3절** 청각의 기제와 특징
- **제4절** 촉각, 후각 및 미각
- **제5절** 지각의 일반원리
- **제6절** 현 세계의 지각
- **제7절** 지각과 주의
- **제8절** 형태 재인
- **실전예상문제**

이성으로 비관해도 의지로써 낙관하라!

– 안토니오 그람시 –

합격의 공식 ▶ **온라인 강의**

보다 깊이 있는 학습을 원하는 수험생들을 위한
시대에듀의 동영상 강의가 준비되어 있습니다.
www.sdedu.co.kr → 회원가입(로그인) → 강의 살펴보기

제 5 장 감각과 지각

제1절 정신물리학

1 절대역 기출 25, 23

외부로부터의 물리·화학적 자극을 느낄 수 있으려면 일정량 이상의 자극이 필요한데, 이는 감각을 일으키는 최소한의 자극강도를 말한다.

2 차이역

강도가 서로 다른 두 자극의 차이를 느낄 수 있는 최소한의 자극강도이다. 식별최소차(Just Noticeable Difference, JND)라고도 하며, 기준이 되는 감각자극으로부터 차이를 식별할 수 있는 최소한의 차이를 말한다.

> **더 알아두기**
>
> **역치**
> 역(閾, Threshold)이란 경계라는 의미로서, 자극을 감지하는 것과 감지하지 못하는 것을 나눈다.

3 베버(Weber)의 법칙 중요 기출 25, 24, 21

(1) 자극의 변화는 기준이 되는 처음 자극의 강도에 따라 감지의 여부가 달라질 수 있다는 법칙이다. 따라서 감각기가 변화된 자극을 감지하기 위해서는 기준자극의 강도에 비례하여 변화의 강도도 커져야 한다.

(2) 기준자극의 강도를 R, 변화된 자극을 ΔR이라 하면 R의 크기와 무관하게 차이역의 값은 일정하다.

$$\Delta R / R = K (일정)$$

(3) 50의 자극이 55가 되었을 때 증가했다고 감지했다면, 자극이 100일 때는 110이 되어야 증가했음을 느낄 수 있다.

4 페히너(Fechner)의 법칙

베버의 법칙을 확대한 것으로, 감각의 강도는 자극의 강도의 대수에 비례한다는 법칙이다.

$$S(감각의\ 강도) = K(상수)\log I(자극의\ 강도)$$

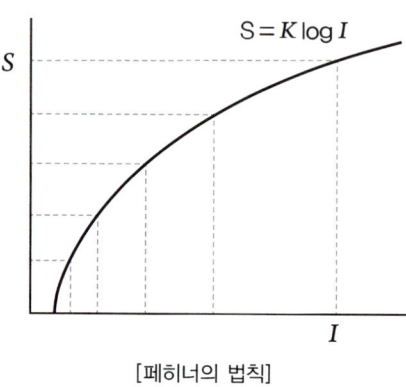

[페히너의 법칙]

제2절 시각의 기제와 특징

1 색 시각 이론들

(1) 눈의 구조
  ① **각막** : 눈의 앞부분을 덮는 투명한 막이다. 눈에 빛을 받아들이는 역할과 수정체와 더불어 빛을 굴절시켜 초점을 맞추는 기능을 한다.
  ② **홍채** : 여닫는 움직임으로 동공을 통해 들어오는 빛의 양을 조절한다.
  ③ **동공** : 빛이 들어오는 곳으로 홍채의 작용에 의해 크기가 변하면서 빛이 조절된다.
  ④ **수정체** : 외부로부터의 빛을 굴절시켜 상을 맺히게 하는 렌즈에 해당하는 기관이다.
  ⑤ **망막** : 외부로부터 빛을 받아 상을 맺는 부분이다. 망막에 분포한 시세포와 시신경을 통해 자극이 전달되어 색과 명암 등을 식별한다.
  ⑥ **시신경** : 전기신호를 망막에서 대뇌로 전달한다.

(2) 색의 지각과정 종요

① **색각(색 시각)** : 빛의 파장을 느껴 색채를 식별하는 감각이다. 빛이 물체에 닿아 파장의 일부가 흡수되고 반사된 파장이 눈을 통해 뇌에 전달되어 색을 인식하는 것이다.

② **가시광선** : 망막에 있는 시세포인 추상체가 780(빨강)~380(보라) 나노미터의 빛에 자극을 받음으로써 색을 인지한다. 색의 인지를 가능하게 하는 파동을 가진 빛을 가시광선이라 한다.

③ **추상체와 간상체** 기출 25, 22, 21
  ㉠ 추상체는 세 종류로 나뉘어 각각 빨간 파장, 파란 파장, 초록 파장에 반응한다.
  ㉡ 간상체는 색의 명암에 반응한다.
  ㉢ 추상체와 간상체를 통해 들어온 빛의 자극은 쌍극세포, 수평세포, 아마크린세포에 의해 처리되며, 시신경을 통해 신경절 세포에서 뇌로 전달된다.

(3) 생리적 현상

① **명순응** : 눈이 밝음에 적응하는 현상으로 눈부심이 점차 사라지다가 15분이 지나면 완전히 적응한다.

② **암순응** : 눈이 어두운 곳에서 적응하여 점차 주위의 사물이 보이는 현상인데 암순응이 진행될수록 추상체에서 간상체로 기능이 옮겨간다.

③ **색의 항상성**
  ㉠ 색채의 항상성 : 조명광 등 환경조건이 달라져도 주관적인 색의 지각으로는 물체색의 변화를 감지하지 못한다.
  ㉡ 명도의 항상성 : 조명광 등 환경조건이 달라져도 물체에 대한 주관적인 밝기는 변하지 않는다.

④ **대비현상**
  ㉠ 색상대비 : 서로 다른 색을 동시에 볼 때 동일한 색이라도 색감이 다르게 보이는 현상
  ㉡ 명도대비 : 명도가 다른 두 색을 동시에 볼 때 동일한 색의 명도가 다르게 보이는 현상
  ㉢ 채도대비 : 채도가 다른 두 색이 서로에 영향을 주어 채도가 다르게 보이는 현상

(4) 색의 혼합

① **가산적 혼합** : 둘 이상의 색이 혼합되어 또 다른 색이 되는 현상으로, 혼합된 색은 밝기가 높아져 가산적 혼합이라 불린다. 빛의 삼원색인 빨강·초록·파랑이 섞이면 백색이 된다.

② **감산적 혼합** : 둘 이상의 색이 혼합되면 보다 어두운 색이 나오는 현상이다. 잉크, 물감 등이 해당된다.

(5) 색 지각설

① **영-헬름홀츠(Young-Helmholtz)의 삼원색 이론** 종요
  ㉠ 삼원색의 가산적 혼합으로 모든 색을 만들어낼 수 있다는 이론이다.
  ㉡ 인간의 시각은 R·G·B를 인지하는 세 개의 추상체와 시신경 섬유가 있어 이 세포들의 혼합이 뇌에 전달되어 색을 지각한다는 설이다.
  ㉢ 이 원리는 컬러 인쇄, 사진, TV 등에 응용된다.

② 헤링(Hering)의 반대색설
  ㉠ 독일의 생리학자 헤링은 색의 기본 감각으로 빨강-초록, 흰색-검은색, 파랑-노랑의 세 개의 대립적인 쌍을 가정하였다.
  ㉡ 대립적인 쌍의 합성과 분해를 통해 색을 인식한다는 이론으로, 삼원색 이론에서 설명하지 않는 잔상효과에 근거를 두고 있다. 기출 24, 21

2 형태들에 대한 신경적 처리

(1) 시각인지의 과정
  ① **외측슬상체** : 시각 처리의 중계소로서 망막의 신경절 세포에서 출발한 시신경을 시각 처리 영역인 시각 피질로 연결한다.
  ② **선조 피질(V1 영역, 일차 시각 영역)** 중요 기출 24
    ㉠ 후두엽 뒤에 위치하여 시각정보를 일차적으로 수용하는 부위이다.
    ㉡ V1에 도착한 시각정보는 기능에 따라 두 개의 경로로 이동한다.
      • 복측(What) 경로 : 물체가 무엇인지를 식별하는 경로로 측두엽 아래쪽으로 이동한다.
      • 배측(Where) 경로 : 물체가 어디에 있는지를 식별하는 경로로 두정엽으로 이동한다.
  ③ **선조 외 피질**
    ㉠ 선조 피질을 둘러싸고 있는 시각 연합 영역으로 선조 피질로부터 입력된 정보를 가지고 시각정보를 처리한다.
    ㉡ 형태와 색, 움직임 등의 식별이 이루어진다. V2, V3, V4, MT가 포함되어 있다.

(2) 시각세포의 수용장
  허블(Hubel)과 비젤(Wiesel)은 모양, 움직임, 방향과 같은 특정 정보를 독립적으로 처리하는 세포들을 발견하였다.
  ① **단순세포** : 특정 방위로 기운 막대나 모서리 모양에 선택적으로 반응한다.
  ② **복합세포** : 특정 방향의 막대 자극이 특정한 방향으로 움직일 때만 선별적으로 반응한다.
  ③ **초복합세포** : 선분의 방위는 물론 크기도 함께 분석한다.

제3절 청각의 기제와 특징

1 귀의 구조 기출 21

(1) 외이
① **귓바퀴** : 주로 피부와 연골로 이루어져 있고 소리를 모으는 역할을 한다.
② **외이도** : 귓바퀴에서 고막으로 이어지는 통로로 소리를 증폭시킨다.

(2) 중이
① **고막** : 외이와 중이의 경계에 있는 얇은 막으로 음파를 받아 내이와 이소골에 전달한다.
② **이소골** : 추골·침골·등골로 연결되어 고막으로 진동한 소리를 받아 내이로 전달한다.

(3) **내이** : 평형기관과 청각기관으로 이루어진 귀의 가장 안쪽 부분이다.
① **달팽이관** : 소리의 진동을 달팽이 신경으로 전달한다. 내부는 림프액으로 차 있다.
② **반고리관** : 평형감각(회전가속도)을 담당하는 기관이다.
③ **전정기관** : 달팽이관과 반고리관 사이에 위치하며, 운동감각이나 균형감각을 담당하는 평형 기관이다.

2 소리의 감지

(1) **음파** : 물체의 진동으로 주로 공기 중의 압력차에 의해 발생하는 파동이다. 흔히 인간의 청각기관이 소리로써 인식하는 범위를 말하는 경우가 많다.

(2) 음의 3요소 중요
① 음의 크기(음압)
㉠ 음의 강약은 진폭의 크기로 나타내며 그 단위는 데시벨(dB)이다.
㉡ 인간이 들을 수 있는 최소의 음은 20μ Pa이며, 85dB 이상의 소리에 장시간 노출되면 이명이나 난청에 걸릴 수 있다. 130dB 이상은 인간이 견딜 수 있는 음역을 초과한다.
② 음의 고저
㉠ 음의 고저는 1초 동안의 진동 횟수에 따르며 진동이 많을수록 높은 음이 된다.
㉡ 1초 동안 진동하는 횟수의 단위는 헤르츠(Hz)로 나타내며 인간의 가청 주파수는 20Hz~2만Hz 정도이다.

> **더 알아두기**
>
> **음의 고저 지각이론**
> - **파동론** : 베케시의 주장으로, 진동수에 따라 고저를 지각하는 부위가 다르다는 설이다.
> - **연사설** : 베버의 주장으로, 음파의 진동수에 비례하여 신경흥분의 빈도수가 달라진다.

③ **음색** : 여러 가지 음의 혼합 속에서 청자가 느끼는 소리의 질 또는 경험을 말한다.

(3) **청각의 경로** : 음파 → 외이 → 고막의 진동 → 중이 → 내이(달팽이관) → 달팽이관의 림프액 진동 → 기저막 → 유모세포 자극(전기신호로 변환) → 달팽이 신경 → 대뇌

제4절 촉각, 후각 및 미각

1 촉각

(1) 물체와 접촉했을 때 일어나는 피부감각으로 자극의 강도가 세거나 지속적일 경우 압각이라고 한다.

(2) **피부감각 수용기의 종류와 기능**
① **메르켈 촉반** : 저강도의 촉각과 속도를 감지하고, 지속적인 접촉, 두 점 분별 또는 촉각의 위치를 알아낸다. 손가락 끝 피부표층에 존재한다.
② **파치니 소체** : 피하조직 깊은 곳에 위치하며, 모든 압력 변화와 진동을 감지한다.
③ **마이스너 소체** : 피부에 널리 분포하며 특히 집중된 부분은 작은 자극에도 민감하다. 손과 발바닥, 생식기의 표면 등에 있다.
④ **루피니 소체** : 압력에 대한 반응이 무디며 지속적인 피부의 변형과 온도를 감지한다.

2 후각

(1) 공기 중의 화학물질의 분자에 의해 비강 내의 후세포가 자극을 받아 일어나는 감각이다.

(2) 냄새의 지각
   ① 인간이 냄새를 지각하는 **후각 수용기**는 비강 윗부분의 점막에 위치한 후각 상피에 있다.
   ② 냄새물질이 후각 수용기에 결합하면 활동전위로 바뀌어 뇌로 정보를 보낸다.
   ③ 미각과 함께 화학감각으로서 풍미를 감지하여 식욕을 돋우거나, 음식물의 부패나 가스의 누출 등 위험을 탐지한다.
   ④ 접촉감각인 미각에 비해 일반적으로 역치가 낮다.

3 미각

(1) 음식물 속의 가용성 물질이 타액에 녹아 혀의 점막에 있는 미뢰의 미각신경을 화학적으로 자극함으로써 일어난다.

(2) 미각은 단맛, 쓴맛, 신맛, 짠맛의 네 가지를 기본 맛으로 한다.

(3) 냄새, 온도, 질감 등이 맛과 작용하면서 매운맛, 감칠맛, 떫은맛, 금속 맛, 알칼리 맛, 아린 맛이라는 보조적인 맛이 나타난다.

(4) 맛의 역치 : 일반적으로 쓴맛이 역치가 가장 낮고 단맛의 역치가 높다.

제5절 지각의 일반원리

1 전경-배경 관계 기출 23, 21

(1) 인간은 시각의 대상인 전경과 나머지 배경이라는 두 영역으로 시각정보를 인식한다.

(2) 전경과 배경이라는 개념의 창시자는 덴마크의 심리학자 루빈으로 형태주의 심리학에서 중요한 개념이다.

(3) 전경과 배경의 개념은 다른 지각경험에도 나타나는데, 특히 시각에서 두드러진다.

> **더 알아두기**
>
> **전경-배경의 성질**
> - 전경은 모양을 가지지만 배경은 그렇지 않다.
> - 전경과 배경의 경계는 전경의 윤곽이 되며 배경은 윤곽을 가지지 않는다.
> - 전경이 앞에 있는 것처럼 인식되고 배경은 뒤에 있는 것처럼 보인다.

2 체제화 원리 중요 기출 22

(1) **근접의 원리** : 근접해 있는 각각의 요소를 하나의 형태로 인식한다.

(2) **유사성의 원리** : 물리적인 유사성을 가진 요소들을 묶어서 인식한다.

(3) **폐합의 원리** : 불완전한 형태를 이미지로 완성시켜 인식한다.

(4) **연속의 원리** : 완만한 연속성을 가진 요소들을 하나의 형태로 인식한다.

(5) **공동행선의 원리** : 같은 방향, 같은 주기로 움직이는 요소들을 하나의 형태로 인식한다.

제6절 현 세계의 지각

1 지각 항상성 기출 21

(1) 거리와 방향, 조명의 강도 등 근접자극이 변화하더라도 대상의 크기, 모양, 밝기, 색 등을 변하지 않는 일정한 것으로 인식하는 것이다.

(2) 항상성의 종류 중요 기출 23
① **크기의 항상성** : 물체가 가까이 있든 멀리 있든 같은 크기의 물체로 인식한다.
② **모양의 항상성** : 사물을 보는 위치가 달라도 같은 모양의 사물로 인식한다.
③ **밝기의 항상성** : 백지는 밝은 곳에서든 어두운 곳에서든 하얀 것으로 인식한다.
④ **색의 항상성** : 주변의 광원이나 조명의 강도 등 조건이 달라져도 같은 색으로 인식한다.
⑤ **위치의 항상성** : 관찰자의 움직임으로 대상의 망막상이 함께 움직여도 같은 위치에 있는 것으로 인식한다.

2 착시

(1) 대상의 모양·크기·방향·색 등이 어느 요인에 의해 실제와는 다르게 지각되는 현상이다.

(2) 착시 현상
① **기하학적 착시** : 크기(길이·면적), 각도, 곡선 등 평면도형의 기하학적인 관계가 객관적 관계와 다르게 보이는 현상이다.
② **다의도형 착시** : 같은 도형이 두 가지 이상의 형태로 보이는 현상으로 '루빈의 잔'과 '네커의 정육면체'가 대표적이다.

[루빈의 잔]

③ **역리도형 착시** : '펜로즈의 삼각형'과 같이 이차원의 평면에 나타나는 부분적 특성은 해석 가능하지만, 전체적인 3차원의 형태로 지각했을 때 불가능해 보이는 도형이다.

[펜로즈의 삼각형]

④ **대비 착시** : 같은 크기의 대상이라도 더 큰 것이 인접했을 때와 작은 것이 인접했을 때의 크기가 달라 보인다.

3 3차원 지각

(1) **단안단서** 중요 : 단안단서는 한 눈으로 봤을 때 나타나는 깊이지각의 여러 측면이다.
   ① **상대적 크기** : 가까운 것은 크고, 멀리 있는 것은 작게 보이는 지각현상이다.
   ② **선형 조망** : 평행하는 선들이 멀리 있는 수렴점으로 보이는 현상이다.
   ③ **중첩** : 한 물체가 다른 물체를 부분적으로 가릴 때, 가리는 물체를 가려지는 물체보다 가까운 것으로 인식한다.
   ④ **결의 밀도** : 결의 간격이 넓을수록 가까운 것으로, 간격이 조밀할수록 멀리 있는 것으로 인식한다.
   ⑤ **상대적 높이** : 관찰자에게 가까운 물체는 시야의 낮은 곳에, 멀리 있는 물체는 시야의 높은 곳에 있다.

(2) **양안단서** 중요
   ① **양안 시차** 기출 25 : 왼쪽과 오른쪽 눈이 물체를 볼 때 눈 사이의 거리만큼 서로 다른 시야를 갖는 현상이다. 이러한 시야의 차이가 융합하면서 대상을 입체적으로 볼 수 있다.
   ② **폭주각** : 양안으로 어떤 대상물을 주시할 때 양안의 시선이 주시점과 이루는 각이다. 대상이 가까이 있을 때 커지고 멀어지면 작아진다.
   ③ **시선수렴** : 대상이 가까워질수록 두 눈이 가운데로 몰릴 때 발생하는 신경근육의 신호에 대한 정보로서, 거리를 파악한다.

4 운동지각

(1) 실제운동 : 대상이 물리적으로 움직일 때 생기는 현상을 말한다. 운동의 지각이 성립하려면 운동에 따른 이동거리가 적당하여야 하며 너무 빠르거나 느려서도 안 된다.

(2) 가현운동과 유인운동 중요
① **β(베타)운동** : 두 개의 광점 A와 B가 시간 간격을 두고 점멸하면 하나의 광점이 A → B로 움직인 것처럼 보이는 현상
② **파이현상** : 연속되는 정지된 화면이 가상의 운동으로 지각되는 현상
③ **유인운동** : 두 대상 사이의 거리가 변화함에 따라 느껴지는 운동현상
④ **자동운동** : 어두운 곳에서 정지된 광점을 응시하면 실제 움직임이 없음에도 그 광점이 불규칙적으로 움직이는 것처럼 느껴지는 현상
⑤ **운동잔상** : 일정 방향으로 움직이는 물체를 한동안 본 후 다른 물체를 봤을 때, 그것이 앞서본 것과 반대 방향으로 움직이는 것처럼 보이는 현상

> **체크 포인트**
> 가현운동과 유인운동은 실제 움직임이 없는데도 움직이는 것처럼 느껴지는 심리현상이다.

제7절 지각과 주의

1 주의의 정의

외부 환경이나 심적 활동의 여러 정보 중에서 **특정 정보에 선택적으로 반응하거나 집중하도록 하는 의식작용**이다. 생리학에서의 주의는 뇌가 많은 정보 속에서 인지할 만한 정보를 선택하는 기능을 가리킨다.

2 선택적 주의 기출 24

(1) 주의의 3요소
① **정보의 선택**
㉠ 감각기관에는 필요 이상으로 많은 정보가 들어오므로 취사선택할 필요가 있다.
㉡ 정보의 선택 : 과제를 수행하는 데 있어 필요한 정보를 선택하여 처리한다.
㉢ 정보의 배제 : 정신적 용량이 제한되어 있기 때문에 불필요한 정보는 걸러낸다.

② **주의의 범위(Span of Attention)**
  ㉠ 사람이 한 번에 지각할 수 있는 정보의 양을 뜻한다.
  ㉡ 순간적으로 수많은 시각 정보들(점·도형·문자 등)을 제시한 직후 인식한 내용을 말하게 하여 그 양을 측정한다.
  ㉢ 주의의 범위가 좁을수록 정보 분석이 세밀해진다. 주의의 범위는 스트레스 및 각성 수준의 영향을 받는다.
③ **지속적인 주의능력(Vigilance)** : 주의력을 지속시키는 경계 상태를 장시간 지속시키는 능력으로 각성 수준의 영향을 받는다.

> **더 알아두기**
> • 주의를 결정하는 내부요인 : 동기, 준비, 흥미 등
> • 결정하는 외부요인 : 움직임, 반복, 대조와 신기함, 강도와 크기 등

(2) 양분 청취법 중요
① 둘 이상의 서로 다른 메시지 자극을 수검자에게 동시에 들려준다.
② 어느 한 쪽의 메시지만을 듣고 따라하게 함으로써 수검자의 주의를 한쪽에 집중시킨다.
③ **결과** : 주의를 기울이지 않은 쪽의 물리적 변화(목소리의 변화 등)는 인지하지만, 의미는 인지하지 못한다.

(3) 칵테일파티 효과 중요
① 음성의 선택적 청취를 이르는 말로 선택적 주의의 대표적인 예이다.
② 칵테일파티와 같이 여러 사람들의 음성이 오가는 중에도 자신의 관심사나 자신에 대한 언급 등을 선택해 들을 수 있다.
③ 많은 사람들이 모인 곳에서 한 화자에 집중할 때 주위의 대화를 선택적으로 걸러내는 능력을 가리킨다.

(4) 스트룹 효과
① 파란색 잉크로 적힌 '빨강'이라는 문자를 가지고 파란색을 말해야 할 때 색명만을 명명할 때보다 반응이 느려지는 현상이다.
② 의미가 서로 다른 자극쌍이 동시에 제시될 때 어느 한쪽만의 반응을 요구할 경우 개념 사이의 갈등이 발생한다.

제8절 형태 재인

형태 재인이란 문자, 영상, 음성 등의 외부 정보들을 내부에 저장된 지각경험과 기존의 표상들과 대조하여 식별하는 것이다.

1 세부특징 분석론

특정 물체가 가지는 기하학적 요소들의 조합으로 대상을 인식하는 이론으로 적은 수의 특징만으로도 많은 사물을 인식할 수 있다. 반면 복잡한 형태의 대상을 설명하기에는 어려움이 있다.

2 종합에 의한 분석 〔중요〕

(1) **형판 맞추기(Template Matching)** : 외부의 정보를 정신 속의 표상(형판)과 대조하여 일치하는지 비교하는 과정을 가리킨다.

(2) **단점** : 정보가 입력될 때마다 무수한 표상이 필요하며, 회전·확대·축소와 같은 변화에 대응하는 유연성이 결여된다.

제 5 장 실전예상문제

01 다음 중 정신물리학에 해당하지 않는 것은?
① 베버와 페히너
② 식별 최소화
③ 역치
④ S-R 이론

> 01 S-R 이론은 학습은 어떤 자극(Stimulus)에 대한 어떤 반응(Response)의 결합이라는 개념으로 행동주의에서 다룬다.

02 다음 중 페히너의 법칙에 해당하는 것은?
① $K = \Delta R/R$
② $E = KI^a$
③ $dB = 10\log I/I_0$
④ $S = K\log I$

> 02 감각의 강도는 자극강도의 대수에 비례한다는 페히너의 법칙을 나타내는 것은 $S = K\log I$이다.

03 눈의 구조에서 눈에 맺힌 상을 신경흥분으로 바꾸는 기능을 가진 부위는?
① 수정체
② 망막
③ 각막
④ 홍채

> 03 망막의 시세포는 빛의 정보를 신경흥분(전기신호)으로 변환하는 기능을 한다.
> ① 빛을 굴절시켜 망막에 상을 맺히게 하는 렌즈
> ③ 안구의 앞 검은자 부위를 덮는 막으로 빛이 굴절되고 안구를 보호하는 역할
> ④ 동공을 개폐하여 들어오는 빛의 양을 조절

정답 01 ④ 02 ④ 03 ②

04 다음 중 시각구조에 대한 설명으로 바르지 <u>않은</u> 것은?

① 추상체는 명암을, 간상체는 색을 감지한다.
② 수정체는 초점을 조절하는 렌즈의 기능을 한다.
③ 망막은 카메라의 필름과 같은 역할을 하며 추상체와 간상체를 가진다.
④ 대뇌의 시각 영역은 후두엽에 위치한다.

04 추상체는 색을 구별하며, 간상체는 명암을 식별하는 역할을 한다.

05 다음 중 시각정보 처리에 대한 설명으로 옳지 <u>않은</u> 것은?

① 모양, 움직임, 방향을 각각 처리하는 세포들이 발견되었다.
② V1(선조 피질)은 시각정보를 일차적으로 수용하는 부위이다.
③ 대뇌 시각 피질에서의 형태와 공간지각은 같은 경로를 가진다.
④ 선조 외 피질에는 V2, V3, V4, MT가 있다.

05 물체가 무엇인지 식별하는 복측 경로는 측두엽 아래쪽으로 이동하며, 물체의 위치를 식별하는 배측 경로는 두정엽 쪽으로 이동한다.

06 다음 중 헬름홀츠가 제시한 삼원색에 들지 <u>않는</u> 색은 어느 것인가?

① 빨강
② 노랑
③ 초록
④ 파랑

06 헬름홀츠가 제창한 삼원색 이론의 삼색은 빨강(R), 초록(G), 파랑(B)이다.

정답 04 ① 05 ③ 06 ②

07 삼원색 이론이란 모든 색의 감각은 빨강(R), 초록(G), 파랑(B)을 각각 수용하는 시세포의 조합으로 나타낼 수 있다는 이론이다.
④ 헤링의 반대색설에 대한 설명이다.

07 다음 중 삼원색 이론에 대한 설명으로 옳지 않은 것은?

① 영-헬름홀츠가 주장하였다.
② 기본색의 가산적 혼합으로 모든 색을 만들어 낼 수 있다.
③ 사진, TV 등에 응용된다.
④ 대립적인 쌍의 합성과 분해를 통해 색을 인식한다는 이론이다.

08 내이는 달팽이관, 반고리관, 전정기관으로 이루어져 있으며, 이 중 청각과 관계있는 것은 달팽이관으로 소리의 진동을 달팽이 신경으로 전달한다.

08 귀의 구조 중 소리의 진동을 신경으로 전달하는 기관은?

① 전정기관
② 외이도
③ 달팽이관
④ 반고리관

09 헤르츠(Hz)란 1초 간 반복되는 진폭의 수이다. 인간의 귀가 들을 수 있는 주파수는 대략 20Hz~2만Hz의 영역이다.

09 다음 중 인간의 가청 주파수는?

① 20Hz~2만Hz
② 30Hz~3만Hz
③ 10Hz~2만Hz
④ 40Hz~4만Hz

정답 07 ④ 08 ③ 09 ①

10 다음 중 미각의 기본 맛에 포함되지 <u>않는</u> 것은?
   ① 단맛
   ② 신맛
   ③ 매운맛
   ④ 짠맛

10 단맛, 신맛, 짠맛, 쓴맛의 네 가지 기본 맛의 복합적인 작용으로 모든 맛을 느낄 수 있다. 매운맛은 통각, 떫은맛은 압각에 해당한다.

11 다음 중 음식의 맛을 즐기는 데 필요한 감각이 <u>아닌</u> 것은?
   ① 시각
   ② 후각
   ③ 미각
   ④ 촉각

11 색(시각), 냄새(후각), 맛(미각)의 각 감각기를 통해 식욕을 느끼고 대뇌에서 맛있음을 지각한다.

12 체제화의 원리 중 닫혀 있지 않은 도형이 완전한 도형으로 보이는 원리는?
   ① 근접의 원리
   ② 폐합의 원리
   ③ 연속의 원리
   ④ 유사성의 원리

12 닫혀 있지 않은 불완전한 도형을 우리가 가진 기존 이미지나 경험에 비추어 완전한 것으로 완성시켜 인지하는 것을 폐합의 원리(Laws of Closure)라고 한다.

정답 10 ③ 11 ④ 12 ②

13 유인운동은 주위의 움직임에 이끌려 실제로 움직이지 않는 대상이 움직이는 것처럼 착각이 일어나는 현상이다.

13 흘러가는 구름 사이에 달이 보일 때 마치 달이 움직이는 것처럼 보이는 것은?

① 유인운동
② 베타운동
③ 자동운동
④ 운동잔상

14 운동잔상은 일정한 방향으로 움직이는 대상을 한동안 보다가 그것이 정지했을 때도 직전에 움직이던 방향의 역방향으로 움직이는 것처럼 보이는 현상이다.

14 달리는 열차에서 레일을 보다 보면 정지했을 때도 레일이 움직이는 것처럼 보이는 현상은?

① 파이현상
② 베타운동
③ 자동운동
④ 운동잔상

15 양분청취법이란 둘 이상의 자극 메시지를 피험자에게 들려주면서 한쪽의 정보만을 복창하게 하여 주의를 한쪽에만 집중시키는 것이다. 그 결과, 주의를 기울이지 않은 쪽의 물리적 변화(목소리의 변화)는 인지했으나 의미의 변화는 알아채지 못하게 된다.

15 둘 이상의 서로 다른 자극을 동시에 주며 어느 한쪽에만 주의를 집중시키는 것은?

① 양분청취법
② 시연
③ 형태 재인
④ 칵테일파티 효과

정답 13 ① 14 ④ 15 ①

16 다음 중 전경-배경 관계에 대한 설명으로 옳은 것은?

① 전경과 배경 모두 모양을 가질 수 있다.
② 배경은 윤곽을 가지나 전경은 그렇지 않다.
③ 전경은 앞으로 나와 보이고 배경은 뒤로 물러나 보인다.
④ 배경은 전경에 비해 돌출되어 보인다.

16 ① 전경은 모양을 가지지만 배경은 그렇지 않다.
② 전경은 윤곽을 가지지만 배경은 그렇지 않다.
④ 전경은 배경에 비해 돌출되어 보인다.

17 오른쪽 눈과 왼쪽 눈에 맺힌 상의 차이를 뇌가 융합함으로써 입체적인 상으로 보이게 하는 깊이지각의 단서는?

① 양안 시차
② 결 기울기
③ 선형 조망
④ 상대적 크기

17 양안단서란 양쪽 눈을 사용했을 때 깊이를 지각할 수 있는 단서로, 양안 시차는 각자 다른 시야를 가진 양쪽 눈이 융합함으로써 입체적인 시각이 되는 것이다.

18 평행하는 선들이 멀리 한 점의 소실점을 향해 뻗어있는 것처럼 보이는 현상은?

① 결 기울기
② 선형 조망
③ 중첩
④ 상대적 크기

18 선형 조망이란 평행하는 선이 멀어져 수렴점으로 보임으로써 깊이를 지각하는 것을 말한다.

정답 16 ③ 17 ① 18 ②

할 수 있다고 믿는 사람은 그렇게 되고, 할 수 없다고 믿는 사람도 역시 그렇게 된다.

- 샤를 드골 -

제6장
학습과 기억

- **제1절** 학습의 정의
- **제2절** 파블로프식(고전적) 조건 형성
- **제3절** 도구적(조작적) 조건 형성
- **제4절** 강화
- **제5절** 인지학습
- **제6절** 기억
- **제7절** 이중기억이론
- **실전예상문제**

비관론자는 어떤 기회가 찾아와도 어려움만을 보고,
낙관론자는 어떤 난관이 찾아와도 기회를 바라본다.

– 윈스턴 처칠 –

합격의 공식 ▶ 온라인 강의

보다 깊이 있는 학습을 원하는 수험생들을 위한
시대에듀의 동영상 강의가 준비되어 있습니다.
www.sdedu.co.kr → 회원가입(로그인) → 강의 살펴보기

제6장 학습과 기억

제1절 학습의 정의

1 학습(Learning)의 정의 중요

(1) 학습의 일반적 정의
① 학습이란 경험이나 연습의 결과로 발생하는 비교적 영속적·지속적인 행동의 변화이다.
② 후천적 변화의 과정으로 특수한 경험이나 훈련 또는 연습과 같은 외부자극이나 조건, 즉 환경에 의해 개인이 내적으로 변하는 것이다.
③ 학습은 주로 훈련과 연습의 결과로서 개인의 내적인 변화를 의미하는 반면, 발달은 주로 유전적 요인에 의한 변화로서 개인 외적인 변화를 의미한다.
④ 학습은 학습자들이 정해진 학습목표를 성취하기 위해 계획적으로 제공된 학습의 조건과 상호작용하는 과정이다. 상호작용이란 제공된 학습의 상황에서 보고, 듣고, 느끼고, 말하는 등의 활동을 모두 포함한다.

(2) 학습에 대한 학자들의 정의
① 파블로프(Pavlov)와 손다이크(Thorndike) : "학습은 자극과 반응의 결합이다."
② 쾰러(Köhler)와 코프카(Koffka) : "학습은 통찰에 의한 관계의 발견이다."
③ 스키너(Skinner) : "학습은 강화에 의한 조건화의 과정이다."

2 학습의 범위

(1) 넓은 의미의 학습 : 경험이 개인의 지식이나 행동에 비교적 지속적인 변화를 야기할 때 일어난다.

(2) 좁은 의미의 학습
① 학습자가 정해진 학습목표를 달성하려는 상황에 참여하여 의도한 목표를 성취하는 활동을 하는 경우를 말한다.
② 학습의 주체, 학습의 상황, 행동의 변화 등에 있어서 일정한 제한이 있다.
  ㉠ 학습의 주체 : 학습자로 한정
  ㉡ 학습의 상황 : 의도한 것에 국한
  ㉢ 행동의 변화 : 바람직한 행동으로의 변화

제2절 파블로프식(고전적) 조건 형성

1 파블로프(Pavlov)식 조건 형성

개에게 먹이(무조건 자극)를 주기 전에 종소리(조건 자극)를 들려주면 나중에는 종소리만 들어도 침을 흘리는 행동(반응)을 보인다. 이 경우 개의 반응이 조건화되었다고 할 수 있다. 즉, 조건과 함께 결과를 얻을 수 있는 경우를 반복적으로 경험하면 조건만 부여되어도 결과를 얻었을 때와 마찬가지의 반응을 보인다는 것이다.

2 자극과 반응

(1) **무조건 반응(UR ; Unconditioned Response)** : 유기체가 생득적으로 가지는 반응 예 침의 분비

(2) **무조건 자극(US ; Unconditioned Stimulus)** : 무조건 반응을 일으키는 자극 예 먹이

(3) **중성 자극** : 무조건 반응을 일으키지 않는 자극 예 학습 전 종소리

(4) **조건 자극(CS ; Conditioned Stimulus)** : 파블로프 조건 형성에서 중성 자극(종소리)을 준 직후 무조건 자극(먹이를 줌)을 반복한다.

(5) **조건 반응(CR ; Conditioned Response)** : 파블로프 조건 형성에서 중성 자극(종소리)만으로 타액이 분비된다.

3 주요 개념

(1) **소거** : 자극을 계속 주지 않을 때 반응의 강도가 감소한다.

(2) **자발적 회복** : 소거가 일어난 다음에 실험동물을 잠시 동안 다른 거처로 옮겼다가 다시 실험장에 데려왔을 때 추가 훈련이 없이도 다시 학습된 행동을 한다.

(3) **자극 일반화** : 조건 형성이 되었을 때의 조건 자극과 비슷한 자극에도 조건 반응이 일어난다.

(4) 자극 변별 기출 25 : 조건 형성 과정에서 조건 자극에만 먹이를 주고 그 외의 자극에는 먹이를 주지 않을 때, 조건 자극과 다른 자극을 변별할 수 있게 된다.

(5) 흥분의 법칙 : 조건 형성이 되기 전의 중성자극인 종소리와 무조건 자극인 먹이를 연결시킴으로써 조건 반응을 유발하는 것이다.

(6) 외부억제의 법칙 : 새로운 외부자극은 잘 확인된 조건 반응의 양을 줄이거나 잘 소거된 조건 반응의 양을 늘리는 데 크게 작용한다.

(7) 고차적 조건 형성 : 파블로프의 고전적 조건화가 일어난 이후 두 번째 조건 자극을 첫 번째 조건 자극(앞의 고전적 조건화에 사용된)과 연합시킨 뒤 실험을 몇 차례 반복하면 두 번째 조건 자극도 역시 조건 반응을 유발한다.

제3절 도구적(조작적) 조건 형성 중요

1 스키너(Skinner)의 조작적 조건 형성

파블로프의 고전적 조건 형성을 확장한 것으로서, 스키너가 고안한 스키너 상자(Skinner Box)에서의 쥐 실험을 통해 구체화되었다. 상자 내부에 지렛대를 누르면 먹이가 나오는 장치에서 먹이는 '무조건 자극', 먹이를 먹는 것은 '무조건 반응', 지렛대는 '조건 자극', 지렛대를 누르는 것은 '조건 반응'에 해당한다. 인간이 환경적 자극에 수동적으로 반응하여 형성되는 행동인 반응적 행동에 주목한 파블로프의 고전적 조건 형성과 달리 스키너의 조작적 조건 형성은 행동이 발생한 이후의 결과에 관심을 가진다.

2 조작적 조건 형성

어떤 행동의 결과에 대해 보상이 이루어지는 경우 그 행동이 재현되기 쉬우며, 반대의 경우 행동의 재현이 어렵다는 점을 강조한다. 보상에 의한 강화를 통해 반응행동을 변화시키려는 방법이므로 강화이론(Reinforcement Theory)이라고도 불린다.

3 주요 개념

(1) **소거** 기출 22 : 강화물을 계속 주지 않을 때 반응의 강도가 감소하는 것

(2) **토큰경제** : 바람직한 행동들에 대한 체계적인 목록을 정해놓은 후, 그러한 행동이 이루어질 때 그에 상응하는 보상(토큰)을 하는 것

(3) **타임아웃** : 특정 행동의 발생을 억제하기 위해 이전의 강화를 철회하는 일종의 벌

(4) **체계적 둔감법** 기출 22 : 혐오스러운 느낌이나 불안한 자극에 대한 위계목록을 작성하고 낮은 수준의 자극에서 높은 수준의 자극으로 상상을 유도함으로써 혐오나 불안에서 서서히 벗어나도록 하는 것

(5) **학습된 무력감** : 강제적이고 불가피한 불쾌자극에 반복적으로 노출되면서 문제를 해결하기 위한 어떠한 노력도 소용없다는 그릇된 부정적 인식이 자리 잡는 것

> **더 알아두기**
>
> **고전적 조건 형성과 조작적 조건 형성의 비교** 기출 23
>
> | 구분 | 고전적 조건 형성 | 조작적 조건 형성 |
> | --- | --- | --- |
> | 자극-반응 계열 | 자극이 반응의 앞에 온다. | 반응이 효과나 보상 앞에 온다. |
> | 자극의 역할 | 반응은 추출된다. | 반응은 방출된다. |
> | 자극의 자명성 | 특수 반응은 특수 자극을 일으킨다. | 특수 반응을 일으키는 특수 자극은 없다. |
> | 조건 형성과 과정 | 한 자극이 다른 자극을 대치한다. | 자극의 대치는 일어나지 않는다. |
> | 내용 | 정서적·부수적 행동이 학습된다. | 목적 지향적·의도적 행동이 학습된다. |

제4절 강화

1 강화 (중요)

(1) 강화는 어떤 행동에 뒤따르는 결과가 그 행동을 다시 야기할 가능성을 증가시킬 때 일어난다.

(2) 행동은 그 행동의 결과에 의해 지배를 받게 되어 유기체가 한 행동이 만족스러운 결과를 가져올 때 더욱 강한 행동의 반복을 가져온다.

(3) 강화 자극(보상)이 따르는 반응은 반복되는 경향이 있으며, 조작적 반응이 일어나는 비율을 증가시킨다.

2 강화 계획 (중요) 기출 25, 23, 22, 21

강화 계획은 반응이 있을 때마다 강화하는 **계속적 강화**와 간격을 두고 행하는 **간헐적 강화**로 나뉜다.

계속적 강화		• 반응의 횟수나 시간에 상관없이 기대하는 반응이 나타날 때마다 강화를 주는 것이다. • 반응의 빠른 학습이 이루어진다. • 지속성이 거의 없으며, 반응이 빨리 사라진다. 예 아이가 공부를 열심히 하는 경우 TV 시청을 허락하는 것
간헐적 강화	고정간격계획 (FI)	• 일정한 시간이 지난 뒤에 일어나는 특정한 첫 번째의 행동을 강화하는 것이다. • 지속성이 거의 없으며, 강화 시간이 다가오면서 반응률이 증가하는 반면 강화 후 떨어진다. 예 주급, 월급, 일당, 정기적 시험
	가변간격계획 (VI)	• 강화 시행의 간격이 다르지만 평균적으로 확인할 수 있는 시간 간격이 지난 후에 강화를 주는 것이다. • 느리고 완만한 반응률을 보이며, 강화 후에도 거의 쉬지 않는다. 예 평균 5분인 경우 2분, 7분, 15분 정도에 강화를 줌
	고정비율계획 (FR)	• 특정한 행동이 일정한 수만큼 일어났을 때 강화를 주는 것이다. • 빠른 반응률을 보이지만 지속성이 약하다. 예 옷 공장에서 옷 100벌을 만들 때마다 1인당 100만원의 성과급을 지급함
	가변비율계획 (VR)	• 평균 몇 번의 반응이 일어난 후 강화를 주는 것이다. • 반응률이 높게 유지되며 지속성도 높다. 예 자동도박기계

3 강화와 처벌 기출 25, 24, 21

(1) **강화** : 반응이 다시 발생할 빈도를 증가시키는 것
   ① **정적 강화** : 유쾌자극을 제시함으로써 행동의 빈도를 증가시키는 것
   ② **부적 강화** : 불쾌자극을 소거하여 행동의 빈도를 증가시키는 것

(2) **처벌** : 이전의 부적 행동을 줄이는 것
   ① **정적 처벌** : 불쾌자극을 제시함으로써 행동의 빈도를 줄이는 것
   ② **부적 처벌** : 유쾌자극을 소거함으로써 행동의 빈도를 줄이는 것

(3) **연속 강화와 부분 강화**
   ① **연속 강화** : 반응이 있을 때마다 강화물이 주어지는 것으로, 강화물이 주어지지 않으면 행동하지 않게 된다.
   ② **부분 강화** : 반응 중 일부에만 강화물이 주어지는 것으로, 강화물이 주어지지 않더라도 기대로 인하여 조작적 행동이 오래 지속된다.

더 알아두기

강화와 처벌

구분	정적 강화자극	부적 강화자극
제시	정적 강화(행동의 빈도 증가)	정적 처벌(행동의 빈도 감소)
소거	부적 처벌(행동의 빈도 감소)	부적 강화(행동의 빈도 증가)

(4) **강화물**

행동 후에 제시되어 행동 빈도를 높이거나 줄이는 자극을 말한다. 강화물은 어떤 행동을 함으로써 얻을 수 있는 보수와 하지 않았을 때 받는 벌로 나뉜다.
   ① **정적 강화물** : 바람직한 행위의 빈도를 늘리고자 할 때 주어지는 자극으로 보상에 해당한다.
   ② **부적 강화물** : 반응이 일어난 직후 제거됨으로써 그 반응의 빈도를 증가시키는 자극이다.
   ③ **조건 강화물**
      ㉠ 일차 강화물 : 음식, 스킨십과 같이 학습 없이도 생물학적 필요성에 의해 긍정적인 요소가 되는 것
      ㉡ 이차 강화물 : 조건 강화자극으로, 본래 중성자극이나 일차 강화물과의 조합으로 강화의 속성을 가지게 된 것
         예 가사를 도왔을 때 칭찬과 함께 용돈을 주면 칭찬과 용돈은 강화물이 된다.

제5절 인지학습

1 통찰학습 기출 21

(1) 독일의 형태주의 심리학자 쾰러(Wolfgang Köhler)가 제창한 통찰학습이란 통찰력에 의하여 요소들을 재구성하고 유의미한 관계로 파악함으로써 문제 해결에 이르는 학습방법이다.

(2) 쾰러는 침팬지가 상자를 쌓아 올려 높은 곳에 매달린 바나나를 얻는 실험 등을 통해 통찰에 따른 급속한 해결에 도달하는 학습과정을 연구하였다.

2 잠재학습

(1) 이미 학습은 되어 있지만 보상이 주어질 때까지 행동에 나타나지 않고 잠재해 있는 것을 말한다. 즉, 유기체가 학습한 것을 발휘할 이유가 주어지기 전까지 잠재해 있다는 이론이다.

(2) 톨만(Tolman)은 모든 행동은 목적을 지향한다고 가정하는 목적적 행동주의를 표방하였다. 즉, 행동이 어떤 목적을 지향하여 단순한 '자극-반응'의 연합보다는 목적과 관련된 인지의 지배를 받는 것으로 본 것이다.

(3) 스키너와 달리 톨만은 **강화가 학습에 영향을 주는 것이 아니라 학습한 것의 수행에 영향**을 준다고 보았다.

3 인지도(Cognitive Map)

(1) 인간이 감각기관을 통해 느끼는 것과 그것을 토대로 한 추론과정을 인지라고 하며, 머릿속에서 느끼는 인지를 이해하고 해석하기 위해 도식화하는 것을 '인지도를 만든다'라고 표현한다.

(2) **톨만의 기호형태설** : 학습이란 경험에 의한 하나의 자극이 다른 자극에 대한 기호가 되어 목적 달성을 위한 행동을 촉발시키는 지식을 얻게 된다는 것이다. 유기체에게 자극은 결과를 기대하게 하는 수단-결과의 관계를 성립시켜 이것이 하나의 인식형태인 인지도를 그리게 한다.

> **더 알아두기**
> 인지주의적 접근에서는 학습이란 단순한 자극-반응의 연합뿐 아니라 **복합적인 사고과정**이 포함된 것이라고 보았다.

제6절 기억

1 기억의 정의 종요

(1) 과거의 경험을 유지하고 후에 그것을 재현하는 과정 또는 작용이다.

(2) **기억의 정보처리적 관점** 기출 22
   ① **입력 또는 부호화(제1단계)**: 자극정보를 선택하여 기억에 저장할 수 있는 형태로 변환한다. 이러한 과정을 부호화(Encoding)라고 한다.
   ② **저장 또는 응고화(제2단계)**: 감각기를 통해 들어온 정보를 단기 기억으로 저장한다. 단기 기억 중 일부는 장기 기억으로 보관되는 반면, 장기 기억으로 응고되지 못한 정보는 상실된다.
   ③ **인출(제3단계)**: 응고된 장기 기억이 다시 단기 기억으로 옮겨져 과제 수행에 활용된다.

2 기억의 종류

(1) **감각 기억**
   ① 시각, 청각, 후각 등 감각기관을 통해 들어온 정보를 순간적으로 저장하는 기억이다.
   ② 정확하지만 매우 짧은 시간 동안 자극을 저장한다(시각 1초, 청각 4초).
   ③ 용량에는 제한이 없지만 대부분이 다음 단계인 단기 기억으로 넘어가기 전에 사라지며, 새로운 정보가 들어옴으로써 상실된다.
   ④ 시각적 자극을 순간적으로 기억하는 **영상 기억**(Iconic Memory)과 청각적 자극을 순간적으로 기억하는 **잔향 기억**(Echoic Memory)으로 나뉜다.

(2) **단기 기억** 종요 기출 24, 23
   ① 정보를 **일시적으로** 보존하는 기능으로 용량 또한 적다.
   ② 감각기관으로 들어온 정보를 **선택적으로** 처리하며, 처리할 수 있는 정보의 수는 성인의 경우 대략 5~9개이다.
   ③ 일시적인 저장소로 성인의 경우 10~20초 정도 정보를 저장할 수 있다.
   ④ **청킹**(Chunking)은 단기 기억에 있어 매우 중요한 역할을 하는 인지과정으로 기억 대상인 자극이나 정보를 서로 의미 있게 연결하거나, 분리된 항목을 보다 큰 묶음으로 조합하여 기억의 효율성을 도모하는 방법이다. Chunk는 정보처리의 심리적 단위이며, 단기 기억의 한계 용량은 7±2이다.
   ⑤ **대치(代置)**: 단기 기억의 용량이 찼을 경우, 새로운 정보가 들어오면 가장 오래된 정보가 사라지면서 자리를 내주는 대치가 일어난다.

⑥ **전이** : 단기 기억에 일시 보존된 기억은 장기 기억으로 이행하거나 그렇지 않은 정보는 새로운 정보에 대치되어 사라진다.

(3) 장기 기억 중요

① 사실상 정보를 **무제한적·영구적**으로 저장할 수 있는 곳이다.
② 당장 사용하지 않더라도 필요할 때 저장된 정보를 사용할 수 있도록 한다.
③ **일화 기억(Episodic Memory)**과 **의미 기억(Semantic Memory)**으로 구성된다. 일화 기억은 개인의 일상적 경험을 보유하는 저장소에 해당하는 반면, 의미 기억은 문제 해결 전략과 사고 기술 그리고 사실, 개념, 규칙 등의 경험으로부터 습득한 일반적인 내용들을 보유하는 저장소이다.
④ **의미범주에 따른 체계화** : 다양한 항목을 범주화하여 저장함으로써 기억이 용이하게 된다.
⑤ **주관적 체계화** : 서로 관련이 없는 항목들을 자신에게 의미를 가지는 특화된 항목으로 묶어 기억한다.
⑥ **시연** : 단기 기억을 망각하지 않도록 하거나 장기 기억으로 전환하기 위해 기억해야 할 항목을 **반복·복창**하여 기억력을 높이는 방법이다.
  ㉠ 보존적 시연 : 단기 기억을 망각으로부터 일시적으로 보존
  ㉡ 정교화 시연 : 단기 기억을 장기 기억에 편입시키기 위해 항목을 통합하고 구조화하는 과정

더 알아두기

장기 기억의 분류 기출 25, 24, 23
- 서술 기억(선언적 기억) : 의식적으로 회상이 가능한 경험과 지식에 대한 기억
- 일화 기억 : 개인의 추억이나 사건 등에 대한 자전적 기억으로 이미지의 형태로 부호화됨
  예 어제 도서관에서 세 시간 공부했다.
- 의미 기억 : 사실적 정보에 대한 기억으로 내용, 지식, 학습한 사실이나 개념·법칙 등에 대한 장기 기억에 해당하며 기억 속에 명제로서 표상
- 절차 기억 : 스포츠, 악기 연주, 기술 등 직접 체득한 기억. 반복·연습으로 익힐 수 있으며 언어로 표현할 수 없는 비언어적인 기억

(4) 기억의 망각 기출 24, 22

① **정의** : 개인의 장기 기억 속에 이미 저장되었던 정보를 잃어버리는 현상으로, 기억의 반대 현상이라고 할 수 있다. 전에 경험 또는 학습한 것을 상기하거나 재생하는 능력이 일시적 또는 영속적으로 감퇴 및 상실되는 것을 포함한다.
② **순행간섭** : 먼저 학습한 것이 나중에 학습한 것에 간섭하는 것으로 인출 단서의 효율성 감소가 원인이다.
③ **역행간섭** : 이후에(최근에) 학습한 것이 이전에 학습한 것에 간섭하는 것으로 순행간섭과는 반대되는 개념이다.

④ **쇠퇴** : 사용되지 않는 정보는 통상적으로 시간이 경과함에 따라 망각될 확률이 높아진다는 것으로 기억은 중추신경계에 어떤 변화를 일으켜 기억 흔적을 남기는데, 이 기억 흔적은 사용되지 않으면 시간의 경과에 따라 신진대사과정에 의해 점차 희미해지고 결국에는 사라진다는 것이다.

제7절 이중기억이론

1 이중 부호 모델(Atkinson & Shiffrin, 1971)

감각 기억에 일시 저장된 정보들 중 필요한 정보는 단기저장소(Short-Term Memory)에 선택 저장되고, 다시 시연과 부호화(Encoding)를 통해 장기저장소(Long-Term Memory)에 기억으로 남는다.

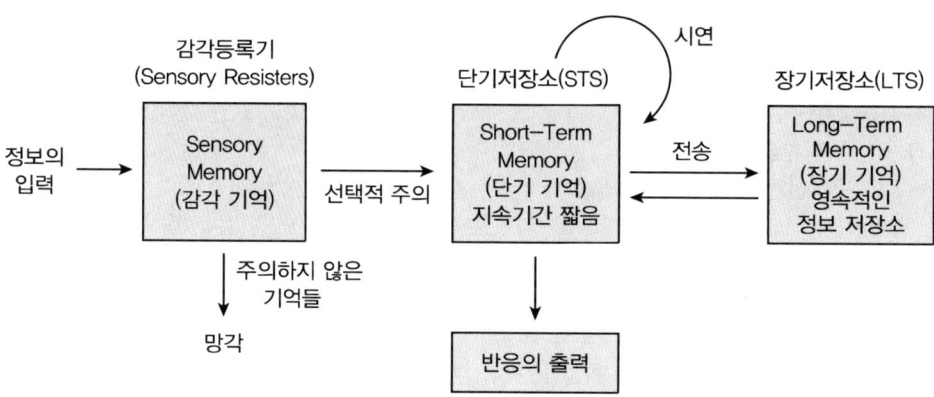

2 계열위치효과

리스트 형식의 정보들을 기억할 때 리스트 안에서의 위치(순서)에 따라 기억력의 차이를 보이는 것을 말한다.

(1) **초두효과** : 여러 정보 중 처음 접한 정보일수록 기억에 남는 위치효과이다.

(2) **신근효과(최신효과)** : 여러 정보 중 가장 나중에 접한 최근 정보일수록 기억에 남는 위치효과이다.

3 기억상실증(건망)

(1) 정도에 따른 분류
① **전건망**(Total Amnesia) : 일정 기간 안의 모든 기억을 상실함
② **부분건망**(Partial Amnesia) : 일정 기간 안에서 기억하는 부분과 기억하지 못하는 부분이 혼재한 증상

(2) 시간에 따른 분류 기출 25
① **역행성 건망**(Retrograde Amnesia) : 병을 앓고 회복한 사람이 그 이전의 일을 기억해 내지 못하는 증상
② **순행성 건망**(Anterograde Amnesia) : 회복 이후의 새로운 기억들을 기억하지 못하는 증상

(3) 원인에 따른 분류
① **기질적 건망**(Organic Amnesia) : 뇌의 손상·기능 이상에 의한 두부외상, 뇌혈관장애 등에 따른 기억상실
② **심인건망**(Psychogenic Amnesia) : 심리적 원인에 의한 기억상실로, 심한 정서반응 이후에 발생

4 크레이크(Craik)와 록하트(Lockhart)의 처리수준이론

입력된 정보를 기억으로 부호화할 때 그 처리수준의 깊이가 얕은 것에서 추상적, 의미적, 연상적인 깊은 수준으로 갈수록 기억의 질이 높아진다는 이론이다.

(1) 형태적 처리 → 음운적 처리(단기 기억) → 의미적 처리(장기 기억)의 순서로 부호화가 심화될수록 정보가 기억으로 잘 정착된다. 어느 자극이 단기 기억으로 머물지 장기 기억으로 남을지는 어느 정도 깊이의 부호화 과정에서 처리되느냐에 따른다.

(2) 영단어나 역사적 사건 등을 암기할 때 단어의 철자나 음성을 반복적으로 연습하는 것보다 의미를 생각하거나 자신의 일상 등과 관련지어 재구성하는 **의미적 부호화**를 한다면 더 기억에 오래 남는다.

제6장 실전예상문제

01 일반적인 학습의 정의는 배워서 지식을 얻는 행위를 가리키나, 심리학에서는 학교에서 이루어지는 교육 이외에도 경험을 통해 지속적으로 행동을 변화해가는 과정을 학습으로 정의한다. 따라서 자전거를 탈 수 있게 되는 것, 뜨거운 것을 잡을 때 장갑을 끼는 행위도 학습이라고 본다.

01 다음 중 학습에 대한 정의로 옳은 것은?

① 스스로 지식을 이해하거나 기억하는 것
② 경험에 의한 비교적 영속적인 행동의 변화
③ 시간의 경과에 따른 신체적·정신적 변화 과정
④ 교사의 학생에 대한 학습지도

02 조건 형성의 과정
• 조건 형성 전 : 음식(무조건 자극, US) → 침분비(무조건 반응, UR)
• 조건 형성 전 : 종소리(중성 자극) → 침 분비 없음(반응 없음)
• 조건 형성 중 : 종소리(조건 자극, CS) + 음식(무조건 자극, US) → 침 분비(무조건 반응)
• 조건 형성 후 : 종소리(조건 자극, CS) → 침분비(조건 반응, CR)

02 파블로프의 실험에서 고전적 조건 형성의 내용으로 바르게 짝지어진 것은?

① 음식 – 조건 자극 → 개의 침 분비 – 무조건 반응
② 음식 – 무조건 자극 → 개의 침 분비 – 조건 반응
③ 종소리 – 무조건 자극 → 개의 침 분비 – 무조건 반응
④ 종소리 – 조건 자극 → 개의 침 분비 – 조건 반응

03 자발적 회복(Spontaneous Recovery)이란 소거에 의해 제거된 행동이 휴지 기간을 둔 후에도 재생하게 된다는 이론이다.
① 자극 변별에 대한 설명이다.
③ 자극 일반화에 대한 설명이다.
④ 토큰경제에 대한 설명이다.

03 다음 중 자발적 회복에 대한 내용으로 옳은 것은?

① 조건 형성 시 조건 자극에만 먹이를 주고 다른 자극에 먹이를 주지 않으면 조건 자극과 그렇지 않은 자극을 구별한다.
② 소거가 일어난 후 실험동물을 잠시 쉬게 한 후 다시 실험현장으로 복귀시키면 추가 훈련이 없이도 다시 학습된 행동을 한다.
③ 조건 형성이 된 후 조건 자극과 비슷한 자극에도 조건 반응이 일어난다.
④ 바람직한 행동을 했을 때 목록에 정해 놓은 보상을 한다.

정답 01 ② 02 ④ 03 ②

04 평소 야단을 많이 듣는 아이가 주변의 큰 목소리에 흠칫 놀라는 행동 변화를 설명하는 개념으로 적합한 것은?

① 이차 조건 형성
② 학습된 무기력
③ 조작적 조건 형성
④ 조건 자극의 일반화

04 처음 조건 형성이 되었을 때의 자극 이외의 비슷한 자극(상황)에도 반응을 보이는 것을 조건 자극의 일반화(Generalization)라고 한다.

05 다음 중 조작적 조건화 이론의 창시자는?

① 파블로프
② 손다이크
③ 스키너
④ 왓슨

05 스키너(1904~1990)는 미국의 심리학자이며 행동분석학의 창시자이다. 그는 인간의 모든 행동을 연구대상으로 하였으며, 조작과 환경에 의해 행동이 형성·유지·억제되는 과정을 연구하였다.

06 다음 중 강화에 대한 설명으로 틀린 것은?

① 어떤 행동에 금전을 주거나 칭찬을 해주는 것은 일차 강화물이다.
② 강화란 어떤 자극에서 특정 반응이 나타나는 경향의 빈도를 높이기 위한 과정이다.
③ 강화가 지연되면 그 효과가 감소한다.
④ 강화물은 행동의 성질에 따라 보수와 벌로 나눌 수 있다.

06 금전이나 칭찬은 조건 강화물로서 다른 자극과 짝지어져 강화물의 성질을 가지므로 이차 강화물에 해당한다. 예를 들면, 잘했을 때마다 용돈을 받으면 그것으로 좋아하는 간식을 살 수 있으므로 용돈은 강화물이 된다.

정답   04 ④   05 ③   06 ①

07 토큰이란 대용화폐로서 스탬프, 씰 등이 이에 해당한다. 토큰은 바람직한 행동의 빈도를 높이기 위해 반응 후에 주어지는 정적 강화물로서 자극에 반응이 수반되는 고전적 조건 형성과는 차이가 있다.

08 정(正)은 자극 제시, 부(負)는 자극 소거, 강화는 행동 증가, 처벌은 행동 감소를 의미한다.
[문제 하단의 표 참고]

09 고정간격계획은 앞서 이루어진 강화 이후 정해진 기간이 지난 후 첫 조작 행동에 대하여 강화를 하는 것으로, 회사원의 급료 등이 이에 해당한다.

정답 07 ③ 08 ① 09 ③

07 다음 중 고전적 조건 형성과 관계가 없는 것은?
① 자발적 회복
② 자극 일반화
③ 토큰경제
④ 소거

08 강화와 벌에 대한 내용이 잘못 짝지어진 것은?
① 정적 처벌 – 불쾌자극 제시, 행동 빈도 증가
② 정적 강화 – 유쾌자극 제시, 행동 빈도 증가
③ 부적 강화 – 불쾌자극 소거, 행동 빈도 증가
④ 부적 처벌 – 유쾌자극 소거, 행동 빈도 감소

[강화와 처벌의 증감 관계]

구분	행동의 빈도(+)	행동의 빈도(−)
자극을 제시	정적 강화	정적 처벌
자극을 소거	부적 강화	부적 처벌

09 다음 중 강화 사이의 간격을 정해놓고 그 기간이 지난 후 첫 번째 행동을 강화하는 방법은?
① 가변간격계획(VI)
② 가변비율계획(VR)
③ 고정간격계획(FI)
④ 고정비율계획(FR)

10 남자친구에게 문자 메시지가 오지 않을까 수시로 확인하는 행위는 어느 강화 계획에 따른 것인가?

① 가변간격계획(VI)
② 고정비율계획(FR)
③ 고정간격계획(FI)
④ 가변비율계획(VR)

10 최근의 강화물 이후 어느 정도 시간이 경과하면 새로이 강화물이 주어지지만 그것이 매번 다른 가변간격계획에 강화된 행동이다.

11 다음 중 통찰학습과 관련된 내용이 <u>아닌</u> 것은?

① 요소들을 의미 있는 것으로 관련짓는 인지구조를 강조하였다.
② 형태주의 심리학자 쾰러의 실험이 대표적이다.
③ 시행착오의 역할을 강조하였다.
④ 순간적인 번뜩임으로 급속히 문제해결에 도달한다.

11 반복되는 시행착오와 우연한 성공으로 학습이 성립한다는 이론을 펼친 학자는 행동주의 심리학자 손다이크이다.

12 학습에 있어 인지도로 표현되는 인지표상의 역할을 강조한 학자는?

① 파블로프
② 톨만
③ 에릭슨
④ 스키너

12 인지도는 톨만이 쥐를 이용한 미로학습 실험으로 발견한 개념이다. 쥐들이 처음 학습했을 때와 미로가 달라져도 먹이가 있는 목적지를 찾는 것을 보고, 그들이 미로 안의 공간관계(방향, 거리 등)를 학습하고 있음을 알게 되었다. 이러한 심적 구조를 인지도라고 부르며 잠재학습은 인지도의 이용으로 이루어진다는 것이다.

정답 10 ① 11 ③ 12 ②

13 ① 강화이론 – 스키너
③ 시행착오 – 손다이크
④ 통찰학습 – 쾰러

13 다음 중 개념과 이를 주장한 학자가 바르게 연결된 것은?

① 강화이론 – 파블로프
② 토큰경제 – 스키너
③ 시행착오 – 쾰러
④ 통찰학습 – 손다이크

14 부호화(Encoding)는 외부의 자극정보를 인간 내부의 기억으로 입력할 수 있는 형식으로 변화하는 것을 말한다.

14 기억에 정보를 저장하기 위해서 환경의 물리적 정보의 속성을 기억에 저장할 수 있는 속성으로 변화시키는 과정은?

① 주의 과정
② 각성 과정
③ 부호화 과정
④ 인출 과정

15 기억의 과정
• 부호화(입력) : 자극정보를 선택하여 기억에 저장할 수 있는 형태로 변환한다.
• 응고화(저장) : 정보를 필요할 때까지 일정 기간 동안 보관·유지한다.
• 인출 : 저장된 정보를 활용하기 위해 적극적으로 탐색·접근한다.

15 기억의 정보처리 순서로 옳은 것은?

① 저장 → 부호화 → 인출
② 부호화 → 저장 → 인출
③ 부호화 → 인출 → 저장
④ 인출 → 부호화 → 저장

정답 13 ② 14 ③ 15 ②

16 단기 기억으로 기억할 수 있는 정보의 최대 개수는?

① 10~15개
② 2~6개
③ 15~20개
④ 5~9개

16 단기 기억이란 약 20초 정도 지속되는 기억으로 그 용량은 통상 3±2(1~5개), 최대 7±2(5~9개)로 알려져 있다.

17 다음 중 과제 수행상의 과정 지식에 해당하는 장기 기억은?

① 절차 기억
② 단기 기억
③ 일화 기억
④ 의미 기억

17 [문제 하단의 표 참고]

[장기 기억의 분류]

장기 기억	선언 기억	일화 기억	자전적, 사회적인 사건에 대한 기억
		의미 기억	개인적인 사실 및 일반 지식에 대한 기억
	절차 기억		자전거 타는 법, 댄스 등을 체득하는 기억

18 다음 장기 기억의 분류 중 잘못 짝지어진 것은?

① 일화 기억 - 어제 친구와 찻집에서 이야기를 나눴다.
② 의미 기억 - π = 3.14159…
③ 서술 기억 - 기타의 주법
④ 절차 기억 - 유리 세공하는 법

18 서술 기억(선언 기억)은 회상이 가능한 경험과 지식에 관한 기억으로 언어로 나타낼 수 있다. 악기의 연주와 기능 등은 몸으로 터득한 기억으로 절차 기억에 해당한다.

정답 16 ④ 17 ④ 18 ③

당신이 저지를 수 있는 가장 큰 실수는 실수를 할까 두려워하는 것이다.

-앨버트 하버드-

제7장

언어와 사고

- 제1절　언어의 본질
- 제2절　지식과 표상
- 제3절　언어의 획득
- 제4절　문제 해결
- 실전예상문제

나는 내가 더 노력할수록 운이 더 좋아진다는 걸 발견했다.

– 토마스 제퍼슨 –

제7장 언어와 사고

제1절 언어의 본질

1 의미론적 접근방법

(1) 언어의 기본 특징

① **음소(Phoneme)** : 말의 의미를 구별하는 음성의 최소 단위
② **형태소(Morpheme)** 기출 23 : 의미를 갖는 언어의 가장 작은 단위
③ **형태론적 규칙** : 형태소들이 어떻게 조합되어 단어가 되는지에 관한 규칙
④ **문법(Grammar)** : 의미 있는 내용을 만들기 위해 언어의 기본 단위들이 어떻게 결합해야 하는지를 정하는 규칙
⑤ **통사 규칙** 기출 25 : 단어들이 어떻게 결합하여 문장을 이루는지를 나타내는 규칙

(2) 의미론적 접근방법

① 특정 언어표현이 어떻게 특정 정보를 나타내게 되는지를 체계적으로 설명하는 연구를 가리킨다.
② **의미론**
  ㉠ 성분분석 : 변별적인 의미 특징을 이용하여 말들의 상호 유사성과 차이점을 제시한다.
  ㉡ 심층구조와 표면구조 : 심층구조는 문장의 의미를 나타내며, 표면구조는 발화되는 문장 형식이다. 심층구조는 같더라도 표면구조는 각기 다를 수 있으며, 같은 표면구조에 다른 심층구조도 있을 수 있다.
③ **시니피에(Signifié)와 시니피앙(Signifiant)** : 스위스의 언어학자 소쉬르의 주장으로 언어는 시니피앙(기호)과 시니피에(개념)로 구성되어 있다는 이론이다.
④ **생성문법** : 인간이 문장을 생성하는 유한한 규칙을 가지고 무한한 문장을 만들어 낼 수 있는 언어능력을 입증하고자 한 촘스키의 이론이다.
⑤ **개념의미론** : 표상과 그 대응물은 형식적인 관계가 아니라 하나의 심적 작용으로 연결되어 있다고 파악하는 것이다.
⑥ **인지의미론** : 의미의 문제를 지각이나 의식에 관련지어 설명하는 의미이론이다.

2 명제(Proposition)

(1) 지식의 최소 단위이자, 진위를 가릴 수 있는 최소 단위로 복잡한 지식은 명제들의 결합으로 기술할 수 있다.

(2) **명제 표상** : 외부의 대상에 의미를 부여하여 문장과 같은 언어기호로 기술하는 표상이다. 의미 내용을 표면적인 성질과는 관계없이 추상적인 표상으로써 기술한다.

> **더 알아두기**
>
> **언어와 사고(언어상대성 가설)**
> 워프(Whorf)는 한국인이 보는 무지개는 7가지 색이고, 미국인이 보는 무지개는 6가지 색이듯 같은 현상을 보더라도 인지의 차이를 보이는 예를 들며 인간의 사고는 사용하는 언어의 영향을 강력하게 받고 있다는 가설을 주장하였다.

제2절 지식과 표상

1 범주의 구조

(1) 개개의 대상·사건에 공통되는 속성을 추상화하여 범주화하는 심적 표상을 범주라고 한다.

(2) **개념 형성** : 어느 대상과 사건을 추상화하여 그 특성을 어떤 범주에 속한 대상이나 사건으로 일반화하는 과정이다. 경험한 것을 기호화하여 새로운 개념을 만들어내는 정신작용을 이른다.

(3) **범주화** : 특정 기준에 따라 유사한 속성을 가진 사물들을 하나로 묶는 것을 말한다.

(4) **범주화의 이론들** 중요
  ① **고전적 범주화 이론** : 범주란 필요충분조건에 따른 속성을 공유한 집합으로 정의된다.
    ㉠ 모든 구성원에게 공통되는 속성이 있다.
    ㉡ 범주에는 명확한 경계가 존재한다.
    ㉢ 범주는 객관적이며 보편적인 의미의 집합으로 정의된다.
    예 아가씨 = 인간 + 성인 + 여성 + 미혼(성분분석)

② **원형이론(Prototype Theory)** : 인간이 가지는 범주는 전형적인 예와 그것과의 유사성에 의해 특징지어 진다는 이론이다. 원형이론에 따르면 사람들은 새로운 예시와 원형을 비교하여 범주를 판단한다.
  ㉠ 범주화 : 원형을 중심으로 그 주변에 구성원들을 배치함으로써 전체를 구조화
  ㉡ 범주 안의 구성원 사이에서도 속성의 차이가 존재
  ㉢ 범주를 나누는 기준 : 전형성에 비추어 보다 많은 속성을 가지면 원형에 가까운 것으로, 적게 가지면 주변적인 것으로 파악
③ **가족 유사성(Family Resemblance)** : 서로 닮은 가족의 구성원이라도 모두 공통된 속성을 공유하는 것은 아니다(고전적 범주화에 대한 비판).
  예 스포츠의 종목들

2 의미 기억

(1) **의미 기억** : 지식으로서 말의 의미, 사물의 이름, 학교에서 배우는 교과 내용 등 일반적이고 공통된 지식의 기억이다.

(2) **일화 기억** : 개인이 알게 되고 듣고 체험한 경험의 기억이다. 즉, 자신의 과거 경험으로서 시공간적인 기억이다.

> **체크 포인트**
> 서술 기억은 언어를 통해 기억되는 장기 기억으로 선언적 기억이라고도 한다. 선언적 기억은 의미 기억과 일화 기억으로 분류된다.

(3) 책을 통해 알게 되거나 누군가에게 들은 일화 기억은 시간이 지날수록 망각되고 그 내용만이 의미 기억으로 남는다.

3 심상(이미지)

(1) **의식적인 인지 활동으로 일어나는 이미지**
  ① **기억 이미지** : 기억의 상기에 의해 일어나는 심상
  ② **상상 이미지** : 과거의 지각 경험이 주관에 의해 새로이 창출된 심상
  ③ **공상·백일몽** : 비현실적인 내용을 머릿속에 그리는 것으로, 특히 백일몽은 현상에서 채워지지 않는 욕망에서 비롯된 공상의 일종

(2) 지각과 관련된 이미지
① **잔상(Afterimage)** : 어느 자극을 응시한 후 다른 곳에 시선을 이동시키거나 눈을 감았을 때 나타나는 흥분의 일시적인 잔존
② **직관상(Eidetic Image)** : 과거에 본 경험이 있는 인상이 명료하게 재현되어 마치 실제로 대상이 보이는 것처럼 느끼는 현상

(3) 환각적 이미지
① **환각** : 지각할 대상이 없는데도 마치 무언가를 보고 듣거나 만졌다고 체험하는 것
② **꿈** : 수면상태에서 체험하는 이미지

> **체크 포인트**
> 심상이란 내적 표상(Representation)으로 외부 자극 없이 경험한 것을 떠올리거나 새로운 상(像)을 만드는 것이다. 즉, 머릿속에 그리는 영상을 말한다.

제3절 언어의 획득

1 언어획득(Language Acquisition)

(1) 촘스키(Chomsky)의 생득이론 중요
① 인간은 태어나면서 이미 언어획득장치를 가지며 적절한 환경만 제공되면 누구나 노력 없이 단기간(3~4세)에 언어를 습득할 수 있다는 설이다.
② **언어습득장치(LAD ; Language Acquisition Device)** : 인간은 보편문법(생득적인 언어습득 능력)이 프로그램화된 언어습득장치를 가지므로 언어환경에 노출되면 자동적으로 개별언어의 문법을 흡수할 수 있다는 것이다.

(2) 스키너(Skinner)의 학습이론 중요
① 행동주의자들에 따르면 언어획득 역시 조작적 조건 형성의 원리에 따른다.
② 영아들에게 볼 수 있는 그들 특유의 발화들 중 비문법적인 것은 부모에 의해 무시될 것이고 문법적인 것은 강화될 것이다. 즉, 언어도 다른 기술과 마찬가지로 강화, 조성, 소거 및 다른 조건 형성의 원리에 따라 배우게 된다는 것이다.

> **더 알아두기**
> 언어획득에 있어서의 행동적 설명은 다음과 같은 특성을 설명하지 못한다.
> - 부모는 아이들이 문법적으로 발화하도록 하는 데 많은 시간을 들이지 않는다.
> - 아이들은 듣는 것 이상으로 많은 문법적인 문장을 만들어 낸다.
> - 아이들이 범하는 문법적 실수는 먼저 익힌 문법적인 규칙을 과잉 일반화하면서 발생하는 것이다. 시행착오와 강화만으로 언어를 익힌다면 과잉 일반화는 일어나기 어렵다.

(3) 사회적 상호작용

최근의 많은 연구자는 언어획득에 있어서의 생득설을 인정하면서도 사회적 상호작용에 의한 언어의 활성화를 인정하고 있다.

2 언어발달의 과정 (중요)

어린이는 언어를 통해 타인과 친밀해지거나 사고하고, 행동을 조절할 수 있게 된다. 어린이의 언어발달과정은 옹알이기, 한 단어 시기, 두 단어 시기로 나누어 파악할 수 있다.

(1) 옹알이기
① 생후 1~2개월이 되면 의미 없는 발성을 시작하게 된다.
② 생후 7~8개월은 옹알이가 가장 활발한 시기로, 음성의 종류가 풍부해진다.
③ 영유아의 옹알이에는 점차 모국어에 쓰이는 발음은 강화되어 남게 되고, 그렇지 않은 발음은 약해지고 소실된다.

(2) 한 단어 시기
① 생후 1년 무렵이 되면 의미 있는 단어를 발음하는 첫말을 획득하게 된다.
② 주로 **아빠·엄마**와 같은 가장 가까운 가족이나 **맘마**와 같이 일상적인 음식에 관한 단어가 주로 첫말로서 등장한다.
③ 첫말이 등장한 이후 얼마 동안은 한 단어로 다양한 내용을 전달하는 시기가 계속된다.
④ **과잉확대와 과잉축소의 경향**
   ㉠ 과잉확대(Overextension) : 개 이외의 모든 동물을 보고 '멍멍이'라고 부르듯 원래의 쓰임보다 확장하여 이르는 경향이다.
   ㉡ 과잉축소(Underextension) : 자신의 집에서 기르는 개에게만 '멍멍이'라고 부르고 그 밖의 개에게는 그렇게 부르지 않는 경향이다.

(3) 두 단어 시기

① 18개월 무렵이 되면 두 단어를 조합하여 발화함으로써 보다 적절한 표현을 하게 된다.
② 초기의 두 단어 발화는 조사 등이 탈락하여 필요한 사항만을 나열하는데 이것을 **전보식 문장**이라고 한다.
③ 세 단어 이상을 조합하는 다어 발화가 이루어지면서 3~4세에는 어른과 간단한 대화를 나누게 되며, 5~6세가 되면 중문·복문과 같은 복잡한 문장구조를 가진 표현을 구사할 수 있게 된다.

(4) 어휘 수의 변화

① 12~18개월에는 30~50개 정도의 어휘를 말할 수 있다.
② 2세가 되면 하나의 문장을 구성하는 단어 수와 종류가 증가한다.
③ 3세가 되면 과거나 미래에 관한 기초적인 표현이 가능해지고, 4~5세에는 자신의 의사를 정확하게 표현할 수 있다.
④ 2~3세의 시기에는 이미 익힌 문법적 형태소를 새로운 상황에도 적용시키는 **과잉일반화**를 범하기도 한다.
   예 drink의 과거형을 drinked로 표현

제4절 문제 해결

1 문제 해결의 단계 기출 25

(1) 문제 해결의 정의 중요

문제가 해결되지 않은 초기 상태(Initial State)에서 목표 상태(Goal State)로 변환하기 위한 인지적 처리이다.

① **잘 정의된 문제** : 문제 해결에 필요한 지식이 포함된 문제로 초기 상태, 목표 상태, 제어조건이 명확하다.
② **잘 정의되지 않은 문제** : 세 가지 인자 중 한 가지 이상이 결여된 문제이다.

(2) 문제 해결의 네 단계(Polya) 중요

① **문제의 이해(조사·분석)** : '무엇이', '어떻게' 문제인가를 명확하게 하고 목표 달성을 위한 과제들을 도출한다.
② **계획 세우기** : 현재 상태와 목표 상태의 차이를 극복하기 위한 전략을 세운다.
③ **계획의 실행** : 실행을 위한 계획을 세우고 실천한다.
④ **결과의 평가** : 기대한 결과와 비교 평가하고 미흡할 경우 새로운 대책을 세운다.

2 추론

(1) 연역적 추론(Deductive Reasoning)
① 일반적인 법칙을 개별적인 사례에 적용시켜 특수한 결론을 도출하는 방법이다.
② **삼단논법** : 두 개의 전제로부터 하나의 결론을 끌어내는 방식이다.
③ 연역법은 선입관이나 편견 등에 의해 명제에 오류가 있을 경우 잘못된 결론이 나온다는 단점이 있다.

(2) 귀납적 추론(Inductive Reasoning)
① 연역적 추론과는 반대로 개별적이고 특수한 사례로부터 일반·보편적인 법칙을 찾는 방법이다.
② 소수의 사례 혹은 편향된 사례로 인한 과잉일반화(Overgeneralization)를 범할 수 있다.

> **체크 포인트**
> 추론이란 이미 가진 정보(규칙, 과거의 사례)를 바탕으로 새로운 결론을 도출하는 사고과정이다.

(3) 유추
① 새로운 사례를 접했을 때 과거에 경험한 유사한 사례를 적용시켜 추론하는 방법이다.
② 추론, 설명, 문제 해결, 창조, 의사결정 등 다양한 인지활동에 쓰인다.
③ **유추의 기능**
   ㉠ 전달기능 : 이미 알고 있는 지식에 바탕을 둔 유추는 학습자에게 설명을 제공한다.
   ㉡ 지식획득·창조 기능 : 개념 변화, 지식의 확대와 구조화를 촉진시킨다.

(4) 통찰 중요
① 시행착오를 거치며 해결책에 도달하는 점진적 문제 해결이 아닌, 여러 가지 정보를 통합하여 문제를 지각적으로 재구성함으로써 **비약적인 문제 해결**에 이르게 된다.
② 개별적인 자극요소가 아닌, 하나의 전체성을 강조하는 형태주의 심리학은 사고를 두 종류로 분류한다.
   ㉠ 재생적 사고 : 과거에 문제를 경험한 사실을 활용하여 해결하려는 사고
   ㉡ 생산적 사고 : 기존에 알지 못하던 새로운 관계성을 발견하는 사고로 창의성에 관계됨
③ **기능적 고착** 기출 24 : 어느 사물의 습관적인 기능에 얽매여 그것이 가진 잠재적인 사용법을 활용하지 못하는 경향으로, 재생적 사고가 생산적 사고를 저해하는 경우에 해당한다.

제 7 장 실전예상문제

01 촘스키는 인간이 생득적으로 갖춘 보편문법이라는 규칙으로 언어를 자연스럽게 습득한다고 생각했다.

01 보편문법이라는 인간 고유의 생득적이고 보편적인 언어능력을 해명한 학자는?
① 피아제
② 촘스키
③ 소쉬르
④ 스키너

02 형태소란 뜻을 가진 가장 작은 말의 단위로써, 예를 들어 '동화책'의 '동화'와 '책'이 각각 형태소에 해당한다.

02 다음 중 의미를 가진 언어의 최소 단위는?
① 구(句)
② 형태소
③ 음소
④ 단어

03 원형이론이란 심리적 범주는 한 범주에서 가장 전형적인 대상인 원형(Prototype)과 새로운 예시를 비교했을 때 세부 특징의 유사성으로 구성된다는 이론이다.

03 다음 중 인간이 판단하는 범주는 전형적인 사례와의 유사성으로 특징지어진다는 이론은?
① 원형이론
② 고전적 범주
③ 본보기이론
④ 가족 유사성

정답 01 ② 02 ② 03 ①

04 다음 중 범주의 원형(Prototype)에 관해 가장 적절한 설명은?
　① 범주에서 가장 부피가 큰 것
　② 범주에서 가장 수가 많은 것
　③ 범주에서 가장 전형적인 것
　④ 범주에서 가장 특이한 것

04 하나의 범주를 떠올릴 때 가장 전형적인 특징들을 가진 대표적인 구성원을 원형이라고 한다.

05 다음 중 언어의 발달이론에 대한 관점이 나머지 셋과 다른 것은?
　① 언어습득장치
　② 언어습득의 결정적 시기
　③ 조작적 조건 형성
　④ 보편문법

05 조작적 조건 형성은 언어 역시 다른 기능과 마찬가지로 강화와 소거의 원리를 따른다는 행동주의적 관점이다. ①·②·④는 언어습득의 생득론적 관점이다.

06 다음 중 유아의 언어획득과정에서 첫말이 나타나는 시기는?
　① 생후 0~3개월
　② 생후 4~8개월
　③ 생후 8개월~1세
　④ 생후 18~30개월

06 영유아는 한 살 무렵이 되면 가족(아빠, 엄마)이나 익숙한 사물(맘마, 물 등)의 어휘를 이해하고 스스로 발음한다.

정답 04 ③ 05 ③ 06 ③

07 초기 두 단어 시기에는 핵심 단어의 나열만으로 의사를 전달하는 전보식 문장이 나타난다.

07 다음 중 전보식 문장이 나타나는 시기는?

① 세 단어 시기
② 한 단어 시기
③ 옹알이 시기
④ 두 단어 시기

08 학습이론은 자극-조건의 형성으로 언어발달을 설명하는 것이다. 스키너는 조작적 조건 형성에 따라 행동과 마찬가지로 아이의 언어도 적절한 것은 칭찬하여 강화시키고 부적절한 것은 무시하거나 바로 잡아 소거함으로써 언어의 학습이 이루어진다고 생각하였다. 또한, 아이들의 언어발달은 어른의 말을 모방함으로써 촉진된다고 보았다.

08 다음 중 언어의 학습이론과 관련이 없는 것은?

① 언어습득장치
② 자극-조건
③ 조작적 조건 형성
④ 모방

09 촘스키는 생성문법이론을 통해 인간이 생득적으로 언어를 습득하는 능력을 가진다는 입장을 밝혔다. 생성문법이론은 인간이 가지는 문법규칙을 반복적으로 적용함으로써 무한의 문장을 생성할 수 있다고 가정한다.
② 학습이론에 대한 설명이다.

09 다음 중 언어의 생득이론에 대한 설명으로 바르지 않은 것은?

① 언어습득과정에 있어 환경적 요인보다 생물학적 요인을 강조한다.
② 인간의 언어획득은 강화와 모방을 통해 이루어진다.
③ 아동은 문장을 이해하고 스스로 생성하는 능력을 가진다.
④ 인간은 태어나면서부터 언어를 습득할 수 있는 능력을 가진다.

정답 07 ④ 08 ① 09 ②

10 다음 중 '잘 정의된 문제'가 아닌 것은?
  ① 모형의 조립
  ② 퍼즐 풀기
  ③ 텐트 치기
  ④ 불황을 극복하는 법

11 기존에 습득한 사례를 바탕으로 새로운 상황에서의 문제 해결을 하는 것은?
  ① 추측
  ② 유추
  ③ 계획
  ④ 예상

12 다음 중 문제 해결의 4단계를 순서대로 나열한 것은?
  ① 문제의 이해 → 계획 세우기 → 계획의 실행 → 평가
  ② 계획 세우기 → 문제의 이해 → 계획의 실행 → 평가
  ③ 계획 세우기 → 계획의 실행 → 문제의 이해 → 평가
  ④ 문제의 이해 → 평가 → 계획 세우기 → 계획의 실행

---

10 문제가 미해결된 상태인 초기 상태, 해결된 목표 상태, 목표 상태에 이르기 위한 제어조건(해결법)이 문제 안에 모두 명확하게 포함된 것을 '잘 정의된 문제'라고 한다. 이 조건들 중 한 가지 이상 결여되어 문제해결의 방향과 조건이 막연한 문제를 '잘 정의되지 않은 문제'라 한다.
  ④ 목표 상태에 이르기 위한 제어조건이 명확하지 않다.

11 경험해보지 못한 상황에서 문제 해결을 해야 할 때 해결 방법이 제시된 기존의 유사한 문제를 통해 방법을 추론하는 것을 유추라고 한다.

12 문제 해결의 4단계
  • 문제의 이해(Understanding the Problem, UP)
  • 계획 세우기(Devising a Plan, DP)
  • 계획의 실행(Carrying out the Plan, CP)
  • 결과의 평가(Looking Back, LB)

정답 10 ④ 11 ② 12 ①

13 통찰은 이미 경험한 해결 방식으로 문제를 재구성하거나, 기존에 알 수 없던 새로운 해결책을 찾는 것이다.
④ 추론·유추에 대한 설명이다.

13 다음 중 통찰적인 문제 해결에 대한 설명으로 바르지 <u>않은</u> 것은?

① 이미 알고 있는 해결 방식이 적용될 수 있도록 문제를 재구성한다.
② 과거의 경험이 문제 해결을 저해하기도 한다.
③ 문제 해결에 이르는 과정이 비약적이다.
④ 초기 상태에서 목표 상태에 이르기 위한 점진적인 탐색이다.

14 쾰러는 침팬지가 높은 곳에 달린 바나나를 손에 넣는 실험으로 통찰에 의해 비약적으로 문제 해결에 이르는 과정을 설명하였다.

14 다음 중 문제 해결에 있어 통찰과 관련된 것은?

① 쾰러의 실험
② 시행착오
③ S-R 연합주의
④ 연습의 법칙

15 명제는 의미 내용을 표면적인 성질과 관계없이 추상적인 표상으로써 기술한다.

15 다음 중 명제에 대한 설명에 해당하지 <u>않는</u> 것은?

① 복잡한 지식은 복수 명제의 결합이다.
② 지식의 최소 단위이다.
③ 실제 지각에 가까운 표상이다.
④ 외부 세계에 대한 의미적 부호이다.

정답 13 ④ 14 ① 15 ③

제8장

정신능력과 측정

- **제1절** 능력검사의 분류
- **제2절** 좋은 검사의 요건
- **제3절** 검사의 유형
- **제4절** 지적 능력에 관한 검사
- **제5절** 지능의 본질
- **제6절** 유전과 환경이 능력에 미치는 영향
- **실전예상문제**

무언가를 시작하는 방법은 말하는 것을 멈추고 행동을 하는 것이다.

– 월트 디즈니 –

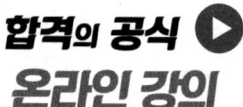

보다 깊이 있는 학습을 원하는 수험생들을 위한
시대에듀의 동영상 강의가 준비되어 있습니다.
www.sdedu.co.kr ➔ 회원가입(로그인) ➔ 강의 살펴보기

제8장 정신능력과 측정

제1절 능력검사의 분류

1 적성 대 성취

(1) 적성
① 일반적 지식이나 특수한 기술을 습득·숙달할 수 있는 개인의 잠재력을 말하는 것으로 학업성적이나 직업적성 등을 포함한다.
② **적성검사**는 인지적 검사로서 개인의 특수한 능력 또는 잠재력을 발견하도록 하여 학업이나 취업 등의 진로를 결정하는 데 정보를 제공하여 이를 통한 **미래의 성공 가능성을 예측**한다.

> **더 알아두기**
>
> 적성검사의 분류 : 적성검사는 직업·진학·예술 적성검사 및 준비도 검사(Readiness Test)로 크게 구별하여 나눌 수 있다.

(2) 성취
① 적성과는 달리 개인의 현재까지 축적된 **과거의 경험**이 측정 대상이 된다.
② 성취도 검사는 훈련(Training)이나 수업(Instruction) 등의 체계화된 교수를 통해 학습된 기술 및 지식을 측정한다.

2 일반성 대 특수성(검사의 목적)

(1) **일반성** : 심리검사는 개인은 물론 집단의 일반적인 경향을 파악하도록 한다. 특정 집단의 심리적 성향이나 행동적 양상에 대한 조사 및 연구를 통해 해당 집단의 특징을 기술하거나 인과 관계를 규명할 수 있다.

(2) **특수성**
① **미래 행동의 예측** : 능력검사의 결과를 토대로 개인 간 상호비교를 통해 특정 개인이 수행할 행동을 확률적으로 예측한다.
② **개성 및 적성의 발견** : 능력검사의 목적은 진로적성 및 학업성취도를 객관적으로 제시함으로써 개성과 적성을 발견하여 개인의 발전을 꾀하는 데 있다.

제2절 좋은 검사의 요건

1 개인차의 예리한 변별

(1) 심리학적 측정(Psychological Measurement) : 심적 현상을 수량적으로 관찰하거나 정리하는 방법 및 수량적 연구법을 총칭한 것이다. 지능, 학력, 적성, 인격 등의 심리적 특성의 개인차를 측정하는 수단으로써 심리검사법이라고 한다.

(2) 개인차의 정확한 측정을 위한 조건
① 문제와 과제 등 측정재료가 미리 선정되어야 한다.
② 실시방법을 미리 정한다.
③ 교시방법을 미리 정한다.
④ 결과의 처리방법을 미리 정한다.
⑤ 결과가 척도로 객관적으로 표시되어야 한다(표준화).

2 표준화된 검사 기출 25, 24

(1) 표준화 검사 : 검사의 실시에서 채점 및 해석에 이르기까지의 과정을 단일화·조건화하여 검사의 제반 과정에서 검사자의 주관적인 의도나 해석이 개입될 수 없도록 하는 것이다.

(2) 검사의 표준화는 검사의 제반과정에 대한 일관성을 확보하기 위한 노력이다.

(3) 검사절차의 표준화는 검사실시상황이나 환경적 조건에 대한 엄격한 지침을 제공하는 동시에 검사자의 질문 방식이나 수검자의 응답 방식까지 구체적으로 규정함으로써 시간 및 공간의 변화에 따라 검사실시 절차가 달라지지 않도록 하는 것을 말한다.

3 신뢰도가 높은 검사 중요 기출 24, 23

신뢰도란 측정하고자 하는 현상을 일관되게 측정하는 능력, 즉 **측정도구를** 응답자에게 반복하여 적용했을 때 일관된 결과가 나오는 정도이다.

(1) 검사-재검사 신뢰도 : 동일한 측정도구를 동일한 사람에게 시간차를 두고 **두 번** 조사하여 그 결과를 비교한다. 신뢰도는 두 차례의 점수에 대한 상관계수를 계산하여 평가한다.

(2) 동형검사 신뢰도 : 유사한 형태의 두 개의 측정도구를 만들어 각각 동일한 대상에 차례로 적용함으로써 신뢰도를 측정하는 방법이다.

(3) 반분 신뢰도 : 하나의 측정도구에서 피험자를 동일한 수로 나누어 측정한 뒤 두 집단의 결과를 비교하여 상관계수를 계산해 봄으로써 신뢰도를 측정하는 방법이다.

(4) 내적 합치도
① 한 측정도구의 모든 문항 간의 상관계수를 근거로 신뢰도를 구한다. 이때 얻을 수 있는 값을 크론바흐(Cronbach)의 알파라고 한다.
② 반분법의 두 부분의 상관관계를 각각의 질문의 상관관계로 연장한 것이라고 볼 수 있다.

4 타당도가 높은 검사 중요

(1) 내용타당도
① 측정도구에 쓰이는 과제나 문항들이 측정하고자 하는 구성 개념의 영역을 얼마나 잘 대표하는지에 관한 것이다.
② 측정하려는 내용의 전문가에게 검사를 받거나 또는 누군가에게 검사 내용이 구성 개념의 전체 내용에서 뽑힌 만족할 만한 표본이라는 판정을 받으면 내용타당도가 있다고 판단된다.

(2) 기준타당도
① 측정도구의 점수와 그 검사가 측정하려는 특징을 충실히 반영하는 척도(외적 준거)와의 상관계수에 의해 검사도구의 타당성을 검증하는 방법이다.
② 기준타당도를 시제로 분류하면 **동시타당도**와 **예언타당도**로 나눌 수 있다.
③ 동시타당도는 검사점수와 준거점수가 동일한 시점에서 수집되며, 예언타당도는 검사점수와 예측 행동 자료가 일정한 시간을 두고 수집된다.

(3) 구인타당도
① 검사가 측정하려는 이론적 개념이 검사에서 실증되는 정도로 타당성을 평가한다.
② 다른 타당도보다 복잡하며 장기간에 걸친 자료 수집을 필요로 한다.
③ 검사점수와 검사에서 측정하고자 하는 변인과의 관계를 검토할 뿐 아니라 검사가 측정하고자 하는 영역과 직접적인 관계가 없는 변인과의 관계도 검토한다.

제3절 검사의 유형

1 성취검사

특정 영역에서의 성취도를 측정하는 검사로, 개인의 학력(學力)의 정도를 측정하는 검사가 대표적이다.

2 일반능력검사

어떤 일이나 활동을 하는 데 필요한 일반적인 지능과 정신적인 능력을 측정한다는 점에서 지능검사로도 불린다.

3 적성검사

특정 직업이나 학업에 대하여 적합한 소질을 가지는지를 측정하는 검사이다.

4 태도 및 성격검사

(1) 태도검사
① 특정한 종류의 자극에 대한 개인의 정서적 반응이나 가치 판단 등을 나타내는 태도(Attitude)를 측정 대상으로 한다.
② **태도척도** : 어떤 사물이나 현상에 대한 개인의 행동을 측정하는 데 쓰이는 척도로는 서스톤 척도, 거트만 척도, 리커트 척도 등이 있다.
③ 태도검사의 문항은 질문 내용에 대한 방향성(예 / 아니오), 강도(강함 / 약함) 등으로 제시되며, 용어나 문장의 표현에 따라 응답자의 응답에 변화를 보이기도 한다.

(2) 성격검사
① 개인의 선천적 요소와 후천적 요소의 상호작용에 의해 나타나는 일관된 특징으로서의 성격(Personality)을 측정 대상으로 한다.
② 마이어스-브릭스 성격유형검사(MBTI ; Myers-Briggs Type Indicator), 미네소타 다면적 인성검사(MMPI ; Minnesota Multiphasic Personality Inventory), 로르샤흐 검사(Rorschach Test) 등이 해당된다.

제4절 지적 능력에 관한 검사

1 스탠포드-비네(Stanford-Binet) 검사 중요

(1) 최초의 체계적인 지능검사는 1905년 프랑스의 비네(Binet)에 의해 고안된 비네 검사(Binet Scale)이다.

(2) 1916년 미국 스탠포드대학에서 비네의 방식을 미국의 문화에 부합하도록 수정하여 스탠포드-비네 검사를 제시하였다.

(3) 스탠포드-비네 검사의 특징
① 스탠포드-비네 검사는 처음으로 **지능지수(Intelligence Quotient, IQ)** 의 개념을 사용하였다.
② 스탠포드-비네 검사에서 산출되는 지능지수를 **비율 IQ**라고 한다.
③ 비율 IQ의 적용은 20세 이전의 사람에게만 적합하다.
④ 1986년 제4판이 나왔으며 5,000명을 대상으로 표준화가 이루어졌다.
⑤ 우리나라에서는 고대 비네 검사로 번안되었다.

2 정신연령과 생활연령

비율지능지수는 수검자의 지적능력으로 정신연령(Mental Age)을 생활연령(Chronological Age)으로 나누고 100을 곱하여 산출한다. 기출 25

$$비율지능지수(IQ) = \frac{정신연령(MA)}{생활연령(CA)} \times 100$$

> **더 알아두기**
>
> **비율지능지수의 단점**
> - 생활연령의 지속적인 증가에도 불구하고 정신연령은 대략 15세 이후로 증가하지 않는다는 사실을 간과함으로써 15세 이후의 청소년이나 성인을 대상으로 하는 검사로는 부적합하다.
> - 생활연령 수준에 따른 정신연령 범위의 증감폭을 충분히 고려하지 못함으로써 다른 연령대의 대상자와의 비교가 곤란하다.

3 웩슬러(Wechsler) 성인용 지능검사 중요

(1) 웩슬러(Wechsler) 검사 계열에서 사용하는 방식으로 기존의 스탠포드-비네 검사에서 적용하던 비율지능지수의 한계에 대한 인식에서 비롯되었다.

(2) 개인의 어떤 시점의 지능을 동일 연령대 집단에서의 상대적인 위치로 규정한 지능지수이다. 즉, 편차지능지수는 동일연령을 대상으로 검사를 실시하여 평균 100, 표준편차 15를 적용하여 산출한 것이다.

$$편차지능지수(IQ) = 15 \times \frac{개인점수 - 해당\ 연령규준의\ 평균}{해당\ 연령규준의\ 표준편차} + 100$$

(3) 편차지능지수는 개인의 지능 수준을 동일 연령대 집단의 평균치와 대조하여 그 이탈된 정도를 통한 상대적인 위치로써 나타낸다. 따라서 개인의 점수를 **동일 연령의 다른 사람과 직접 비교하는 것이 가능**하다.

(4) 개인 내 영역별 소검사의 점수를 비교할 수 있으며, 프로파일의 해석을 통해 진단 집단의 특징을 파악할 수 있도록 해준다.

(5) **웩슬러 지능검사의 구성**
① **검사의 구성** : 11개 소검사(동작성과 언어성 지능의 구분)
② **편차 IQ의 개념 사용** : 동일연령을 대상으로 실시하여 평균 100, 표준편차 15를 적용 산출
③ **언어성 검사(Verbal)** : 기본 지식, 숫자 외우기, 어휘문제, 산수문제, 이해문제, 공통성문제
④ **동작성 검사(Performance)** : 빠진 곳 찾기, 차례 맞추기, 토막 짜기, 모양 맞추기, 바꿔 쓰기

더 알아두기

웩슬러 지능검사의 개발과정

용도	구분	개발연도	대상연령
범용	W-BⅠ(Wechsler BellevueⅠ)	1939년	7~69세
	W-BⅡ(Wechsler BellevueⅡ)	1946년	10~79세
성인용	WAIS(Wechsler Adult Intelligence Scale)	1955년	16~64세
	WAIS-R(Wechsler Adult Intelligence Scale-Revised)	1981년	16~74세
	WAIS-Ⅲ(Wechsler Adult Intelligence Scale-Ⅲ)	1997년	16~89세
아동용	WISC(Wechsler Intelligence Scale for Children)	1949년	5~15세
	WISC-R(Wechsler Intelligence Scale for Children-Revised)	1974년	6~16세
	WISC-Ⅲ(Wechsler Intelligence Scale for Children-Ⅲ)	1991년	6~16세
유아용	WPPSI(Wechsler Preschool & Primary Scale of Intelligence)	1967년	4~6.5세
	WPPSI-R(Wechsler Preschool & Primary Scale of Intelligence-Revised)	1989년	3~7.5세

한국판 웩슬러 지능검사의 개발과정

용도	구분	개발연도	대상연령
성인용 (청소년)	KWIS(Korean Wechsler Intelligence Scale)	1963년	12~64세
	K-WAIS(Korean Wechsler Adult Intelligence Scale)	1992년	16~64세
아동용	K-WISC(Korean Wechsler Intelligence Scale for Children)	1974년	5~16세
	KEDI-WISC(Korean Educational Developmental Institute-Wechsler Intelligence Scale for Children)	1987년	5~15세
	K-WISC-Ⅲ(Korean Wechsler Intelligence Scale for Children-Ⅲ)	2001년	6~16세
유아용	K-WPPSI(Korean Wechsler Preschool & Primary Scale of Intelligence)	1995년	3~7.5세

제5절 지능의 본질

1 지능의 정의 (중요)

넓은 의미로는 새로운 환경에 대한 **적응능력**, 즉 새로운 과제에 대한 대처능력과 정보처리를 자동화하는 학습능력을 말한다. 좁은 의미로는 수, 말의 유창함, 공간, 언어, 기억, 추리와 같은 **추상적인 사고능력**을 말한다.

> **더 알아두기**
>
> **지능에 대한 여러 가지 정의**
> - 터먼(Terman) : 추상적인 사고를 할 수 있는 능력
> - 콜빈(Colvin) : 환경에 적응하도록 학습하는 능력
> - 웩슬러(Wechsler) : 자동적으로 행동하고 합리적으로 사고하며 환경을 효과적으로 처리하는 종합적인 능력
> - 비네(Binet) : 일정한 방향을 설정하고 이를 유지하는 경향성, 자신이 소망하는 바를 성취하기 위해 순응하는 능력 등
> - 스턴(Stern) : 사고를 작동시켜 새로운 요구에 의식적으로 적응하는 일반적인 능력

2 지능이론 중요 기출 22

(1) 스피어만(Spearman)의 2요인설 기출 25, 23 : 스피어만은 지능을 모든 개인이 공통적으로 가지고 있는 **일반요인(G요인)**과 함께 언어나 숫자 등 특정한 영역에 대한 능력으로서의 **특수요인(S요인)**으로 구성된다고 보았다.

(2) 서스톤(Thurstone)의 다요인설 : 스피어만의 2요인설에 대한 비판으로서, 지능이 일반적인 특성으로 설명되기보다는 개별적인 능력들로 구성되어 있다고 보았다. 서스톤이 제시한 일곱 가지 요인으로는 언어 이해력, 언어 유창성, 기억력, 수리력, 공·지각능력, 지각속도, 귀납적 추론장애 등이 있다.

(3) 길포드(Guilford)의 복합요인설(입체모형설) : 길포드는 인간의 정보를 인지하거나 기억하는 처리능력뿐 아니라 이미 알고 있는 정보로부터 새로운 지식을 생산하는 창조적인 능력에 주목하였다. 이에 따라 내용, 조작, 결과로 이루어진 지능의 3차원적인 입체모형을 제시하였다.

내용의 차원	시각, 청각, 상징, 의미, 행동
조작의 차원	평가, 수렴적 조작, 확산적 조작, 기억, 인지
결과의 차원	단위, 분류, 관계, 체계, 전환, 함축

(4) 카텔(Cattell)과 혼(Horn)의 위계적 요인설 : 카텔은 지능을 유전적·신경생리적 영향에 의해 발달이 이루어지는 유동성 지능(Fluid Intelligence)과 경험의 누적에 의해 형성되는 결정성 지능(Crystallized Intelligence)으로 구분하였다.
　① **유동성 지능** : 새로운 상황에 적응할 때 필요로 하는 능력이다. 생득적인 지능으로 기억력, 추리력, 추론능력 등이 해당한다.
　② **결정성 지능** : 과거의 학습경험을 고도로 활용한 판단력으로서 환경적·문화적 영향에 의해 발달이 이루어진다.

(5) 가드너(Gardner)의 다중지능이론
　① 전통적인 지능이론이 지능의 일반적인 측면을 강조하는 데 반해, 가드너는 문제 해결 능력과 함께 특정 사회적·문화적 상황에서 산물을 창조하는 능력을 강조하였다.
　② 인간의 지능은 일반지능과 같은 단일한 능력이 아닌 다수의 능력으로 구성되며, 각각의 능력들의 상대적 중요도는 서로 동일하다.
　③ 가드너는 지능을 언어지능(Linguistic Intelligence), 논리-수학지능(Logical-Mathematical Intelligence), 공간지능(Spatial Intelligence), 신체-운동지능(Bodily-Kinesthetic Intelligence), 음악지능(Musical Intelligence), 대인관계지능(Interpersonal Intelligence), 개인 내적 지능(Intra Personal Intelligence) 등 7가지의 독립된 지능으로 구분하였다.

④ 자연탐구지능(Naturalist Intelligence) 및 실존적 지능(Existential Intelligence)을 비롯하여, 도덕적 감수성(Moral Sensibility), 성적 관심(Sexuality), 유머(Humor), 직관(Intuition), 창의성(Creativity) 등 다양한 지능의 존재 가능성을 제기하고 있다.

(6) 스턴버그(Sternberg)의 삼원지능이론 기출 23, 21 : 스턴버그는 지능을 개인의 내부세계와 외부세계에서 비롯되는 경험의 측면에서 성분적 지능, 경험적 지능, 상황적 지능으로 구분하였다.
① **성분적 지능** : 새로운 지식을 획득하고 이를 논리적인 문제 해결에 적용하는 분석적 능력 또는 정보처리능력을 말한다.
② **경험적 지능** : 새로운 상황이나 과제에 대처하는 능력과 정보처리의 자동화 능력을 포함하는 창의적 능력을 말한다.
③ **상황적 지능** : 자신이 놓인 환경에 대해 해결책을 적용하여 환경을 바꾸거나 자신에게 더 맞는 환경을 선택하는 데 요구되는 능력이다.

3 지능과 창의성의 관계

(1) 길포드의 새로운 지능모델
① 길포드는 종래의 지능검사로는 충분히 측정할 수 없는 인간의 지적 영역이 있다고 주장하며 지능과 함께 창의성에 주목하였다.
② **수렴적 사고** : 이미 알고 있는 지식이나 정보를 바탕으로 주어진 문제를 신속하고 정확하게 해결하는 능력으로 학업성적과 밀접한 관련이 있다.
③ **확산적 사고** : 이미 알고 있는 지식이나 정보 외에 새롭고 다각적인 문제 해결 방식을 창출하는 능력이다.
④ **지능과 창의성의 차이** : 지능은 어떠한 문제를 해결하는 데 있어 가장 적절한 해법을 추론과 관찰을 통해 이끌어 내는 수렴적인 사고를 측정하며, 창의성은 새로운 사고방식이나 문제 자체를 생성하는 확산적인 사고를 필요로 한다.

(2) 지능과 창의성의 관계
① 지능이 높다고 하여 반드시 창의성이 높은 것은 아니며 지능과 창의성은 전혀 다른 지적능력이라고 할 수 있다. 즉, 지능이 어느 정도 낮은 사람이라도 창의성을 가질 수 있다.
② 창의적인 활동에 있어 지능이 전혀 작용하지 않는다고 할 수 없으며 오히려 지능에 의한 지식·기능이 뒷받침되지 않는 한 창의성은 성립하지 않는다.
③ 높은 지능과 창의성이 비례하지 않으며 넓은 지능의 범위에서 높은 창의성을 가진 사람들이 분포한다. 하지만 창의성을 가지기 위해서는 평균 이상의 지능이 필요하다고 할 수 있다.

제6절 유전과 환경이 능력에 미치는 영향

1 지능 차이의 유전적 요인

(1) **유전계수** : 개인 간의 지능지수의 차이에서 유전적인 요소가 차지하는 비율

(2) 지능의 유전계수는 부모와 자식이 0.50, 일란성 쌍둥이는 0.90, 이란성 쌍둥이는 0.55이다. 100% 같은 유전자를 공유한 일란성 쌍둥이는 각자 다른 환경에서 자라도 유사한 지능을 보이고 유전계수는 특정 집단에 따라 달라진다. 즉, 부유한 환경의 아동 간의 지적 차이는 풍요로움이라는 공통된 환경으로 인해 유전계수가 높으며, 환경의 차이가 다양한 집단은 유전계수가 낮다. 아동의 경우 유전과 환경의 영향을 모두 고려할 수 있다는 점에서 50%의 유전계수를 보이며, 성인의 경우 자아의 발달로 인해 환경의 영향을 덜 받는다는 점에서 70%로 아동보다 높게 나타난다.

2 지능 차이의 환경적 요인

각자 다른 환경에서 자란 일란성 쌍둥이가 지능검사에서 유사한 결과를 보이거나 양자가 길러준 부모보다 낳아준 부모의 지능과 유사함을 보이듯이 지능에 있어 유전의 영향은 지배적이라고 할 수 있다. 한편, 같은 가정에서 자란 일란성 쌍둥이가 지능검사에서 더 유사한 결과를 보이는 등 양육·교육과 같은 환경의 영향 또한 능력 발달에 영향을 준다는 사실이 여러 연구에서 밝혀졌다. 많은 학자들은 유전인자가 지능의 상한과 하한의 잠재력을 결정하고 그 범위 안에서 환경적 요인이 작용하여 실제 개인이 발휘하는 지능이 정해진다고 보고 있다.

제8장 실전예상문제

01 특정 학업과정 또는 직업에 대한 앞으로의 수행능력이나 적응을 예측하는 검사는?

① 능력검사
② 성격검사
③ 적성검사
④ 지능검사

01 적성검사는 개인의 특수한 능력 또는 잠재력을 발견하도록 하여 학업이나 취업 등의 진로를 결정하는 데 정보를 제공하며, 이를 통한 미래의 성공 가능성을 예측한다.
① 인지능력, 언어능력, 학습능력, 직무능력, 운동능력, 상황판단능력 등 인간의 다양한 기능 및 능력을 소재로 한 검사를 포괄적으로 지칭하는 개념이다.
② 개인의 선천적 요소와 후천적 요소의 상호작용에 의해 나타나는 일관된 특징으로서의 성격(Personality)을 측정한다.
④ 인지적 검사로서, 주로 개인을 대상으로 지적능력을 파악한다.

02 다음 중 타당도에 대한 설명으로 옳은 것은?

① 타당도는 측정의 일관성을 의미한다.
② 기준타당도가 현재를 나타내는 것인 경우 동시타당도라고 부른다.
③ 내용타당도에는 예측타당도와 동시타당도가 있다.
④ 구인타당도는 전문가의 주관적인 판단에 의존한다.

02 ① 측정의 일관성은 신뢰도와 연관된다.
③ 기준타당도에 대한 설명이다.
④ 내용타당도에 대한 설명이다. 구인타당도는 검사도구가 측정하고자 하는 개념이나 이론을 얼마나 충실하게 측정하는지에 대한 타당도이다.

03 정상 아동과 정신지체 아동을 감별하기 위한 목적으로 실용적인 지능검사를 최초로 제작한 사람은?

① 카텔
② 비네
③ 스피어만
④ 웩슬러

03 체계적인 지능검사를 최초로 개발한 사람은 비네로서, 그는 정신과 의사인 시몽(Simon)과 함께 학습지진아 선별을 목적으로 한 아동용 지능검사를 개발하였다. 이 검사를 기초로 1916년 미국 스탠포드 대학의 터먼(Terman)과 고다드(Goddard)가 미국의 문화에 맞도록 스탠포드-비네 검사가 고안되면서 처음으로 지능지수(IQ ; Intelligence Quotient)의 개념이 사용되었다.

정답 01 ③ 02 ② 03 ②

04 측정은 일정한 규칙에 의거하여 대상의 속성에 값을 부여하는 과정으로, 측정과정에서의 타당도란 측정하고자 하는 개념이나 속성을 얼마나 실제에 가깝게 정확히 측정하고 있느냐의 정도를 나타낸다. 즉, 타당도는 수치로 나타내고자 하는 개념을 구체적인 수치로 반영하는 정확성을 의미한다. 따라서 타당도가 높으면 검사의 신뢰도가 높아진다.

05 신뢰도란 동일 대상에 같거나 유사한 측정도구를 사용하여 반복적으로 측정할 경우 동일하거나 비슷한 결과를 얻을 수 있는 정도를 나타낸다.

06 반분 신뢰도는 두 집단의 검사결과에 차이가 없음으로써 검사의 신뢰도를 확인하고자 하는 검사법이다. ④ 점수 차이가 나도록 집단을 나누는 것은 바람직하지 않다.

04 심리검사가 측정하고자 하는 내용이나 속성을 얼마나 잘 측정하는지를 나타내는 개념은 무엇인가?

① 신뢰도
② 난이도
③ 성숙도
④ 타당도

05 다음 중 동일 대상에 같거나 비슷한 검사를 반복했을 때 일관되고 안정된 결과를 얻을 수 있는지의 정도를 나타내는 것은?

① 난이도
② 타당도
③ 신뢰도
④ 정확도

06 다음 중 반분 신뢰도에 대한 설명으로 옳지 않은 것은?

① 피험자를 두 개의 집단으로 나누어 측정결과를 비교한다.
② 피험자에게 번호를 부여하고 짝수 군과 홀수 군으로 나누는 방법이 있다.
③ 누가 하더라도 같은 결과가 나오는지를 측정하고자 한다.
④ 피험자를 우등생 집단과 그렇지 않은 집단으로 나눈다.

정답 04 ④ 05 ③ 06 ④

07 다음 중 스탠포드-비네 검사에 대한 설명으로 바르지 않은 것은?

① 정신연령을 생활연령으로 나눈 값에 100을 곱하는 통계치로 공식화했다.
② 개인의 지능지수를 동일 연령대 집단에서의 상대적인 위치로 규정한다.
③ 처음으로 지능지수(Intelligence Quotient)라는 개념을 사용하였다.
④ 정신연령이 증가하지 않는 15세 이후의 청소년 및 성인에게는 적합하지 않다.

07 ② 웩슬러 지능검사에 대한 설명이다.
④ 비네의 지능검사는 유소년의 일반지능을 측정하는 데 유효하지만, 성인의 지능측정에는 합리적이지 않다는 지적을 받는다.

08 다음 중 웩슬러의 지능검사법을 연령별로 바르게 연결한 것은?

① 아동용 – WISC-Ⅲ
② 유아용 – WISC
③ 성인용 – WPPSI
④ 아동용 – WAIS

08 • 성인용 : WAIS
• 아동용 : WISC-Ⅲ
• 유아용 : WPPSI

09 다음 중 웩슬러 지능검사의 지능지수 산출 공식으로 적절한 것은?

① $10 \times \dfrac{\text{개인점수} - \text{해당 연령규준의 평균}}{\text{해당 연령규준의 표준편차}} + 100$

② $\dfrac{\text{정신연령(MA)}}{\text{생활연령(CA)}} \times 100$

③ $15 \times \dfrac{\text{개인점수} - \text{해당 연령규준의 평균}}{\text{해당 연령규준의 표준편차}} + 100$

④ $\dfrac{\text{생활연령(CA)}}{\text{정신연령(MA)}} \times 100$

09 웩슬러(Wechsler) 지능검사는 편차 IQ의 개념을 사용하며, 동일연령을 대상으로 실시하여 평균 100, 표준편차 15를 적용·산출한다.

정답 07 ② 08 ① 09 ③

10 웩슬러 지능검사는 일반적으로 집단 보다는 개인을 단위로 평가가 이루어진다.

10 웩슬러 지능검사의 특징이 <u>아닌</u> 것은?

① 아동용 검사가 따로 있다.
② 동작성 검사를 포함한다.
③ 집단용 검사이다.
④ 언어성 검사를 포함한다.

11 TAT(Thematic Apperception Test)는 주제통각검사 또는 회화통각검사로 번역되는 검사로, 그림을 보고 그것을 해석하는 과정에서 피검자의 심리를 파악하고자 하는 심리검사이다.

11 다음 중 지능검사가 <u>아닌</u> 것은?

① TAT
② 스탠포드-비네 검사
③ K-WAIS
④ WISC-Ⅲ

12 지능에 대한 정의는 규정하는 학자들의 수만큼 다양하지만, 대략 환경에 대한 적응능력, 학습능력, 추상적 사고력으로 규정된다.

12 다음 중 지능에 대한 정의에 포함되지 <u>않는</u> 것은?

① 추상적 사고력
② 계산능력
③ 학습능력
④ 환경에 대한 적응능력

정답 10 ③ 11 ① 12 ②

13 다음 웩슬러 지능검사의 소검사 중 언어성 검사에 해당하는 것을 모두 고르면?

> ㄱ. 기본 지식 ㄴ. 산수문제
> ㄷ. 바꿔 쓰기 ㄹ. 공통성문제

① ㄱ, ㄴ
② ㄱ, ㄴ, ㄷ
③ ㄱ, ㄴ, ㄹ
④ ㄷ, ㄹ

13 웩슬러 지능검사의 11가지 소검사
- 언어성 검사 : 기본 지식, 숫자 외우기, 어휘문제, 산수문제, 이해문제, 공통성문제
- 동작성 검사 : 빠진 곳 찾기, 차례 맞추기, 토막 짜기, 모양 맞추기, 바꿔 쓰기

14 다음 중 지능이 일반요인과 특수요인으로 구성된다고 본 학자는?

① 터먼
② 길포드
③ 스피어만
④ 웩슬러

14 스피어만은 여러 과목의 테스트에서 공통적으로 나타나는 일반적인 지적 능력과 특정 테스트에 나타나는 특수한 능력이 있다고 생각하였다.

15 서스톤의 7요인에 속하지 않는 것은?

① 운동능력
② 언어능력
③ 논리능력
④ 기억

15 서스톤은 스피어만의 지능의 2요인설에 대한 비판으로 언어능력, 언어의 유창성, 수리능력, 기억, 공간관계인식, 지각속도, 논리능력의 일곱 가지 개별적인 능력을 제시하였다.

16 다음 중 내용, 조작, 결과로 이루어진 지능의 세 가지 입체모형을 제시한 학자는?

① 손다이크
② 카텔
③ 웩슬러
④ 길포드

16 길포드는 지능을 세 가지 차원의 조합 [내용(Contents), 조작(Operations), 결과(Products)]으로 설명하였다.

길포드의 지능구조 모형
- 내용의 차원 : 시각, 청각, 상징, 의미, 행동
- 조작의 차원 : 평가, 수렴적 조작, 확산적 조작, 기억, 인지
- 결과의 차원 : 단위, 분류, 관계, 체계, 전환, 함축

정답   13 ③   14 ③   15 ①   16 ④

17 ① 지능이 높다고 하여 반드시 창의성이 높은 것은 아니다.
② 지능이 어느 정도 낮은 사람이라도 창의성을 가질 수 있다.
③ 창의적인 활동에 있어 지능이 전혀 작용하지 않는다고 할 수 없다.

17 다음 중 지능과 창의성의 관계에 대한 설명으로 바른 것은?

① 지능과 창의성은 비례한다.
② 지능이 비교적 낮은 사람은 창의성을 발휘할 수 없다.
③ 창의성과 지능은 관련이 없다.
④ 창의성을 가지기 위해서는 평균 이상의 지능이 필요하다.

18 유전인자는 개인의 잠재력을 결정하지만, 아동의 중요한 발달 시기에 있어서의 환경의 차이가 그 사람의 능력을 결정하는 데 큰 영향을 주는 것처럼 오늘날의 지능은 유전과 환경의 상호작용의 결과물이라는 의견이 지배적이다.

18 다음 중 지능과 유전의 관계에 대한 설명으로 잘못된 것은?

① 유전이 지능에 상당한 영향을 준다는 것은 사실이다.
② 일란성 쌍둥이는 서로 다른 환경에서 자랐더라도 지능의 유사성이 높다.
③ 지능은 유전에 따른 것이지 환경의 차이에 영향을 받지 않는다.
④ 부모와 친자식 간의 지능지수의 상관계수는 0.50이다.

19 스턴버그는 지능을 개인의 경험 측면에서 구분하는 삼원지능이론을 제시하였다.

요인접근법(Factorial Approach)
• 지능이 어떤 요인으로 구성되어 있는지를 찾아내기 위해 요인분석법을 사용
• 여러 가지 검사나 또는 한 검사를 구성하는 여러 문항을 많은 사람에게 실시한 후 검사 간 또는 문항 간의 상관계수를 구한 뒤 이 상관계수표로부터 상호상관이 높은 검사나 문항들은 공통적인 하나의 요인(factor)을 측정한다고 간주

19 다음 중 지능이 어떤 요인들로 구성되어 있는가를 찾아내기 위한 요인분석으로 지능을 연구한 사람에 해당되지 않는 사람은?

① 길포드
② 스턴버그
③ 서스톤
④ 스피어맨

정답 17 ④ 18 ③ 19 ②

제9장 성격과 측정

- **제1절** 성격의 정의
- **제2절** 성격 연구의 제(諸) 이론
- **제3절** 각 이론의 적용
- **제4절** 성격의 측정방법
- **실전예상문제**

미래가 어떻게 전개될지는 모르지만, 누가 그 미래를 결정하는지는 안다.
- 오프라 윈프리 -

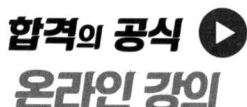

보다 깊이 있는 학습을 원하는 수험생들을 위한
시대에듀의 동영상 강의가 준비되어 있습니다.
www.sdedu.co.kr → 회원가입(로그인) → 강의 살펴보기

제9장 성격과 측정

제1절 성격의 정의

1 성격 중요 기출 24

(1) 성격(Personality)이란 한 개인을 특징짓는 통합되고 조직화된 행동을 말한다.

(2) 개인의 행동의 특징, 행동의 동기, 발달과정 등에 의해 한 개인을 다른 개인으로부터 구별할 수 있도록 하는 개인의 독특한 심리적 특징을 말한다.

(3) 개인이 환경과의 상호작용을 통해 드러내는 독특하고 지속적이며 일관된 전체적 특징을 의미한다.

(4) 성격은 독특성, 안정성을 특징으로 하며, 인성의 내용을 포함한다.

2 인격과 기질

(1) **인격(Personality)**
도덕적으로 옳은 행위를 하는 경향을 가진 인품 좋은 사람을 가리킬 때 사용한다. 심리학이나 정신의학 분야에서의 인격은 이러한 도덕적인 가치판단을 포함하지는 않는다.

(2) **기질(Temperament)**
성격과 비슷한 개념으로 혼동하기 쉬우나 기질은 정서적인 특성을 띤 것으로서 자극에 대한 감정적인 반응의 강도, 경향을 말한다. 따라서 신경계통이나 내분비 등에 관련된 유전적인 요소를 강조한다.

3 성격을 결정하는 요인

(1) **유전자 결정론**
① 태어나면서 가지는 유전자(체질·기질)에 따라 그 사람의 성격과 사회적응성이 결정된다는 이론이다.
② **문제점**: 인간의 학습, 교육, 대인관계, 환경과 같은 후천적인 노력을 과소평가함으로써 개인의 자유의지와 도덕적 책임을 경시한다는 비판을 받았다.

(2) 환경 결정론

① 유전자 결정론과는 반대로 후천적인 환경요인만으로 성격과 사회적응성이 결정된다는 입장이다.
② **문제점** : 선천적인 성격과 능력을 경시하고, 현 시점에서의 환경·자극만으로 행동의 생성과 변화를 설명하려 하였다.
③ 오늘날에는 유전적 요인과 환경적 요인의 상호작용설이 지지를 받고 있다.

> **체크 포인트**
>
> 인간의 성격은 선천적인 유전·기질을 바탕으로 후천적인 여러 경험과 인지 변용이 더해지면서 단계적으로 형성된다.

제2절 성격 연구의 제(諸) 이론

1 특성이론(특질이론) 중요

(1) 올포트(Allport)

① 성격이란 각 개인의 정신·신체적 체계 안에서 그 사람의 특징적 사고와 행동을 결정해주는 역동적 조직으로 정의하였다.
② 성격의 일관성을 강조하며, 생의 초기부터 아동, 성인으로 성장함에 따라 더욱 뚜렷해진다고 주장하였다.
③ 성격이 개인의 인생 전체에 미치는 영향력에 따라 **주특성(Cardinal Trait)**, **중심특성(Central Trait)**, **이차특성(Secondary Trait)**으로 구분한다.
　㉠ 주특성 : 소수의 사람만이 가지며 개인의 모든 행위를 지배하는 강력한 동기이다.
　㉡ 중심특성 : 개인 사고의 여러 행동에 널리 영향을 주는 성격의 핵심으로 '다정하다', '쌀쌀맞다'와 같은 중심어로 규정되는 것이 특징이다.
　㉢ 이차특성 : 일관적이기는 하지만 개인의 행동에 강력한 영향력을 미치지는 못하며, 제한된 상황에 적용된다.

(2) 카텔(Cattell)

① 특성차원을 찾아내는 방법으로 요인분석의 통계학적 분석방법을 사용하였다.
② 겉으로 보이는 구체적인 행동 중 일관성·규칙성을 보이는 **표면특성(Surface Trait)**과 그러한 행동의 기저에 있는 더 안정적인 특성인 **원천특성(Source Trait)**으로 구분하였다.
③ 성격특성과 연관된 4,500개의 개념들에서 최소한의 공통요인을 추출하여 16개의 요인을 발견하였으며, 이를 토대로 성격이론을 입증하기 위해 **16성격 요인검사(16PF ; Sixteen Personality Factor Questionnaire)**를 고안하였다.

(3) 아이젠크(Eysenck) 기출 21

① 요인분석법을 사용하여 성격의 특성을 내향성-외향성(Introversion-Extraversion), 신경증적 경향성(Neuroticism), 정신병적 경향성(Psychoticism)이라는 요인으로 설명하려 하였다.
② 내향성-외향성은 개인의 각성수준, 신경증적 경향성은 정서적 예민성·불안정성, 정신병적 경향성은 공격성·충동성·반사회성을 나타낸다.

> **더 알아두기**
>
> 여러 상황 속에서 일관적으로 나타나는 행동 경향을 특성(Trait)이라고 한다. 특성을 인격을 구성하는 단위로 규정하고 각 특성의 조합으로 개인의 성격을 기술하고 이해하는 방법이다. 주로 영국과 미국에서 발달하였다.

2 정신역동이론

(1) 정신역동이론(Psychodynamic Theory)

① 프로이트(Freud)의 정신분석에서 시작된 임상심리학의 이론이다.
② 의식과 무의식의 갈등과 상호작용에 따른 정신세계의 역동성 혹은 불균형 상태가 정신질환이나 부적응의 원인이 된다.

(2) 프로이트의 정신역동이론 중요 기출 24

① 프로이트는 인간의 정신활동에는 의식 외에 전의식·무의식의 존재가 있다고 보았으며, **정신구조를 원초아·자아·초자아** 영역으로 나누어 가정하였다. 인격과 행동은 이러한 영역 사이의 상호관계 또는 갈등에 의해 변화하는 것으로 파악하였다.
② 정신의 3요소
  ㉠ 의식(Consciousness) : 어떤 순간에 우리가 알거나 느낄 수 있는 모든 감각과 경험으로 특정 시점에 인식하는 모든 것이다.
  ㉡ 전의식(Preconsciousness) : 현재 의식하지 못하지만 떠올리려 하면 의식 속으로 가져올 수 있는 정신작용이다.
  ㉢ 무의식(Unconsciousness) : 의식적 사고와 감정을 전적으로 통제하는 힘으로 스스로가 전혀 의식하지 못하는 정신작용이다.
③ **성격의 3요소** : 마음을 원초아, 자아, 초자아의 구조로 파악
  ㉠ 원초아(Id) : 선천적으로 타고나는 성격의 가장 원초적인 부분으로 본능적 충동과 쾌락에 의해 지배되므로 충동적이고 비합리적이다.
  ㉡ 자아(Ego) : 출생 후 성장하면서 발달하는 것으로서 원초아, 초자아, 외부세계의 요구 사이에서 빚어지는 정신역동적 갈등을 합리적으로 조정하는 것이다.

ⓒ 초자아(Super Ego) : 본능적인 충동과 쾌락을 검열하고 억제하는 양심 혹은 도덕적 금지 기능을 수행한다.

(3) 불안의 구분(프로이트)
① **현실 불안(Reality Anxiety)** : 객관적 불안(Objective Anxiety)이라고도 하며, 외부세계에서의 실제적인 위협을 지각함으로써 발생하는 감정적 체험이다.
② **신경증적 불안(Neurotic Anxiety)** : 자아(Ego)가 본능적 충동인 원초아(Id)를 통제하지 못할 경우 발생할 수 있는 불상사에 대해 위협을 느낌으로써 나타난다.
③ **도덕적 불안(Moral Anxiety)** : 양심에 의한 두려움과 연관되며, 자아(Ego)가 초자아(Super Ego)에 의해 처벌의 위협을 받는 경우 나타난다.

3 사회학습이론 중요

(1) 사회학습이란 사회적인 상황에서 이루어지는 학습방법을 뜻하는데, 예를 들어 대인행동 속에서 타인의 행동을 모방하거나 관찰함으로써 행동을 습득하거나 수정·소거한다는 것이다.

(2) 반두라(Bandura)의 사회학습이론(Social Learning Theory)
① 인간의 행동이 외부자극에 의해 통제된다는 행동주의의 입장과는 달리 반두라의 사회학습이론은 학습자의 인지기능의 역할을 강조한다.
② 학습자에게 직접적인 강화가 이루어지지 않더라도 타인의 행동을 관찰하는 것만으로 그 행동이 학습된다는 관찰학습의 과정을 설명한다.
③ 관찰학습의 장점은 실제 그 행동을 하지 않더라도 대리학습(Vicarious Learning)이 가능하다는 점이다.

(3) 관찰학습(모델링) 중요 기출 23
① 타인의 행동과 그 결과를 모델로 관찰함으로써 관찰자의 행동에 변화가 나타나는 현상이다.
② 관찰학습에 있어 강화는 관찰자에 대한 직접적인 강화보다도 관찰대상(모델)에게 주어지는 강화가 중요하다.
③ **대리강화(Vicarious Reinforcement)** : 모델에 주어지는 강화에 의해 관찰자의 행동이 간접적으로 강화되는 것이다. 즉, 모델에게 주어진 보상이나 벌이 관찰자의 행동에서도 같은 기능을 한다.
④ **관찰학습의 과정**
  ⊙ 주의집중 과정 : 관찰자가 모델의 행동에 주의를 집중시키는 과정
  ⓒ 파지과정 : 관찰한 내용을 상징적 형태로 기억에 저장하는 과정

ⓒ 운동재생 과정 : 심상 및 언어로 기호화된 표상을 행동으로 전환하는 과정
ⓔ 동기화 과정 : 관찰을 통해 학습한 행동에 강화가 이루어져 동기화되는 과정

4 현상학적 이론

(1) 로저스(Rogers)의 현상학적 이론의 정의
 ① 인간에게는 주관적 현실세계만이 존재한다.
 ② 모든 인간의 행동은 개인이 세계를 지각하고 해석한 결과이다.
 ③ 인간은 자신의 삶의 의미를 능동적으로 창조하며 주관적 자유를 실천해간다.
 ④ 자기실현경향, 즉 미래지향성은 인간의 가장 기본적인 동기이다.

(2) 주요 개념 중요
 ① **현상학적 장(Phenomenal Field)** : 타인이 알지 못하는 개개인의 경험적 세계 또는 주관적 경험으로서 특정 순간에 개인이 지각하고 경험하는 모든 것을 의미한다.
 ② **자기개념(Self Concept)** : 자기 자신을 대상(객체)으로 보고 현재 자신이 어떤 존재인지를 의식화·개념화한 것이다.
 ③ **자기일치(Self Congruence)** : 자기개념과 유기체적 경험(실제의 경험)이 일치된 상태로, 자기일치가 달성되면 자기개념에 대한 위화감이 해소되면서 일상생활과 대인관계에 의욕적이게 된다.
 ④ **자기실현(Self Actualization)** : 인간은 자기실현의 과정을 통해 삶의 의미를 찾고 주관적인 자유를 실천함으로써 점진적으로 완성된다.

> **체크 포인트**
> 각 학자들의 성격심리이론
> • 매슬로 : 인본주의 성격이론
> • 스키너 : 행동주의이론
> • 프로이트 : 정신분석이론
> • 아들러 : 개인심리학이론
> • 로저스 : 현상학적 성격이론
> • 엘리스와 벡 : 인지적 성격이론
> • 반두라 : 사회학습이론
> • 에릭슨 : 심리사회발달이론
> • 융 : 분석심리학이론

제3절　각 이론의 적용

1 특성이론(특질이론)의 적용

(1) 성격 차이는 정도의 문제이지 질적인 문제가 아니라는 입장에서 성격의 양적인 측정을 중시한다.

(2) 양적 측정은 성격의 특질을 상세하게 파악하고 개인차를 비교하는 데 용이한 반면, 개인의 독자성 파악에는 적합하지 않다는 단점이 있다.

(3) **성격의 5요인 모델(Big Five)** 기출 25, 22
　① 성격의 주요 특질을 설명하는 다섯 가지 요인을 통해 성격을 보다 포괄적으로 이해하려는 시도로서 성격검사에 활용된다.
　② **성격의 5요인**
　　㉠ 신경증 : 불안, 적개심, 우울증, 자의식, 취약성
　　㉡ 개방성 : 상상력, 심미안, 호기심, 독창성, 창의성, 진보성향
　　㉢ 성실성 : 성실, 질서, 근면, 성취지향, 신중, 끈기
　　㉣ 순응성 : 온화함, 얌전함, 순종, 관대, 솔직, 신뢰
　　㉤ 외향성 : 온정, 활동성, 사교성, 유쾌, 자극 추구, 단호함

2 정신역동이론의 적용

(1) 정신역동이론에 기초한 성격측정은 투사법이라는 검사형식으로 이루어진다.

(2) **투사법의 특징**
　① 투사(Projection)는 인간의 무의식적 충동, 감정, 사고 및 태도를 다른 대상에 투사하여 긴장을 해소하려는 방어기제로, 투사법이란 인간의 심리가 투사되는 현상을 이용하여 개발한 성격검사의 기법이다.
　② 잉크자국이나 무의미한 형상, 그림, 사진과 같은 **애매한 자극에 대한 피검자의 자유로운 반응을 분석·해석하여 성격을 측정**한다.
　③ 투사법은 피검자의 심층이나 무의식을 다룬다는 면에서 질문지법에서는 얻을 수 없는 다양하고 의외의 반응을 얻을 수 있다.

3 현상학적 이론의 적용

(1) 현상학적 이론은 현대 카운슬링의 아버지라 불리는 로저스로 대표되는 성격이론으로, 현재 시점에서 개인이 지각하는 경험을 중시한다.

(2) 내담자 중심 요법의 의의
① 1940년대 초 미국의 심리학자 로저스(Rogers)에 의해 창안된 것으로서, 초창기의 비지시적 상담과 이후의 학생 중심 교육, 내담자 중심 상담에 이어 인본주의 심리학에 근간을 둔다.
② 인간 중심 상담에서는 사람들이 자기 자신의 중요한 일들을 스스로 결정하고, 자신의 문제를 스스로 해결할 수 있는 능력을 가지고 있다는 점을 강조한다.
③ 인간의 삶은 수동적인 과정이 아닌 능동적인 과정이며, 인간은 합목적적이고 전진적이며, 건설적이고 현실적인 존재인 동시에 신뢰할만한 선한 존재이다.
④ 자기 자신에 대한 이미지인 자기개념과 일치하지 않는 체험을 했을 때 인간은 혼란스러워 한다. 이러한 자기불일치 상태에서 자기일치로 바꾸는 것이 치료의 목적이다.
⑤ **상담자의 기본적인 태도** 기출 23
　㉠ 일치성과 진실성
　㉡ 공감적 이해와 경청
　㉢ 무조건적 배려 또는 존중

제4절 성격의 측정방법

1 자기보고법(질문지법) 중요

(1) 성격, 행동에 관한 질문 항목에 답하게 하여 그 결과를 일정한 기준에 따라 정리하는 방법이다.

(2) 자기보고법의 특징
① 미리 설정된 선택지에서 해당하는 것을 고르는 방법과 자유롭게 기술하는 방식이 있다.
② 한 번에 많은 대상자에게 실시할 수 있으며, 결과의 정리가 간편하다.
③ 실험자의 주관적인 해석이 들어가기 어렵다는 장점이 있다.
④ 대상자가 회답을 의도적으로 왜곡할 우려가 있거나, 대상자에게 독해능력의 문제가 있을 경우에 적절하지 않다.

(3) 검사방법의 유형
① **다면적 인성검사**
- ㉠ 미네소타 다면적 인성검사(MMPI ; Minnesota Multiphastic Personality Inventory)는 가장 널리 쓰이고 가장 많이 연구된 객관적 성격검사이다.
- ㉡ 대표적인 자기보고식 검사로서 실시·채점·해석이 용이하며, 시간과 노력을 절약할 수 있다.
- ㉢ 피검자는 각 문항에 '그렇다' 혹은 '아니다'의 두 가지 답변 중 하나를 택하도록 되어 있다.
- ㉣ 550개의 문항을 포함하고 있는데, 이 중 16개의 문항이 중복되어 총 566개의 문항으로 구성되어 있다. 중복된 16개의 문항은 수검자의 반응 일관성을 확인하기 위한 지표로 사용된다.

② **Y-G(Yatabe-Guilford) 성격검사**
- ㉠ 길포드의 인격특질이론을 바탕으로 일본의 야타베(矢田部)가 작성한 질문지법 성격검사이다.
- ㉡ 인지분석에 따라 12개의 하위척도를 정하고 각 척도마다 10문항씩 모두 120문항으로 이루어져 있다.
- ㉢ '네', '아니오', '잘 모르겠음'으로 응답한다.
- ㉣ 시행이 간편하고 다면적으로 성격을 진단할 수 있지만 검사결과를 의도적으로 왜곡시키는 피검자의 허위반응에 취약한 단점이 있다.

③ **EPPS(Edwards Personal Preference Schedule) 성격검사**
- ㉠ 에드워즈가 머레이(Murray)의 사회적 욕구이론을 바탕으로 작성한 수검자의 특징적인 욕구나 취향을 측정하는 검사이다.
- ㉡ 달성, 추종, 질서, 현시, 자율, 친화, 내면인지, 구호, 지배, 내벌(內罰), 양호, 변화, 지구, 이성애, 공격의 15가지 특성을 측정한다.
- ㉢ 사회적으로 바람직한 내용을 동등하게 포함시킨 한 쌍의 항목 중 하나를 강제적으로 응답하게 함으로써, 수검자가 실제의 자신보다 사회적으로 긍정적인 응답을 하는 **사회적 바람직성** 편향을 제어할 수 있다.

2 투사법 [중요] [기출] 24, 23

(1) 불완전한 그림이나 형태, 언어를 제시한 후 수검자의 반응과 해석을 분석하여 행동과 성격의 무의식적인 부분을 파악하는 방법이다.

(2) **투사법의 특징**
① **장점**
- ㉠ 개인의 전체적이고 역동적인 성격을 파악할 수 있다.
- ㉡ 의식뿐 아니라 무의식의 부분까지 파악할 수 있다.
- ㉢ 일정 방향으로 고의적으로 반응이 왜곡되는 것을 막을 수 있다.

② 단점
   ㉠ 결과의 해석이 용이하지 않으며 검사자의 높은 전문성과 경험, 통찰력이 요구된다.
   ㉡ 수검자와 개인 면담으로 이루어지는 경우가 많아 실시하는 데 시간과 비용이 든다.

(3) 검사의 유형
   ① 주제통각검사(TAT) 기출 24
      ㉠ 수검자가 동일시할 수 있는 인물이나 상황을 그림으로 제시하고 그에 대한 반응 양상을 분석·해석한다.
      ㉡ 수검자의 그림에 대한 반응을 통해 현재 수검자의 성격 및 정서, 갈등, 콤플렉스 등을 이해하는 동시에 수검자 개인의 내적 동기와 상황에 대한 지각 방식 등에 대한 정보를 얻을 수 있다.
      ㉢ TAT는 가족관계 및 남녀관계와 같은 대인관계 상황에서의 욕구내용 및 위계, 원초아(Id), 자아(Ego), 초자아(Super Ego)의 타협구조 등을 파악할 수 있도록 한다.
   ② 로르샤흐 검사(Rorschach Test) 기출 22
      ㉠ 스위스의 정신과 의사인 로르샤흐에 의해 고안된 인격검사로, 잉크를 무작위로 흘린 좌우대칭의 그림을 제시한 후 그에 대한 수검자의 반응을 측정한다.
      ㉡ 검사과제가 성격의 어떤 경향을 보는지 알 수 없기 때문에 수검자가 자신의 응답을 왜곡하기 어렵다.
      ㉢ 수검자의 지적 측면, 정서적 측면, 충동의 통제능력, 대인관계의 특징 등을 다각적으로 살필 수 있다.
      ㉣ 주관적 검사로서 신뢰도 및 타당도가 검증되지 않아 **객관적 심리 측정의 측면에서는 부적합**하다.
   ③ 바움 테스트(Baum Test)
      ㉠ 본래 감춰진 심층 의식을 그림을 통해 구체화함으로써 성격이나 심리상태를 파악하는 심리검사이다.
      ㉡ 다양한 연령층, 언어표현이 곤란한 사람의 지적능력, 발달의 진단 등에도 활용할 수 있는 이점으로 심리상담뿐만 아니라 직업적성, 정신장애나 지적장애의 조기 발견, 심리요법의 효과 측정 등 폭넓게 쓰인다.
      ㉢ 내면적 갈등이나 무의식의 바람을 회화로 표현하여 감정 정화(카타르시스)의 효과를 얻는 예술요법(Art Therapy)의 요소를 가진다.

> **더 알아두기**
>
> **HTP(투사)검사**
> HTP(House-Tree-Person) 그림 검사는 집, 나무, 사람을 그려서 나온 그림을 통해 심리를 알아보는 검사이다.
> - **집** : 개인생활의 물리적인 환경과 대인관계에 대한 태도
> - **나무** : 무의식적인 심리적, 신체적 자아상
> - **사람** : 더 의식화된 자아상, 때로는 양육자

제 9 장 실전예상문제

01 다음 중 성격에 대한 정의로 <u>잘못된</u> 것은?
① 성격이란 한 개인을 다른 이와 구별하는 독특한 특징을 말한다.
② 성격은 상황의 변화나 시간의 흐름에도 행동과 사고에 있어 비교적 일관성을 띤다.
③ 성격이란 인간 행동의 일반적인 원리이다.
④ 성격이란 행동이나 사고의 특징적인 경향을 의미한다.

01 성격이란 시간적·공간적으로 일관성을 가지면서 한 개인과 타자를 구별하게 하는 독특한 행동과 사고의 성향을 나타낸다.

02 성격을 개인의 정신·신체적 체계 안에서 그의 특징적 사고와 행동을 결정하는 역동적 조직으로 정의한 학자는?
① 프로이트
② 거스리
③ 올포트
④ 카텔

02 올포트는 성격을 인간의 본질적인 체계 안에서 자극에 대한 독특한 행동을 야기하는 경향성이며, 끊임없이 발달하고 변화하는 것으로 정의하였다.

정답 01 ③ 02 ③

03 성격이론에 대한 학자의 주장 중 **잘못된** 것은?

① 로저스 : 현실에 대한 주관적 해석 및 인간의 자아실현과 성장을 위한 욕구를 강조하였다.
② 프로이트 : 본능적인 측면을 지나치게 강조하여 사회·환경적 요인을 상대적으로 경시하였다.
③ 카텔 : 특성을 표면특성과 근원특성으로 구분하고 자료의 통계분석에 따라 16개의 근원특성을 제시하였다.
④ 올포트 : 성격은 과거의 경험에 의해 학습된 행동성향으로, 상황에 따라 행동성향도 변화한다.

04 다음 중 2개(훗날 3개)의 특성으로 성격을 분석하는 요인분석법을 사용한 학자는?

① 카텔
② 올포트
③ 아이젠크
④ 설리번

05 다음 중 무의식에 대한 설명으로 적절한 것은?

① 평소에는 의식의 영역에 있지 않지만 노력으로 의식화할 수 있다.
② 무의식은 숨겨진 기억, 마음 깊숙한 곳의 본능과 욕망을 의미한다.
③ 무의식은 성장한 이후의 경험을 통해 형성된다.
④ 무의식의 문제는 자기보고법의 심리검사가 이용된다.

---

03 **올포트의 성격 특성이론**
- 올포트는 1920~1930년대 심리학계를 지배하던 정신분석과 행동주의에 대해 반발하면서, 인간의 행동을 어린 시절의 경험이나 억압된 본능의 탓으로 돌리거나 자극에 대한 단편적인 반응으로 간주하는 방식을 거부하였다.
- 성격은 개인의 특징적인 행동 및 사고를 결정하는 신체적·심리적인 체계로서 개인 내의 역동적 조직이다.
- 성격은 조직화된 전체로서 현재에 뿌리를 두는 동시에 미래를 지향한다.
- 개인의 신체적·심리적 체계를 이루는 각 부분들, 즉 특성(Trait)은 서로 관계를 맺으며 독특한 조직을 형성한다.
- 유아기, 아동기, 청소년기, 성인기의 성격은 비연속적이므로 유아기의 생물학적 동기를 토대로 성인기의 행동을 설명하는 것은 부적합하다.
- 성격은 개인의 인생 전체에 미치는 영향력에 따라 '주특성(Cardinal Trait)', '중심특성(Central Trait)', '이차특성(Secondary Trait)'으로 구분하여 살펴볼 수 있다.

04 아이젠크는 성격을 내향성-외향성, 신경증적 경향성, 정신병적 경향성의 요인으로 설명하고자 하였다.

05 프로이트는 무의식이 숨겨져 있는 기억, 마음 깊은 곳에 자리한 본능과 욕구로서 단순히 마음의 심층에 머무를 뿐 아니라 개인의 성격 형성에 크게 작용함을 강조하였다. 그리고 이것의 발현을 억누르려는 체계 속에서 성격이 형성된다고 파악하였다.
① 전의식에 대한 설명이다.
③ 무의식은 영유아기 때부터 억압된 의식·욕구·감정을 말한다.
④ 로르샤흐 잉크반점 검사나 TAT와 같은 투사법 검사가 이용된다.

정답 03 ④ 04 ③ 05 ②

06 쾌락의 원칙에 따른 원초아와 외부세계의 욕구가 상충하기 때문에 이들 사이의 갈등을 합리적으로 조정하는 자아에 대한 설명이다.

07 신경증적 불안은 실제 위험으로 나타나지 않는 대상에 대하여 막연한 공포감을 느끼는 정서체험을 말한다. 신경증적 불안은 항상 불안이 따라 다니기 때문에 일상생활에 지장을 초래하기도 하고 불안을 느끼는 것을 극도로 회피하게 된다.
② 현실 불안에 대한 설명이다.
③ 도덕적 불안에 대한 설명이다.
④ 거세 불안(남근기에 해당하는 유아들이 성기를 잃지 않을까 불안해하는 증상)에 대한 설명이다.

08 심리학자 반두라가 제기한 사회학습이론(Social Learning Theory)은 모델링(타자의 행동 관찰)에 의한 학습을 의미한다.
①·②·④는 학습행동이 개인의 실제 경험(행동)과 연합적 과정(자극에 대한 반응의 학습)에 의해 성립된다는 행동주의 심리학에 해당하는 개념이다.

정답 06② 07① 08③

---

06 프로이트의 정신구조에서 초자아(Super Ego)에 대한 설명에 해당하지 <u>않는</u> 것은?
① 항상 도덕적이고 의식적이고자 하는 정신에 대한 것이다.
② 욕구의 충동인 원초아를 현실 원칙에 맞게 조율하는 기능을 한다.
③ 양심에 해당하는 부분으로 죄악감 등이 이에 해당한다.
④ 어린 아이는 부모의 꾸중과 칭찬 속에서 행동의 옳고 그름을 배운다.

07 다음 중 신경증적 불안에 대한 설명으로 옳은 것은?
① 실제로는 위험하지 않음에도 필요 이상의 공포감을 느끼는 것
② 위험의 실체를 인지함으로써 발생하는 감정적 체험
③ 죄의식이나 부끄러움
④ 남녀 성기의 차이에 관심이 많은 유아에게 나타나는 불안

08 다음 중 반두라의 사회적 학습이론에 해당하는 것은?
① 직접적인 경험
② 정적 강화물
③ 모델링
④ 자극-반응의 연합과정

09 다음 중 관찰학습의 과정을 순서대로 연결한 것은?

① 주의집중 → 파지 → 동기화 → 운동재생
② 동기화 → 주의집중 → 파지 → 운동재생
③ 주의집중 → 파지 → 운동재생 → 동기화
④ 파지 → 주의집중 → 운동재생 → 동기화

09 관찰학습의 과정
- 주의집중 과정 : 관찰자가 모델의 행동에 주의를 기울이는 과정
- 파지 과정 : 관찰한 것을 상징적 형태로 기억에 저장하는 과정
- 운동재생 과정 : 심상 및 언어로 기호화된 표상을 행동으로 전환하는 과정
- 동기화 과정 : 관찰을 통해 학습한 행동에 강화가 이루어져 동기화되는 과정

10 자신의 삶을 능동적으로 창조하며 주관적 자유를 실천해가는 인간의 긍정적인 측면을 강조한 학자는?

① 카텔
② 반두라
③ 프로이트
④ 로저스

10 로저스는 내담자 중심용법(Client-Centered Therapy)의 창시자로, 인간은 성장과 자기실현의 가능성을 가지므로 카운슬링의 역할은 이러한 성장과 가능성을 촉진하는 데 있다고 보았다.

11 다음은 심리검사의 분류에 대한 설명이다. ㉠과 ㉡에 들어갈 말로 적절한 것은?

> 심리검사를 크게 나누면 클라이언트가 질문에 답하는 방식으로 진행하는 (㉠)과 보다 심층의 심리를 파악하고자 하는 (㉡)으로 분류된다.

	㉠	㉡
①	질문지법	투사법
②	투사법	질문지법
③	인지법	투사법
④	질문지법	관찰법

11
- 질문지법 : 성격, 행동에 관한 질문 항목에 답하게 하여 그 결과를 일정한 기준에 따라 정리하는 방법
- 투사법 : 불완전한 그림이나 형태, 언어를 제시한 후 수검자의 반응과 해석을 분석하여 행동과 성격의 무의식적인 부분을 파악하는 방법

정답 09 ③ 10 ④ 11 ①

12 질문지법의 대표적인 심리검사로는 Y-G 성격검사, MMPI, EPPS 등이 있다. 로르샤흐 검사는 투사법에 해당한다.

13 질문지법은 피험자가 의도적으로 회답을 왜곡할 수 있다.

14 ② Y-G 성격검사에 대한 설명이다.
③ 투사법에 대한 설명이다.
④ 주제통각검사(TAT)에 대한 설명이다.

15 **투사법의 장·단점**
- 무의식적인 측면의 측정이 가능하다.
- 피험자가 의도적으로 응답을 조작하기 어렵다.
- 피험자의 심리적 부담이 크다.
- 실시와 결과를 해석하는 데 시간과 수고가 들며, 검사자의 경험과 숙련이 필요하다.
- 결과를 해석하는 데 검사자의 주관적 판단에 의존하므로 신뢰성과 타당성에 의문이 생긴다.

정답 12 ① 13 ④ 14 ① 15 ④

---

12 다음 중 질문지법에 속하지 않는 검사방법은?

① 로르샤흐 검사
② Y-G 성격검사
③ MMPI
④ EPPS

13 다음 중 질문지법에 대한 설명으로 틀린 것은?

① 질문지법은 시행과 채점 방식이 미리 규정되어 있다.
② 단시간에 개인 또는 집단을 대상으로 실시할 수 있다.
③ 평가에 있어 검사자의 주관이 개입되지 않는다.
④ 설문에 대한 피험자의 충실한 응답을 기대할 수 있다.

14 다음 중 미네소타 다면적 인성검사에 대한 설명으로 옳은 것은?

① 피험자가 의도적으로 오답을 하는 경향을 통제하는 허위척도를 가진다.
② 12개의 하위척도에 각각 10문제씩 120문항으로 구성되어 있다.
③ 개인의 의식뿐 아니라 무의식의 부분까지 파악할 수 있다.
④ 인물이나 상황을 그림으로 제시하고 그에 대한 반응을 분석·해석한다.

15 다음 중 투사법의 장점 또는 단점에 대한 설명으로 옳은 것은?

① 피험자의 의식적인 부분만을 측정할 수 있다.
② 질문 항목에 대하여 미리 설정된 선택지로 응답하기 때문에 객관성이 높다.
③ 검사결과의 수량적 처리가 용이하다.
④ 결과의 해석에 있어 검사자의 주관적 판단이 개입되므로 신뢰성과 타당도에 의문점이 남는다.

16 다음 중 투사법 검사에 대한 설명으로 옳은 것은?

① 구조적 검사(Structured Tests)라고도 한다.
② 피험자의 무의식적 측면이 반영된다.
③ 대표적으로 다면적 인성검사(MMPI)가 반영된다.
④ 개인들 간의 특성을 비교하는 데 역점을 둔다.

16 ①·③·④는 질문지법에 대한 설명이다.

17 다음 성격검사 중 투사법과 관계 없는 것들로 짝지어진 것은?

> ㄱ. Y-G 성격검사 ㄴ. 바움 테스트
> ㄷ. 로르샤흐 검사 ㄹ. WAIS-Ⅲ

① ㄱ, ㄷ
② ㄱ, ㄹ
③ ㄴ, ㄷ
④ ㄷ, ㄹ

17 ㄱ. 질문지법에 해당한다.
ㄹ. 지능검사에 해당한다.

18 피험자의 그림에 대한 반응을 통해 그의 성격 및 정서, 갈등, 콤플렉스 등을 이해할 수 있는 검사는?

① K-WAIS
② Rorschach Test
③ CPI
④ TAT

18 TAT : 주제통각검사
① 한국판 웩슬러 성인용 지능검사 (K-WAIS ; Wechsler Adult Intelligence Scale)
② 로르샤흐 검사(Rorschach test)
③ 캘리포니아 성격검사 (CPI ; California Personality Inventory)

정답 16 ② 17 ② 18 ④

당신이 할 수 있다고 생각하든, 할 수 없다고 생각하든, 그렇게 될 것이다.

– 헨리 포드 –

제10장

적응과 이상행동

- **제1절** 욕구좌절
- **제2절** 적응의 방법
- **제3절** 심리적 장애의 정의와 이론모형
- **제4절** 정신병
- **제5절** 신경증 장애
- **제6절** 성격장애
- **제7절** 심리치료법
- **실전예상문제**

실패하는 게 두려운 게 아니라, 노력하지 않는 게 두렵다.

– 마이클 조던 –

보다 깊이 있는 학습을 원하는 수험생들을 위한
시대에듀의 동영상 강의가 준비되어 있습니다.
www.sdedu.co.kr ➔ 회원가입(로그인) ➔ 강의 살펴보기

제10장 적응과 이상행동

제1절 욕구좌절

1 욕구좌절(Frustration)의 정의 및 원인 [중요]

(1) 욕구에 의해 동기화된 목적이 다른 조건(장애)에 의해 **저지**되었을 때 대신할 목표를 설정하거나 요구수준을 낮춘다. 그럼에도 불구하고 **당초의 목표를 포기할 수 없어 욕구불만이 지속되면 불쾌함과 불안·긴장**을 느끼는데 이런 상태를 욕구좌절이라고 한다.

(2) 욕구좌절의 원인
  ① 결핍
    ㉠ 외적 원인 : 욕구를 만족시킬 대상이 본래 존재하지 않는 것
      [예] 식량의 결핍, 친구가 가진 탐나는 물건 등
    ㉡ 내적 원인 : 욕구를 만족시키는 데 필요한 기능이 결여된 것
      [예] 신체적 결함, 능력의 결여 등
  ② 상실
    ㉠ 외적 원인 : 지금까지 존재하던 욕구만족의 대상을 잃는 것
      [예] 애인과의 이별, 실직 등
    ㉡ 내적 원인 : 지금까지 가지고 있던, 욕구만족에 필요한 기능을 잃는 것
      [예] 질병, 부상 등
  ③ 갈등
    ㉠ 외적 원인 : 외적인 장애로 심리적 갈등이 발생하는 것
      [예] 우천으로 야외 활동이 취소되는 경우
    ㉡ 내적 원인 : 양심이나 자기억제로 인해 본래의 욕구 사이에 갈등이 발생하는 것

2 갈등 [중요]

사람은 서로 상반되거나 양립할 수 없는 목표를 동시에 추구하기도 한다. 이러한 상태를 갈등상태(Conflict Situation)라고 하며 레빈(Lewin)은 이를 네 가지 형태로 나타내었다.

(1) 접근-접근 갈등 [기출 25]

양자의 선택이 모두 매력적이나 한 쪽을 선택할 경우 다른 한 쪽을 단념해야 하는 상황
예 집에 남아서 평소에 하고 싶었던 취미생활을 할 것인가, 야외에 나가서 기분전환을 할 것인가

(2) 회피-회피 갈등

양자의 선택이 모두 바람직하지 않지만 어느 한 쪽을 피하기 위해 다른 한 쪽을 선택하지 않을 수 없는 상황
예 어머니에게 야단맞고 싶지는 않으나, 방 정리는 하기 싫은 상황

(3) 접근-회피 갈등

동일한 대상이 긍정적인 요소와 부정적인 요소를 함께 가지는 경우 또는 긍정적인 대상에 도달하기 위해 부정적인 것을 거쳐야 하는 상황
예 주사를 맞지 않으면 감기가 낫지 않는 것

(4) 다중접근-회피 갈등

접근-회피 갈등이 확장된 것으로, 두 선택 대상이 각각 서로 다른 장점과 단점을 가지고 있는 경우에서 하나의 대상을 선택해야 하는 상황
예 비싼 새 집을 사거나 값싼 중고 집을 살지 고민하는 경우

제2절 적응의 방법

1 직접적 대처

(1) **대처(Coping)** : 자신이 인지한 스트레스 요인이 스트레스로 발전하지 않도록 해결하는 행동 양식을 말한다.

> **더 알아두기**
> - 스트레스 : 환경의 자극으로부터 발생하는 긴장 또는 피로상태를 말한다. 그리고 스트레스의 원인이 되는 자극을 스트레서(Stressor : 스트레스 요인)라고 한다.
> - 여러 가지 스트레스 요인
>   - 물리적·생물학적·화학적 요인 : 소음, 진동, 온도, 습도, 날씨, 악취 등
>   - 사회적 요인 : 사회적 역할(성역할·직무·부모 등), 인간관계 등
>   - 신체적 요인 : 생리적 욕구, 발열, 통증, 피로감 등
>   - 심리적 요인 : 두려움, 불안, 초조함, 열등감 등

- **셀리에(Selye)의 일반 적응 증후군**
  신체가 스트레스를 받는 유해한 상황에서 자신을 방어하려는 일반화된 시도를 일반 적응 증후군이라고 한다. 이 증후군은 세 단계(경고 반응–저항–소진)로 나타난다고 한다.
  ① 경고 반응 : 힘 극대화 및 활성화, 투쟁–도피 반응 준비, 단기적 반응
  ② 저항 : 스트레스원에 대한 적응, 지속 시 질병단계 발현
  ③ 소진 : 저항능력의 고갈, 질병 발생, 사망 가능

(2) 대처의 유형

대처는 문제 해결 대처와 정서 중심 대처로 크게 나눌 수 있다. 전자는 원인의 소재를 명확히 하고 정보를 수집, 해결책을 고안하여 환경 내지는 자기 자신을 적극적으로 변화시키려는 노력이며, 후자는 스트레스의 요인보다는 그로 인한 자신의 부정적인 정서를 경감시키는 것이다.

① **문제 해결 대처(적극행동형)**
   ㉠ 경험에 비추어 해결방법을 모색한다.
   ㉡ 문제를 해결하기 위해 적극적으로 행동한다.
   ㉢ 계획을 세우고 실행한다.
   ㉣ 상황을 바꾸어 자신에게 유리한 조건을 만든다.
   ㉤ 여러 가지 문제 해결 방법을 시도해 본다.
   ㉥ 자신이 바라는 바를 이루기 위해 노력한다.
   ㉦ 스스로를 바꾸어 문제를 해결하려 한다.
   ㉧ 전문가의 상담을 받고 그 지시에 따른다.

② **정서 중심 대처**
   ㉠ 잘 될 것이라고 믿고 지나치게 걱정하지 않는다.
   ㉡ 상황과 타협하여 직면한 상황 속에서 좋은 면을 찾는다.
   ㉢ 최선이 아니더라도 차선을 받아들인다.
   ㉣ 불쾌한 체험을 경험으로 삼는다.
   ㉤ 스포츠 등으로 기분전환을 한다.

③ **사회적 지지**
   ㉠ 친구와 상담한다.
   ㉡ 누군가에게 공감과 이해를 구한다.
   ㉢ 문제를 해결하는 데 도움을 줄 만한 사람에게 정보를 얻는다.

④ **회피**
   ㉠ 다른 사람에게 화풀이한다.
   ㉡ 먹는 것으로 긴장을 푼다.
   ㉢ 고비만 넘기면 괜찮아질 것이라고 생각한다.
   ㉣ 문제를 회피하지 못한 것을 후회한다.
   ㉤ 문제의 원인이 되는 사람에게 화를 낸다.

2 방어기제

(1) 불안이나 내적·외적 위험 또는 스트레스 요인에 대한 인식으로부터 자신의 마음을 지키는 심리적 과정이다. 프로이트의 심적 장치론을 배경으로 한다.

(2) 방어기제의 종류 중요 기출 25
① **억압** : 용납할 수 없는 생각과 감정, 기억 등을 부정하고 의식 밖으로 몰아내어 감정적 갈등이나 스트레스를 처리하는 기제
② **부정** : 의식하고 싶지 않은 욕구, 충동, 현실을 무의식적으로 부정함으로써 불안으로부터 보호하는 기제
③ **합리화** : 핑계를 대거나 다른 것에 책임을 전가함으로써 자신의 정당성을 확보하는 기제
④ **지성화** : 불안을 일으키는 감정을 의식화하지 않고 이성적으로 접근함으로써 정서의 혼란을 방지하는 기제
⑤ **격리** : 과거의 불쾌한 기억에 연관된 감정을 떼어내는 기제
⑥ **퇴행** : 무척 곤란한 상황에 직면했을 때 과거의 미숙했던 행동으로 돌아가는 기제
⑦ **동일시** : 타인이 가진 뛰어난 능력이나 실적을 자신의 것으로 하여 그것과 동일한 경향을 보이는 기제
⑧ **투사** : 자신을 억압하고 있는 생각과 감정을 다른 사람이 가지고 있는 것처럼 전가시키는 방어기제
⑨ **반동형성** : 억압하고 있는 생각이나 감정을 정반대의 것으로 대치함으로써 갈등과 스트레스를 처리하는 방어기제
⑩ **도피** : 갈등을 일으킬만한 상황을 회피함으로써 불안과 긴장, 공포로부터 자신을 지키고자 하는 기제
　예 약물남용
⑪ **치환** : 한 대상에 대한 느낌이나 반응을 덜 위협적인 다른 대상에게로 전이함으로써 감정적 갈등이나 내외적인 스트레스를 처리하는 기제
　예 상사로부터의 질책을 부하에게 화풀이하는 것
⑫ **보상** : 자신이 부족하다고 느끼는 감정을 다른 분야에서 성취하여 보상받으려는 방어기제
　예 나폴레옹 콤플렉스
⑬ **승화** : 성적 추동이나 공격 추동 등 사회적으로 용납되지 않는 욕구를 사회적으로 허용되는 형태로 표출하는 기제

> **더 알아두기**
>
> **방어기제의 유형**
> - 도피형 : 퇴행, 부정, 동일시
> - 대체형 : 반동형성, 승화, 치환
> - 기만형 : 억압, 투사, 주지화, 합리화

제3절 심리적 장애의 정의와 이론모형

1 심리적 장애의 정의와 준거

(1) 심리적 장애(Mental Disorder)는 심리에 따른 **이상행동**으로 말미암아 자신은 물론 타인의 행복한 삶을 저해하는 **빗나간 행동**으로 정의할 수 있다.

(2) **심리적 장애의 준거**
   ① **통계적 기준** : 심리검사 등에서 통계적 기준을 설정하여 정상 범위의 사람들이 벗어나는 행동을 하는 경우이다.
   ② **사회적 기준** : 사회적 규범에서 일탈하여 용인될 수 없는 행위로 사회의 문화적·지리적 특성에 따라 이상행동을 보는 기준이 다를 수 있다.
   ③ **주관적 기준** : 개인이 경험하는 심리적 고통의 정도로 정상과 비정상을 구분할 수 있다. 우울증, 불안장애 등을 예로 들 수 있다.
   ④ **전문적 기준** : 심리학적 평가나 정신과적 진단방법에 의한 판단으로 객관적인 기준에 따른다. 전문적인 교육과 훈련에 시간과 노력을 필요로 한다.

(3) **심리적 장애의 접근 모형**
   ① **의학적 접근** : 의학적인 입장에서 정신장애도 신체적 질환에 따른 증상으로 보는 입장이다.
   ② **정신분석적 접근** : 심리역동성의 모델로 정신장애를 무의식의 내적 갈등의 상징적 표출로 보는 입장이다.
   ③ **행동주의적 접근** : 정신장애를 경험과 학습을 통한 결과로 보는 입장이다. 따라서 우울증, 불안, 두려움 등도 학습의 원리를 통해 수정이 가능하다는 것이다.
   ④ **인본주의적 접근** : 인간을 본래 선하고 자아실현을 추구하는 능동적인 존재로 파악하고 자신의 문제를 스스로 직시하고 긍정적인 방향으로 대체해 가도록 이끌어야 한다는 입장이다.

(4) 심리장애의 분류 중요

① **세계보건기구(WHO)에 의한 국제질환분류**: WHO의 국제질병분류(ICD; International Classification of Diseases)의 10차 개정판(ICD-10)에 따르면 모든 질병 중에서 심리장애를 다음과 같이 분류하고 있다.

F00 ~ F09	증상성을 포함하는 기질성 정신장애
F10 ~ F19	정신활성물질 사용에 의한 정신 및 행동장애
F20 ~ F29	정신분열증, 정신분열형 및 망상장애
F30 ~ F39	기분장애
F40 ~ F48	신경증적 스트레스 관련 및 신체형 장애
F50 ~ F59	생리적 장애나 신체적 요인과 관련된 행동증후군
F60 ~ F69	성인인격 및 행동장애
F70 ~ F79	정신지체
F80 ~ F89	정신발달의 장애
F90 ~ F98	소아기 및 청소년기에 흔히 발생하는 행동 및 감성장애
F99 ~ F99	특정불능 정신장애(위의 분류에 속하지 않는 모든 장애)

② **미국정신의학회(APA)에 의한 분류**: APA의 정신질환 진단 및 통계 편람(Diagnostic and Statistical Manual of Mental Disorders)의 최신판인 DSM-5은 심리장애를 다음과 같이 분류한다.

1	신경 발달 장애
2	신경 인지 장애
3	일반적, 의학적 상태로 인한 정신 장애
4	물질 관련 및 중독 장애
5	정신분열 스펙트럼 및 기타 정신증적 장애
6	기분 장애
7	불안 장애, 강박 및 관련 장애, 외상 및 스트레스 사건 관련 장애
8	신체 증상 및 관련 장애
9	허위성 장애
10	해리성 장애
11	성기능 장애, 성도착 장애, 성 불편증
12	급식 및 섭식 장애
13	수면-각성 장애
14	파괴적 충동 통제 및 품행 장애
15	적응 장애
16	성격 장애

제4절 정신병

1 정신병(Psychosis)

넓은 뜻으로는 정신기능의 이상으로 일상생활과 사회생활에 지장을 초래하는 병적 상태를 가리킨다. 정신장애의 극히 일부를 지칭하는 좁은 개념으로 이해되기도 하는데 정신병의 정의는 일정하지 않다.

2 정신병의 원인 중요

(1) **내인성 정신병** : 원인은 분명하지 않으나 뇌의 기능 이상에 있다고 본다. 통합실조증(정신분열증)과 우울증 등이 해당한다.

(2) **외인성 정신병** : 신체질환이 원인이 되는 정신병
   ① **기질성** : 뇌의 이상에 의한 것으로 알츠하이머병이 대표적이다.
   ② **증상성** : 뇌 이외의 신체질환에 의한 정신질환으로 갑상선기능항진증에 따른 조울증을 예로 든다.
   ③ **중독성** : 체내에 약물이나 독물이 투여되어 생기는 질환으로, 알코올이나 각성제 등에 의한 정신장애가 이에 해당한다.

(3) **심인성 정신병** : 심리적 스트레스에 취약하여 정신질환을 일으키기 쉬운 환자의 성질에 따른 것으로 여겨진다. 심인반응, 신경증, 심신증 등으로 불린다.

3 정신병의 종류 중요

(1) **조현병(통합실조증, 정신분열증)** 기출 24, 23
   ① 마음의 병으로 발병률은 1%에 가까운 수준이며 환자는 10대와 20대의 젊은 층이 많다.
   ② 주된 증세로는 환각이나 **피해망상, 대인기피** 등이 있으며 개인의 일상과 사회생활에 심각한 지장을 가져온다.
   ③ 원인은 아직 확실하지 않으나 신경전달물질인 **도파민의 과다 분비**로 인한 뇌기능 장애와 학교·사회생활에서 오는 스트레스와 같은 사회적 요인 등을 들 수 있다.

(2) 조울증(양극성 장애)
① 기분이 들뜨는 조증과 기분이 가라앉는 우울증이 반복되는 질환으로, **양극성 장애**라고도 불린다.
② 정상인에 비해 감정의 기복이 지나치게 큰 것이 특징이다. 기분이 고양되었을 때에는 자기통제가 곤란하다가 우울증일 때에는 자기혐오에 빠지거나 장래를 비관하며 심한 경우는 자살을 시도하기도 한다.
③ 뇌의 신경전달 이상으로 발병하는 것으로 알려져 있으며, 약물치료가 주로 이루어진다.

(3) 우울증
① 각종 스트레스로 인해 만성적으로 기분이 우울하고 의욕이 저하되는 상태가 오랫동안 계속되는 질환이다.
② 일반적으로 시간이 경과하면서 평상심으로 돌아가지만 스트레스가 과도할 경우 우울증이 발병할 수 있다.
③ 우울증의 원인으로는 뇌의 신경전달물질(세로토닌, 노르아드레날린)의 작용 악화와 더불어 유전적, 환경적, 신체적 요인을 들 수 있다.
④ 같은 스트레스에도 특히 우울증으로 발전하는 사람은 대체로 성실·근면하고 주위의 평판이 좋은 사람일 가능성이 크며, 성장배경이나 교육환경 등에서도 원인을 찾을 수 있다.

제5절 신경증 장애

1 신경증 장애

신경증(Neurosis)이란 내적인 심리적 갈등과 외부로부터의 스트레스를 처리하는 과정에서 오는 어려움에서 심리적 긴장이 일어나는 장애를 가리킨다.

> **더 알아두기**
>
> **신경증과 정신병의 차이** 중요
>
> | 구분 | 정신병 | 신경증 |
> | --- | --- | --- |
> | 원인 | 뇌의 구조나 신경전달물질의 이상분비 등 기질성 | 심인성 |
> | 치료 | 약물치료 | 심리요법 |
> | 증상 | 현실을 분별하는 능력이 결여되어 정상적인 대화가 어려운 질환 | 불안과 공포에 시달리면서도 현실감각은 유지 |

2 신경증 장애의 유형 (중요)

(1) **불안장애** : 불안이란 명확한 대상을 가지지 않는 공포에 대한 감정으로, 지나치게 과민하거나 자기통제가 불가능한 경우 일상과 사회생활에 심각한 장애를 초래한다. DSM-5는 범불안장애, 특정공포증, 광장공포증, 사회불안장애(SAD ; Social Anxiety Disorder), 분리불안장애, 선택적 무언증, 공황장애를 불안장애로 지정하고 있다.

① **범불안장애** 기출 22 : 이유를 알 수 없는 불안과 걱정이 반년 이상 계속되는 상태를 보인다. 증상으로는 피로, 집중력 저하, 안절부절 못함, 수면방해 등이 있다.

② **공황장애** : 일상생활 속에서 갑작스런 호흡곤란, 떨림, 발한, 가슴통증, 어지러움 등의 증상을 호소하며 극심한 공포와 불안감에 휩싸인다.

③ **공포증** 기출 25 : 예상치 못한 상황이나 특정 대상에 공포심이 드는 것으로 광장공포, 고소공포, 사회공포(대인공포), 동물공포, 폐쇄공포 등을 들 수 있다.

④ **사회불안장애** : 다른 사람의 평가를 지나치게 의식하거나 주목을 끄는 행동을 하는 데 있어 극심한 불안과 고통을 느낌으로써 사회적 장면을 회피하게 되어 결과적으로 일상·사회생활에 지장을 초래하는 증상이다.

(2) **강박장애** : 하나의 생각이나 행동에 집착하여 무의미한 것을 알면서도 그것을 되풀이하는 증상이다. 손을 지나치게 자주 씻는 행위 등이 이에 해당한다.

(3) **신체증상 및 관련 장애(Somatic Symptoms and Related Disorders)**

① **전환장애(Convension Disorder)** : 일반적인 신체질환은 보이지 않지만 심리적 스트레스로 인해 팔다리를 쓰지 못하거나 눈이 보이지 않게 되는 등 신체감각이 기능하지 못하게 되는 증상이다.

② **건강염려증** : 사소한 신체적 증상을 과대 해석하여 큰 병에 걸렸다고 믿는 등 과도하게 건강에 집착하는 증상이다.

(4) **외상 후 스트레스 장애(PTSD ; Post Traumatic Stress Disorder)** : 전쟁, 재난, 사랑하는 이의 죽음 등 과거의 충격적인 경험이 이후의 삶에 반복적으로 재생되어 고통을 느끼는 질환이다.

(5) **해리성 장애(Dissociative Disorder)** : 의식이나 기억, 자기동일성, 지각 등이 상실되는 증상을 보이는 질환으로, 충격적인 사건 이후의 기억상실이나 다중인격, 종교에서의 빙의현상 등이 그 예이다.

제6절 성격장애

1 성격장애

성격장애란, 어린 시절부터 서서히 발전하여 청소년기 혹은 초기 성인기에 공고화된 개인의 병리적인 정서, 사고 및 행동을 나타낸다. 개인이 극단적으로 편향되고 일탈적인 성향과 행동으로 자신은 물론 주변 사람들에게 심각한 악영향을 끼침으로써 정상적인 생활에 지장을 초래하는 장애이다.

2 성격장애의 분류 중요

미국 정신의학회에서 사용하는 정신장애 진단 및 통계편람(DSM-5) 체계에서는 질적으로 분명하게 구분되는 성격범주를 가정하고 3개 범주(A군, B군, C군)하에 총 10개의 성격장애로 분류한다.

(1) A군 : 사회적으로 고립된 기이한 성격
   ① **편집증 성격장애** : 타인의 언행이 자신에 대한 악의와 비판으로 차 있다고 해석함
   ② **분열성 성격장애** : 타인에게는 전혀 관심을 보이지 않고 자신만의 세계에 몰두함
   ③ **분열형 성격장애** : 기이한 사고와 행동으로 사회적인 부적응을 초래함

(2) B군 기출 25 : 감정적이고 정서적으로 불안정하며 극적인 성격특성을 갖는 성격장애
   ① **반사회적 성격장애** : 양심의 가책이 결여되어 반사회적인 행동을 반복함
   ② **경계성 성격장애** : 타인에게 버림받는 것을 두려워하여 대상에게 집착함
   ③ **연극성 성격장애** : 자신이 늘 주인공이기를 바라며 칭찬을 받기 위해 지나치게 노력함
   ④ **자기애성 성격장애** : 자신의 능력을 과대평가하며, 타인을 질투하고 거만한 행동을 함

(3) C군 : 자신감 결여, 불안해하는 특성의 성격장애
   ① **회피성 성격장애** : 타인에게 거부당하거나 실패하는 것을 두려워하여 대인관계나 사회참여를 회피함
   ② **의존성 성격장애** : 주체성이 결여되어 타인에게 의지하거나 복종적임
   ③ **강박성 성격장애** : 완벽주의, 엄격한 기준, 자아비판 등에 집착하여 효율적이지 못함

제7절 심리치료법

1 심리치료란?

삶의 다양한 영역에서 심리적인 고통과 부적응을 경험하고 있는 내담자(환자)와 인간의 사고, 감정, 행동, 대인관계에 대한 심리학적 전문 지식을 갖춘 치료자 사이에서 벌어지는 일련의 협력적인 상호작용이다.

2 심리치료의 유형

(1) **인지 치료법** : 내담자가 지닌 정서적 불편함 혹은 행동문제들과 관련한 역기능적 사고를 탐색하고 상담자가 내담자와 협력해서 역기능적인 사고를 수정하여, 정서적 불편감 또는 행동문제들을 해결해 나가는 치료법으로 합리적-정서 치료도 이에 해당한다.

(2) **게슈탈트 치료법** : 내담자 스스로의 알아차림(자각)을 최우선적으로 다루며 상담자와 내담자의 관계에서 일어나는 지금-여기의 경험을 중심으로 내담자의 변화를 이끌어내는 치료 접근이다.

(3) **체계적 둔감법** : 행동 치료 기법의 하나로 특정 자극이나 상황에 대하여 강한 불안이나 공포를 나타내는 사람을 치료하기 위해 사용된다. 문제가 되는 불안이나 공포와 양립할 수 없는 근육 이완(과 같은 반응)을 문제가 되는 자극과 연합시켜 점점 더 강한 불안이나 공포를 일으키는 자극을 심상으로 유발시켜 나가는 치료법이다.

(4) **정신분석 치료법** : 내담자의 무의식을 의식화하고, 원초아와 초자아, 그리고 바깥 현실의 요구를 효과적으로 중재하도록 자아의 기능을 강화하는 것이다. 상담자는 내담자가 인지적인 통찰이 아닌 정서적인 통찰을 하도록 도와 깊은 수준에서의 변화가 일어나도록 돕는 치료법이다.

제10장 실전예상문제

01 접근-접근 갈등이란 선택지가 모두 자신에게 바람직하지만 그중 한 쪽만을 취하고 다른 한 쪽을 단념해야 하는 상황에 발생한다.
예 마음에 드는 두 사람에게 동시에 고백을 받았을 때

01 두 가지 이상의 목표가 모두 긍정적인 요소를 가지지만 어느 한 쪽을 선택하고 다른 한 쪽을 단념해야 할 때 생기는 갈등은?

① 회피-접근 갈등
② 접근-회피 갈등
③ 접근-접근 갈등
④ 회피-회피 갈등

02 접근-회피 갈등(Approach-Avoidance Conflict)이란 동일한 대상이 긍정적·부정적 요인을 모두 가지거나, 긍정적 요인을 가진 목표에 도달하기 위해서 부정적 요인을 가진 영역을 통과해야 할 경우에 발생한다.

02 아이스크림은 먹고 싶지만 살이 찌고 싶지 않은 것과 같이 동일한 대상이 긍정적·부정적 유인을 동시에 가질 때 생기는 갈등 유형은?

① 접근-회피 갈등
② 회피-회피 갈등
③ 접근-접근 갈등
④ 회피-접근 갈등

정답 01 ③ 02 ①

03 행동을 결정하는 여러 가지 요인이 서로 모순되면서 발생하는 갈등을 유형별로 나눈 학자는?

① 레빈
② 아들러
③ 반두라
④ 설리번

04 스트레스 대처방법 중 성격이 <u>다른</u> 하나는?

① 전문가의 상담을 받는다.
② 문헌을 조사하거나 인터넷에서 정보를 얻는다.
③ 상황과 타협하여 현상의 좋은 점을 찾는다.
④ 계획을 수립하여 실행에 옮긴다.

05 방어기제에 관한 설명 중 옳은 것은?

① 자신을 억압하고 있는 감정이 다른 사람에게 있다고 느끼는 것을 동일시라고 한다.
② 실제의 마음과 다른 말이나 행동을 하는 기제를 퇴행이라고 한다.
③ 고통스러운 감정이나 기억을 의식에서 몰아내려는 기제를 도피라고 한다.
④ 마음속에 있는 불만을 외부의 어떤 다른 것에 전이하는 기제를 치환이라고 한다.

03 행동을 결정하는 데 있어 복수의 선택지가 있는데 이들이 서로 모순된 내용을 담고 있을 경우 인간은 갈등(Conflict) 상태에 빠지게 된다. 미국의 심리학자 레빈(Lewin)은 이러한 갈등 상태를 다음의 네 가지 유형으로 분류하였다.
- 접근–접근 : 양자의 선택이 모두 바람직하지만 한 쪽만을 선택해야 하는 상태
- 회피–회피 : 양자의 선택이 모두 바람직하지 않지만 어느 한 쪽을 피하기 위해 다른 한 쪽을 해야 하는 상태
- 접근–회피 : 동일한 선택이 긍정·부정의 요소를 모두 가지거나 긍정적인 대상에 이르기 위해 부정적인 것을 거쳐야 하는 경우
- 다중접근–회피 : 접근–회피 갈등이 확장된 것으로, 두 선택 대상이 서로 다른 장단점을 가지고 있을 때 하나의 대상을 선택하는 경우

04 마음을 가다듬거나 사고를 바꿈으로써 스트레스에 대처하는 정서 중심 대처이다.
①·②·④는 직접 문제와 부딪히고 해결하기 위해 적극적으로 행동하는 문제 해결 대처이다.

05 ① 투사에 대한 설명이다. 타인의 뛰어난 능력을 자신이 가진 것처럼 느끼거나 그와 비슷한 행동을 하는 방어기제를 동일시라고 한다.
② 반동형성에 대한 설명이다. 퇴행이란 감당할 수 없는 곤란한 상황에 직면했을 때 미숙한 단계의 행동으로 역행하는 것을 말한다.
③ 격리에 대한 설명이다. 도피란 갈등이 일어나는 상황을 회피함으로써 불안과 긴장으로부터 자신을 보호하는 것이다.

정답 03 ① 04 ③ 05 ④

06 동경하는 대상의 생각·감정·행동을 무의식적으로 내면화하여 그와 동일해지고자 하는 심적 과정을 동일시라고 한다.

06 스타가 소지한 명품 가방을 구입하거나 그의 행동을 따라하는 방어기제는?

① 투사
② 동일시
③ 도피
④ 승화

07 자신은 받아들이기 힘든 욕망이나 감정을 상대방에게 '그가 그렇게 느끼고 있다'고 전가하는 것을 투사라고 한다. 자신을 포함한 누구나 미움이나 욕망과 같은 감정을 가질 수 있다는 것을 부정하면서 생기는 방어기제라 할 수 있다.

07 자신이 느끼는 감정(주로 부정적인)을 상대도 그렇게 느끼고 있다고 믿는 방어기제는?

① 도피
② 반동형성
③ 투사
④ 합리화

08 신 포도(Sour Grapes) 이론은 노력해도 획득할 수 없는 대상(사람, 물건, 지위 등)에 대하여 애써 가치를 두지 않거나 평가 절하함으로써 마음의 안정을 찾는 합리화의 예이다.

08 다음 내용은 방어기제 중 어느 것의 예라고 할 수 있는가?

> 어느 날 여우가 먹음직스러운 포도를 발견하였다. 여우는 포도를 따기 위해 몇 번이고 뛰어오르지만 무척 높은 곳에 달려있어 닿지 않았다. 결국 포도를 따지 못한 여우는 분한 마음에 "어차피 저 포도는 너무 시어서 따봤자 먹지 못해."라고 말하며 그 자리를 떠났다고 한다.

① 승화
② 도피
③ 합리화
④ 부정

정답 06 ② 07 ③ 08 ③

09 다음 내용과 관련된 방어기제는?

> '미운 자식 떡 하나 더 준다'

① 부정
② 반동형성
③ 합리화
④ 투사

09 반동형성(Reaction Formation)은 실제로 느끼는 부정적인 감정을 직접 표현하지 못하고 오히려 반대로 표현하는 것이다. 예를 들어 싫어하는 사람에게 애써 친절하게 대하는 것처럼 무의식적 바람이나 충동과 반대되는 행동을 하게 된다.

10 다음 중 심리적 장애에 대한 설명으로 바르지 않은 것은?

① 의학적인 관점에서 정신장애는 질환에 속하지 않는다.
② 사회적 규범에 비추어 용인될 수 없는 일탈된 행동이다.
③ 심리검사 등의 통계적 기준에 비추어 이에 벗어나는 행동을 말한다.
④ 심리적 장애란 자신은 물론 타인의 행복을 저해하는 빗나간 행동이다.

10 의학적인 관점에서 정신장애도 신체적 질환에 따른 증상으로 보며, 의학의 한 분야로서 정신의학은 각종 정신질환에 관한 진단, 치료, 연구를 담당한다.

11 다음 중 심리적 장애의 원인과 그로 인한 질환을 바르게 연결한 것은?

① 내인성 - 치매
② 심인성 - 알콜 의존증
③ 내인성 - 조울증
④ 외인성 - 정신분열증

11 전통적으로 정신의학에서는 심리장애의 원인을 외인·내인·심인으로 나누어 설명하였다.
- 외인성 : 뇌종양과 같이 뇌 자체의 변화, 신체의 질환에 따른 증상. 치매, 알코올·약물의존증 등
- 내인성 : 뇌의 기능장애(신경세포 작용의 불균형) 또는 유전적 요인에 의한 증상. 정신분열증, 조울증 등
- 심인성 : 심리적 스트레스, 성격, 환경이 관여하는 증상. 신경증, 공황장애 등

정답 09 ② 10 ① 11 ③

12 환각과 망상은 정신분열증의 대표적인 증상으로, 그 밖의 다른 심리질환에도 나타난다. 특히 정신분열증의 환각과 망상에는 일정한 특징이 있으며 이 두 가지 증상을 모두 양성증상이라고 한다.

12 다음 중 정신분열증(통합실조증)의 증상은?

① 의욕저하
② 저혈압
③ 환각, 망상
④ 표정이 어두움

13 신경증과 정신병의 차이
- 정신병은 기질성이나, 신경증은 심인성이다.
- 정신병은 약물치료가, 신경증은 심리요법이 주로 쓰인다.
- 정신병은 현실분별능력이 결여되나, 신경증은 증상을 자각하는 비교적 가벼운 심리장애이다.

13 다음 중 신경증에 대한 설명으로 옳은 것은?

① 약물치료가 주로 쓰인다.
② 정신기능의 이상으로 일상 또는 사회생활에 지장을 초래하는 병적 상태이다.
③ 뇌의 구조나 신경전달물질의 이상분비 등 기질성에 의한 증상이다.
④ 정신병과 달리 현실분별능력의 장애는 없다.

14 강박장애는 신경증으로 심리요법이 더 적절하다.

14 다음 중 강박장애에 대한 설명으로 틀린 것은?

① 강박장애의 특징으로는 강박관념과 강박행위를 들 수 있다.
② 무의미한 행동을 되풀이하는 행위를 강박행위라고 한다.
③ 수시로 손을 씻거나 청소하는 행위로 불안을 줄일 수 있다.
④ 본인이 자각하고 있다는 점에서 정신병과는 다르다.

정답 12 ③ 13 ④ 14 ③

15 다음 중 다중인격, 기억상실 등의 증상으로 설명되는 신경증 장애는?

① 성격장애
② 공황장애
③ 해리성 장애
④ 강박장애

15 해리성 장애(Dissociative Disorders)는 전쟁, 사고, 재해와 같은 충격적인 사건을 체험 또는 목격했을 때의 극도의 스트레스가 원인이 되어 인격의 동일성을 상실하는 장애이다.

16 다음과 같은 특징을 가진 성격장애를 고르면?

- 자신이 주목받는 상황이 아니면 즐겁지 않다.
- 경솔하고 변덕스러운 감정표출을 한다.
- 과장된 감정표현과 태도를 보인다.

① 분열성 성격장애
② 경계성 성격장애
③ 자기애성 성격장애
④ 연극성 성격장애

16 제시된 내용은 DSM-5에 따른 연극성 성격장애(Histrionic Personality Disorder)의 진단기준에 포함된 내용이다. 이와 같은 성격장애를 가진 사람은 지나치게 감정적이며 마치 연기를 하듯 과장된 언동으로 타인의 주의를 끌려고 한다.

정답   15 ③   16 ④

가장 큰 영광은 한 번도 실패하지 않음이 아니라
실패할 때마다 다시 일어서는 데에 있다.

- 공자 -

제11장

사회적 행동

- **제1절** 사회적 영향
- **제2절** 사회적 지각
- **제3절** 사회적 관계
- **제4절** 집단과정
- **실전예상문제**

어떤 것이 당신의 계획대로 되지 않는다고 해서 그것이 불필요한 것은 아니다.

— 토마스 에디슨 —

  보다 깊이 있는 학습을 원하는 수험생들을 위한
시대에듀의 동영상 강의가 준비되어 있습니다.
www.sdedu.co.kr → 회원가입(로그인) → 강의 살펴보기

제 11 장 사회적 행동

제1절 사회적 영향

1 태도변화

(1) 태도의 정의 및 구성요소 중요

① 대상에 대하여 일정한 방식으로 반응하는 경향으로, 후천적으로 여러 가지 경험과 학습을 통해 형성된다(Allport의 정의).

② **태도의 기능** : 독일의 심리학자 카츠(Katz)는 개인이 사회생활에 적응하는 데 있어서 필요한 태도의 여러 가지 기능을 제시하였다.
  ㉠ 적응 기능 : 보상은 극대화하고 벌은 최소화하는 행동을 함으로써 환경에 적응하도록 하는 기능
  ㉡ 자아방어 기능 : 바람직하지 않은 자신의 모습을 직시하는 고통으로부터 자아를 보호하는 기능
  ㉢ 가치표현 기능 : 자기개념의 타당성을 확인하고 자존감을 높이는 기능
  ㉣ 지식 기능 : 하나의 입장을 취함으로써 복잡한 사회를 이해하고 효과적으로 대처하도록 판단하는 기능

> **체크 포인트**
> 태도란 인간의 행동을 예측하고 설명하기 위해 고안된 가설적 구성개념이다.

③ **태도의 구성요소**
  ㉠ 인지적 요소 : 경험과 학습을 통해 얻은 지식·개념·신념
  ㉡ 감정적 요소 : 대상에 대한 정서적인 반응으로서 좋고 싫음 등의 단순한 평가
  ㉢ 행동적 요소 : 어느 대상에 대하여 특정 행동을 하려는 경향으로 수용 - 거절, 접근 - 회피 등 구체적으로 보이는 움직임

④ **인지부조화이론** 중요 기출 24, 23
  ㉠ 부조화란 욕구불만 또는 자신의 감정과 신념 등의 인지요소가 또 다른 인지요소와 대립함으로써 나타나는 심리적 긴장상태를 뜻한다. 인지의 부조화에서 오는 불쾌감을 회피하기 위해 자신의 행동·태도와 새로운 인지요소 중 어느 한 쪽을 부정함으로써 모순을 제거하고자 하는 경향이다.
  ㉡ 애연가가 담배를 피우면 폐암에 걸릴 위험이 있다는 사실을 알았을 때 행동과 사실의 모순을 극복하고자 담배를 끊거나 폐암에 대한 정보를 부정하고자 한다.
  ㉢ 부조화에서 오는 불쾌감은 신념의 크기에 비례한다.
    • 참전용사는 반전론에 인지적 부조화를 일으킨다.
    • 종교의 신봉자는 무신론에 인지적 부조화를 일으킨다.

ⓔ 개인의 현재 모습은 그 사람의 과거경험의 연장이므로 과거의 행동을 부정하여 지금까지의 인생을 부정하기보다 새로운 사실을 부정하려는 경향을 보이게 된다.

(2) 태도변화(Attitude Change) 중요

지속적인 행동의 준비상태인 태도가 **학습·경험을 통해 단기적 또는 장기적으로 변화**하는 것을 태도변화라고 한다. 설득은 언어를 수단으로 한 표적인물에 대한 태도변화의 시도라고 할 수 있으며, 이를 설득 커뮤니케이션이라고 한다.

① 설득의 효과에 영향을 주는 요인
  ㉠ 신빙성 : 일반적으로 송신자(설득자)가 신빙성(전문성)을 가질 경우 설득의 효과가 크다. 송신자의 신빙성이 낮더라도 나중에는 설득의 효과가 커지기도 하는데, 이는 시간이 흐르면서 송신자의 신빙성에 대한 기억과 설득내용에 대한 기억이 분리되기 때문이며 이를 **슬리퍼 효과**라고 한다.
  ㉡ 일면 메시지와 양면 메시지 : 수신자가 정보에 대한 지식이 없을 경우에는 긍정적인 메시지만을 제시하는 일면 메시지가 효과가 크다. 반면 수신자가 내용에 대하여 여러 가지 지식·정보를 가질 경우에는 양면 메시지(긍정, 부정)가 효과적이다.
  ㉢ 적당한 공포 유발 : 적당한 공포의 환기는 효과적일 수도 있으나 공포의 정도가 지나치면 수신자의 반감이나 정보에 대한 거부로 이어질 수 있다.
  ㉣ 설득 의도의 유무 : 설득하려는 송신자의 의도를 수신자가 명확히 인식할 경우 이에 대한 반발심으로 태도변화를 일으키기 어려워진다.

② 승낙을 얻어내는 방법 중요
  ㉠ 문간에 발 들여놓기 효과(Foot in the Door) 기출 22 : 처음에는 작은 요청부터 시작하여 그보다 큰 본래의 목적을 승낙시키는 방법이다.
  ㉡ 면전에서 문 닫기 효과(Door in the Face) : 먼저 누구나 거절할만한 요청을 하여 거절당한 후 다음으로 본래의 목적을 요청하여 승낙시키는 방법이다. 송신자가 먼저 양보를 보임으로써 수신자도 양보하지 않을 수 없는 분위기를 만들어 승낙할 가능성을 높이는 것이다.
  ㉢ 낮은 공 기법(Low Ball Technique) : 좋은 조건을 달아 승낙하게 한 다음 이유를 들어 그 조건을 거두어도 수신자는 일단 승낙한 사안을 번복하기 어렵게 된다.

2 동조

(1) 동조현상 중요 기출 24, 23

① 동조는 타인이나 집단의 기준, 가치관, 기대에 순응하여 행동하는 것을 가리킨다. 동조현상은 사회심리학의 용어로 다수의 의견이 어느 한 방향으로만 쏠리는 현상을 뜻한다.
② **동조압력** : 직장이나 학급과 같은 특정 집단에서 의사결정을 할 때 소수 의견을 가진 이에 대하여 암묵적으로 다수의 의견에 따를 것을 강요하는 것이다.

③ **자기검열** : 아무도 강제하지 않지만 다수의 의견에 반함으로써 따르는 위협을 피할 목적으로 자기의 의견을 스스로 검열하는 행위이다.
④ 다수(Majority)의 동조행동이 형성될 때는 필연적으로 소수를 제압하는 **집단역학**(Group Dynamics)이 작용한다.

> **더 알아두기**
>
> **애쉬(Asch)의 실험**
> - 실험의 경과 : 8명을 대상으로 〈보기〉로 제시한 선분과 같은 길이의 선분을 선택지에서 고르는 실험을 하였다. 8명 중 진짜 피험자는 오직 한 명이며 나머지 7명은 일부러 오답을 고르도록 섭외된 실험 도우미들이다. 답은 누가 보아도 자명하지만 7명 전원이 오답을 내자 피험자도 이에 동조하여 역시 오답을 내었다.
> - 결과 : 다수가 일치된 행동을 보일 때 소수에 대한 통일성의 압박이 발생하여 동조가 쉽게 일어나는 것을 알 수 있다.

(2) 동조의 원인 중요

① 다수의 의견을 따르지 않을 경우 귀속집단으로부터의 배제·징벌을 피하고자 하는 자기방어적인 의식이 작용한다고 할 수 있다.
② **규범의 영향** : 타자의 반응과 기대를 의식하여 그(들)의 승낙을 얻거나 거절을 피하기 위한 동조이다.

> **체크 포인트**
> 규범이란 집단 안에서 적절하다고 받아들여지는 행동이나 태도의 기준을 말한다.

③ **정보의 영향** : 타자로부터의 정보를 자신의 의견이나 판단의 근거로 받아들이는 동조이다.
④ 가족이나 애인과 같은 친밀한 사이에서도 동조가 발생한다. 소중한 사람에게 거부당하고 싶지 않은 승인 욕구, 친화 욕구와 관련이 있다고 할 수 있다.

(3) 동조의 유형

① **표면적 동조** : 그 상황만을 모면하고자 본심을 감추고 다수자에게 동조하는 것
② **내면적 동조** : 다수자와 친밀한 타인의 주장·행동을 받아들여 찬동하는 것

> **더 알아두기**
>
> **동조행동이 일어나기 쉬운 사람** 기출 25, 21
> - 자신보다 다른 사람의 능력이 뛰어나다고 느끼는 사람
> - 친화동기가 높은 사람
> - 자기에 대한 확신과 자신감이 부족한 사람
> - 집단에서의 지위가 낮은 사람
> - 자신 이외에 같은 의견을 가진 사람이 없는 사람

3 복종

권위자의 명령과 같은 사회적 압력에 굴하여 자신이 생각하는 바와 다른 방향으로 변용하는 것이다. 권위에 대한 복종을 잘 보여주는 실험으로 밀그램(Milgram)의 실험이 유명하다.

(1) 밀그램의 복종실험(1974) 중요 기출 24
① **실험의 취지** : '합법적 권위가 보통 사람에게 다른 사람을 위해 하도록 명령했을 때 그들은 과연 따를 것인가'를 알아보고자 하였다.
② **실험방법** : 연구자(합법적 권위를 가진 사람)가 피실험자들에게 다른 피실험자(사실은 연구자의 도우미)가 철자암기퀴즈에서 실수했을 경우, 전기충격을 가하도록 명령을 하고 그들의 반응을 관찰한다.
③ **결과** : 대부분의 사람들은 자신의 의지로 다른 사람에게 위해를 가하지는 않지만, 권위자의 명령을 받았을 경우에는 그것을 맹목적으로 따를 수 있음을 보여주었다.

(2) 복종의 원인
① 복종이 성립하는 원인으로 **권위자로부터의 처벌에 대한 두려움** 또는 권위자에게 **책임전가**(명령에 따랐을 뿐이다)를 할 수 있는 점을 들 수 있다.
② 흰 가운이나 박사와 같은 직함 등은 권위자라는 확신이 들게 하여 복종을 성립하게 한다.
③ 명령을 따르는 개인에게 책임을 지우거나 권위자의 그 권위에도 한계가 있음을 명확히 함으로써 복종을 억제할 수 있다.

제2절 사회적 지각

1 인상형성

용모·몸짓·목소리 등 제한된 특성을 통합하여 타인의 인물됨에 대한 전반적인 평가가 내려지는 것을 **인상형성**(Impression Formation)이라고 한다.

(1) 인상형성의 정보통합이론 : 각각의 특성들을 통합하여 인상을 설명하는 법칙
   ① **가산법칙** : 상대에 대한 특성 하나하나가 단순 합산되어 인상이 규정된다는 법칙
   ② **평균법칙** : 특성들의 단순 합산이 아닌 평가치의 평균에 의해 인상이 규정된다는 법칙
   ③ **가중 평균법칙** : 특성들 중 특정 정보가 인상형성에 큰 비중을 차지한다는 법칙

(2) 인상형성의 형태주의 이론 〔중요〕
   ① **중심특성과 주변특성** : 전반적인 인상을 형성하는 데 여러 성격특성이 균등하게 작용하지는 않는다. '온화한', '차가운'과 같은 중심적인 기능을 하는 **중심특성**과 그렇지 않은 **주변특성**으로 나뉜다.
   ② **초두효과** : 첫인상에서 받은 정보가 그 사람의 전체적인 인상으로 굳어지는 효과로 이후에 부정적인 정보가 나타나더라도 이미 형성된 인상에 맞추어 달리 해석된다.
   ③ **신근효과** : 가장 마지막에 얻은 정보가 인상을 판단하는 데 있어 큰 역할을 하는 것이다.

> **체크 포인트**
> 인상은 정보들의 단순 총합이 아닌 그것들을 통합하는 전체(게슈탈트)로서 성립한다는 이론이다.

(3) 인상형성의 왜곡 또는 편향 〔중요〕
   ① **후광효과**(Halo Effect) : 어떤 개인을 평가할 때 하나의 특성에 대한 좋고 나쁨의 평가가 그 사람의 다른 측면에 대한 평가에 영향을 주는 것이다.
   ② **부정적 편향**(Negative Bias) : 한 사람을 평가하는 데 있어 긍정적인 정보와 부정적인 정보가 함께 있을 때 부정적인 쪽이 전체적인 인상을 좌우하는 것이다.
   ③ **피그말리온 효과**(Pygmalion Effect) : 어떤 사람에 대한 기대가 그 사람이 성장하고 능력을 발휘하는 데 영향을 주는 효과이다. 특히 학생에 대한 교사의 기대와 같은 교육적인 장면에서 나타난다.
   ④ **고정관념**(Stereo Type) : 특정 집단이나 대상을 지나치게 단순화·획일화함으로써 고착된 개념이나 이미지이다. 실제를 정확하게 반영하지 않아 감정적이거나 왜곡된 요소를 포함한다. 〔기출〕 21

2 귀인 기출 24

타인의 행동에 관한 외부단서라는 간접 정보를 통하여 그 행동의 원인을 추론하는 인지과정이다.

(1) 와이너(Weiner)의 귀인이론 중요
① 와이너는 귀인이론(Attribution Theory)을 통해 성공 혹은 실패의 원인은 개인이 어떻게 인지하는지에 따라 동기가 결정된다고 가정한다.
② **원인의 소재 차원** : 원인을 행위자의 내면에 두는지 외부요인에 두는지의 차원
  ㉠ 내적 귀인 : 행동의 원인을 당사자의 내적 요인(능력, 노력)에 두는 것
  ㉡ 외적 귀인 : 행동의 원인을 외적 요인(과제의 난이도, 운, 곤란한 환경)에 두는 것
③ **원인의 안정성 차원** : 원인이 변동할 수 있는 것인지 항상성을 가진 것인지의 차원
  ㉠ 안정적인 원인 : 능력, 학습과제의 난이도
  ㉡ 불안정적인 원인 : 운, 노력
④ **통제가능성의 차원** : 행동주체의 의지와 노력으로 원인을 변화시킬 수 있는지 과제의 어려움, 운과 같이 스스로가 통제할 수 없는지의 차원

> **더 알아두기**
>
> 귀인과 각 차원의 관계
>
> | 안정성 \ 원인의 위치 | 내적 원인 | 외적 원인 |
> | --- | --- | --- |
> | 안정 | 능력 | 과제의 어려움 |
> | 불안정 | 노력 | 운 |

(2) 켈리(Kelley)의 공변원리 중요
① **일관성** : 때와 상황에 관계 없이 그 사람의 반응이 일관되어 있는가?
② **특이성** : 그 사람이 다른 상황(대상)에 대해서 같은 반응을 하는가?
③ **일치성** : 다른 사람들도 그 사람과 같은 반응을 하는가?

> **체크 포인트**
>
> 일관성, 특이성, 일치성의 세 가지 기준이 모두 높을 경우 대상에 원인을 두는 외부귀인을 하게 되고, 일관성만이 높은 경우에는 행위자의 내부귀인을 하게 된다.

(3) 귀인의 편향 `중요` `기출` 25, 23, 21

① **근본적(기본적) 귀인 오류** : 사회적 행동의 원인을 추측할 때 상황이나 환경과 같은 외적 요인은 충분히 고려하지 않고 귀속이 행위자의 특성이라는 내적 요인에만 치우치는 경향이다.
② **이기적 편향(자기 고양 편파)** : 성공은 자신의 내부귀인으로, 실패는 외부귀인으로 돌려 환경이나 다른 사람을 탓하는 편향이다. 이기적 편향은 자존심을 지켜야 하는 상황에서 주로 나타난다.
③ **행위자-관찰자 편향** : 동일한 행동에 대하여 타인의 행동은 내적인 원인이 있다고 파악하고, 행위자 자신의 행동은 외적인 원인에 있다고 파악한다.
④ **확증편향** : 자신의 가치관, 기대, 신념, 판단에 부합하는 확증적인 정보만을 선택적으로 인지하고 일치하지 않는 정보는 무시하는 편향된 현실인식 방식이다.

제3절 사회적 관계

1 친교대상자의 선택요인 `기출` 25

(1) **대인매력(Interpersonal Attention)** : 주위 사람들이 자신에게 느끼는 긍정적(호의, 존경 등) 태도 `중요`

① **친숙성**
  ㉠ 단순히 접촉하는 횟수가 많을수록 호감이 많이 가는 현상을 **단순접촉효과(Mere Exposure Effect)** 라고 한다.
  ㉡ 초면에는 긴장이 되지만 대면하는 횟수가 거듭될수록 긴장감은 사라지고 점차 좋은 인상이 형성된다.
② **근접성** : 부담(시간, 비용, 수고로움)이 가는 멀리 떨어진 사람보다는 가까이 있는 사람과 더 쉽게 친해진다.
③ **유사성** : 사람들은 자신과 비슷한 사람과 친교를 맺고 싶어 하는 경향이 있다. 유사성에는 외모, 출신지, 생활양식, 가치관 등 어떤 공통점이든 상관 없다.
④ **보상** : 사람은 자신의 부족한 점을 채워주거나 원조해주는 사람에게 호감을 느끼며, 자신의 욕구를 저지하거나 행동을 방해하는 사람에게 혐오감을 느낀다.
  ㉠ 상호성 원리 : 자신에게 호의를 갖거나 긍정적으로 평가해주는 타인을 좋아하는 경향을 말한다. 보통 인간은 누군가에게 인정받고 후한 평가를 받고자 하는 욕구가 있기 때문에 이를 충족해주는 사람에게 호감을 가진다는 것이다.
  ㉡ 자존이론 : 자신감을 잃고 실의에 빠져있을 때 자신을 인정해주는 사람에게 끌린다.
  ㉢ 득실이론 : 처음에는 호의적이지 않다가 나중에 호의를 보이는 사람을 더욱 좋아하며, 처음에는 호의적이다가 나중에 호의를 보이지 않는 사람을 더욱 싫어하게 된다는 원리이다.

⑤ 하이더(Heider)의 인지적 균형이론(Cognitive Balance Theory)
P(나)는 X(대상)에게 부정적인 감정을 가지며, O(타자)도 X에게 부정적인 감정을 가지면 P와 O는 서로 호감을 가지게 된다는 이론이다. 즉 공공의 적이 두 사람을 가깝게 만드는 것이다.

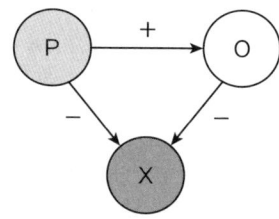

⑥ 신체적 매력
  ㉠ 사람들은 보통 첫 만남에서 상대의 키, 얼굴과 같은 신체적 특징과 옷차림, 말투 등 외모에서 오는 매력에 주목한다.
  ㉡ 겉맞추기 원리(Matching Principle) : 월스터(Walster)의 연애관계에 관한 가설로 배우자를 선택할 때 자신의 외모와 비교해 적정한 수준의 짝을 선호한다는 이론이다. 이유로는 자신보다 월등히 외모가 아름다울 경우 거절당할 가능성이 높으므로 현실적 수준의 이성을 선택한다는 것이다.

⑦ 인격적 매력
  ㉠ 매사에 긍정적인 사람, 다른 사람을 배려하고 다정한 사람은 호감을 갖게 한다.
  ㉡ 완벽한 사람보다는 조금은 실수하는 사람이 인간미를 느끼게 한다.

2 친교관계의 형성과 유지

(1) 자기개방 중요

① 친교관계의 형성은 우선 자신이 무슨 생각을 하며 어떻게 느끼는지를 다른 사람에게 알리는 데서 시작된다. 그 사람이 어떤 사람인지 알지 못하면 다가가도 될지 멀리해야 할지를 알 수 없기 때문인데, 이러한 자기정보를 알리는 행위를 **자기개방(Self-Disclosure)**이라고 한다.
② **자기개방의 상호성** : 자신의 개인적인 정보를 꾸밈없이 보이면 상대방도 그에 상응하는 자기개방으로 돌려주는 경향이다. 초면에는 업무와 공통의 지인에 대한 이야기로 상대에 대한 정보를 모으고, 만남의 횟수를 늘리며 더 깊은 자기개방을 함으로써 친분을 쌓는 것이다.

(2) 사회적 침투이론

알트만(Altman)과 테일러(Taylor)는 개인과 개인이 만나 관계가 진전된다는 것을 두 사람의 상호작용이 성격의 주변부로 스며들어 서로 상대의 중심으로 침투해가는 과정으로 보았으며 이를 **사회적 침투이론(Social Penetration Theory)**이라고 한다. 사회적 침투는 '지향단계 → 탐색적 감정교환 단계 → 감정교환 단계 → 안정적 교환단계'를 거친다.

(3) 사회교환이론 중요

사회교환이론(Social Exchange Theory)이란 대인관계는 보수와 비용의 교환으로 이루어진다는 개념이다. 보수는 교제 속에서 얻는 모든 자극을, 비용은 교제를 하는 데 드는 시간과 수고로움을 의미하는 것으로 Give & Take와 같은 비즈니스적인 이해관계에 따라 인간관계가 성립된다는 것이다.

제4절 집단과정

1 지도력

집단의 목적을 달성하기 위한 집단의 활동에 영향력을 행사하는 과정으로 정의되며, 주로 집단의 지도자가 발휘하는 영향력을 가리킨다. 지도력에 대한 연구는 관점에 따라 다음의 세 단계로 나눌 수 있다.

(1) 특질이론(Traits Theory)
① 탁월한 지도력은 지도자의 특성에서 나온다는 개념으로, 뛰어난 지도자들의 공통된 자질이나 특성을 탐구하는 것을 연구목적으로 한다. 지도자의 나이, 신장, 체중 등의 외모와 성격적 특성을 유능한 지도자를 가리는 개인적 자질로 삼는다.
② **한계** : 지도자의 특성과 지도력 발휘 사이의 상관관계를 충분히 설명할 수 없다는 점에서 한계를 드러낸다.

(2) 행동이론(Behavioral Theory) 중요
① 타인에게 영향력을 주는 사람에게 공통적으로 나타나는 행동유형으로서 지도력을 정의하고자 하는 이론이다. 집단의 생산성과 구성원의 만족을 높이는 지도력을 규명하는 데 연구의 초점을 두고 지도력을 과제 달성과 인간관계의 두 가지 기능의 측면에서 설명한다는 특징이 있다.
② **행동유형이론의 대표적인 이론**
  ㉠ 리커트(Likert)의 관리모형
    미시간 연구라고도 불리는 리커트의 연구는 조직 관리에서의 지도력을 다음의 네 가지로 분류하였다.
    - 착취적 권위형 : 부하를 신뢰하지 않으며 의사결정에 참여시키지 않는다. 리더와 부하와의 상호관계는 거의 이루어지지 않으며 조직의 통제기능은 상부에 집중된다. → **철저한 과제 지향**
    - 온정적 권위형 : 부하를 어느 정도 신뢰하고 미리 정해진 범위에서는 부하에게 결정권을 주지만 대부분의 의사결정·목표 설정은 상부에서 이루어진다. → **과제 지향**

- 협의형 : 리더는 부하를 상당히 신뢰하며 쌍방향의 소통이 이루어진다. 기본적인 방침이나 큰 틀에서의 결정권은 상부에 있으나 구체적인 문제는 부하에게 권한을 위임한다. → **과제 지향 = 인간관계 지향**
- 민주주의형 : 리더는 부하를 전적으로 신뢰하며, 조직의 의사결정에 조직 전체의 참여를 인정한다. 조직에서의 평가와 통제는 모든 계층에서 이루어진다. → **인간관계 지향**

ⓒ 오하이오 대학의 연구
- 구조주도 행동 : 조직이 확실한 성과를 낼 수 있도록 부하를 지도하고 관리한다.
- 배려 행동 : 부하의 업무를 공정히 평가하고 모든 부하를 평등하게 다룬다. 부하와 우호적인 관계를 이룬다.

ⓒ 아이오와 대학의 연구
- 전제형 리더십 : 단기적으로는 높은 생산성을 올릴 수 있으나 장기적으로는 구성원 간에 불신감이 형성되므로 효과적이지 않다.
- 민주형 리더십 : 단기적으로는 전제형 리더십보다 생산성은 낮으나 구성원 간의 우호적인 분위기가 조성되어 결속력이 올라가므로 장기적으로는 생산성을 높일 수 있다.
- 방임형 리더십 : 리더가 집단이 행하는 활동에 관여하지 않으므로 조직의 결속력, 구성원의 사기, 업무의 양과 질 등이 가장 낮다.

(3) 상황적합이론 [중요]

① 모든 상황에 가장 적합한 지도력은 존재하지 않으며, 조직의 특성이나 상황에 따라 필요로 하는 지도력이 다르다는 이론이다.

② **피들러(Fiedler)의 상황이론 - 지도력을 좌우하는 요인**
ⓐ 리더와 부하 사이의 대인관계의 상황
ⓑ 업무 수행의 절차가 구조화된 정도
ⓒ 리더가 가진 업무상 권한의 크기

③ **리더십상황이론** : 허시(Hersey)와 블랜차드(Blanchard)는 부하의 업무적 성숙도와 의욕의 정도에 따라 적절한 리더를 다음과 같이 분류하였다.
ⓐ **지시적 리더**(업무 지향↑, 관계 지향↓) : 구체적으로 지시하고 감독 → 부하의 성숙도가 낮은 경우
ⓑ **설득적 리더**(업무 지향↑, 관계 지향↑) : 결정된 사항을 이해시키고 의문점에 대응 → 부하가 능력은 다소 부족하나 의욕이 있는 경우
ⓒ **참여적 리더**(업무 지향↓, 관계 지향↑) : 쌍방향 소통 및 의사결정 참여 → 부하가 능력은 있으나 의욕이 떨어지는 경우
ⓓ **위임적 리더**(업무 지향↓, 관계 지향↓) : 업무수행의 책임을 부하에게 위임 → 부하가 능력과 의욕이 모두 높아 자립성을 갖춘 경우

2 집단과 작업

(1) 집단의 형성 〔중요〕

① 집단은 공동의 목표를 공유하는 둘 이상의 상호의존적인 개인들의 집합체라고 정의할 수 있다.

② **집단의 특징**
  ㉠ 집단은 **상호 영향력을 주고받는 둘 이상의 개인**으로 구성된다.
  ㉡ 집단의 구성원은 **공동의 목표**를 공유하고 집단은 이를 달성하기 위해 형성된다.
  ㉢ 집단의 구성원은 외부 사람들과 구별된 집단의 일원으로 인식한다.
  ㉣ 집단은 집단의 규범과 가치관에 있어 **동일성**을 가진다.

③ **집단의 구성요소**
  ㉠ 집단응집성 : 집단이 구성원들에게 매력을 느끼게 하여 집단의 일원으로 계속 남도록 하는 동기부여의 정도이다. 집단응집성이 높을수록 집단규범의 구속력이 강화되어 성과가 올라간다.
  ㉡ 집단목표와 리더십 : 집단이 바람직한 상태로서 정한 목표를 집단목표라 하며, 이를 달성하기 위해 원조하는 행위를 리더십이라고 한다.
  ㉢ 집단압력 : 구성원들의 사고, 지향, 행동 등을 유사하거나 동일하게끔 하는 힘을 말한다.
  ㉣ 집단규범 : 집단의 구성원들이 공유하는 판단의 기준으로, 명확한 집단규범에는 강한 집단 압력이 따른다.

④ **집단을 형성하는 이유**
  ㉠ 집단의 목표를 달성하는 활동을 함으로써 개인의 목표와 가치를 실현할 수 있다.
  ㉡ 목표달성을 위한 원조를 얻음으로써 혼자 작업하는 것보다 좋은 성과를 얻을 수 있다.
  ㉢ 혼자서는 얻기 힘든 지식과 정보를 입수할 수 있다.
  ㉣ 신변의 안전과 사회적인 정체성을 확보할 수 있다.

(2) 집단과 개인 〔중요〕

① **사회적 촉진** : 함께 작업하는 타인의 존재가 자극이 되어 같은 작업을 혼자 할 때보다 능률이 올라가는 현상이다.
  ㉠ 사회적 촉진의 원인 : 타인의 존재가 개인의 **추동수준**(Arousal Level)을 높여 과업을 수행하는 능력을 촉진시킨다. 같은 작업을 하는 타인은 물론 단지 누군가가 보고 있다는 이유로 사회적 촉진이 일어나기도 하는데 이를 **관찰자 효과**라고 한다.
  ㉡ 사회적 억제 : 개인이 학습되지 않거나 복잡한 작업을 수행하는 데 있어 타인의 존재에 의하여 수행 능률이 떨어지는 현상을 말한다. 익숙하지 않은 과제일 경우 타인에게 자신의 능력을 평가받는다는 부담감이 원인이 되어 작업 수행능력이 낮아지며 억제가 일어나기 쉽다.

② **사회적 태만** 〔기출〕 21
  ㉠ 같은 작업을 하는 타인이 많을수록 한 사람이 수행하는 작업량이 감소하는 현상이다.
  ㉡ 사회적 태만의 원인
    • 책임의 분산 : 요청이나 명령이 집단에 내려졌을 때 개인이 느끼는 책임감의 정도가 작아진다. 집단의 규모가 클수록 그 정도가 심하다.

제4절 집단과정 **211**

- 개인의 공헌도 측정 곤란 : 집단이 클수록 자신이 집단의 성적에 얼마만큼 공헌하는지에 대한 확인이 애매해지므로 의욕이 저하된다.
- 노력의 무가치성 : 자신의 노력은 집단에 기여하지 못할 것이라는 사고가 집단에 대한 동기부여를 떨어뜨린다.
- 집단으로 과제를 수행할 때 다른 구성원의 의욕 정도를 판단한 후 이에 맞추려는 경향이 있다.

③ 군중심리
㉠ 익명성 : 군중 속의 한 사람이 됨으로써 자기의식이 약화되는 현상이다. 군중 속에서의 행동은 자기 자신의 행동이 아닌 군중 속 누군가의 행동이 됨으로써 책임소재가 불분명해진다. 냉철한 사람이라도 군중 속에 놓이면 분위기에 휩쓸려 타인의 생각이나 감정에 따라 행동하게 된다.
㉡ 일체감 : 자신과 같은 생각을 공유한 사람들이 다수 모이면 흥분이 되고 용기가 생긴다.
㉢ 군중심리의 좋은 예와 나쁜 예
- 좋은 예 : 스포츠 관람이나 야외활동 중 무리 속에 섞여 평소에는 창피해하던 화려한 응원전을 펼칠 수 있다.
- 나쁜 예 : 폭도, 약탈, 집단린치 등

> **더 알아두기**
>
> **몰개인화**
> 집단소속, 익명성, 책임감 상실, 흥분 등으로 인해 자신의 정체를 상실하여 개인이 자신의 가치나 행동에 주의를 덜 기울이게 되고 비전형적인 행동을 하게 되는 상태

(3) 집단의사결정 중요

① 여러 사람이 합의를 통해 공통의 결정을 내리는 것으로, **구성원 간의 합의 형성을 위한 직접적인 상호작용**을 전제로 한다.
② **집단사고** 기출 25 : 집단의 합의과정에서 불합리하거나 위험한 의사결정이 이루어지는 것이다. 집단 속에서 의견의 일치를 추구하는 과정에서 **다른 구성원의 비판적 사고를 차단**하고, 극단적인 낙관주의와 타 집단의 멸시, 편견으로 인해 집단의결의 질이 저하된다.
③ **집단극화** 기출 24, 22 : 집단 구성원들이 모여 토의를 거치면 개개인의 경향이나 감정, 의견이 동일한 방향으로 치우쳐 집단 전체가 극단화되는 현상을 말한다. 집단극화가 일어나기 쉬운 상황은 다음과 같다.
㉠ 정보의 영향 : 다른 사람들과 토의를 하는 과정에서 자기 이외의 시각 및 정보를 접함으로써 의견이 더욱 강화된다.
㉡ 사회적 비교 : 개인은 집단 속에서 보다 두드러지기 위해 기존의 생각을 더욱 강화하여 극단화된다는 것이다. 극단적인 의견이 집단 내에서 긍정적 평가로 이어질 경우 집단이 극단화될 가능성이 높다.
㉢ 모험이행(Risky Shift) : 개개인은 신중하나 여럿이 모여 의견을 나누면서 대담하고 과격한 결론에 이르는 현상이다.

ⓔ **신중적 이행**(Cautious Shift) : 개인이 단독으로 결정할 때보다 집단토의를 거치면서 더 신중한 결정을 하는 현상이다.
④ **브레인스토밍** : 기존의 사고방식에 얽매이지 않고 독창적인 아이디어를 창출하기 위해 집단의 기능을 이용하는 집단사고법이다. 브레인스토밍의 목적은 집단 아이디어가 오가는 과정에서의 연쇄반응과 발상의 촉진을 기대하는 데 있다.

(4) 집단구조

① **집단구조와 형성과정**
  ㉠ 집단 구성원 사이에 안정된 상호작용이 이루어지는 형태를 집단구조라고 한다.
  ㉡ 집단구조의 형성과정
   • 서로를 커뮤니케이션의 대상으로 인식하고, 시간과 장소를 공유한다는 자각이 이루어져야 한다.
   • 상대와의 공통점을 발견하고 목표를 공유한다.
   • 우리의식 형성과 집단의 일원이고자 하는 동기부여가 이루어져야 한다.
   • 동료의식 형성과 역할의 결정 및 역할기대에 따른 안정된 상호작용이 이루어져야 한다.

② **역할구조** 중요
  ㉠ **지위** : 개인이 사회나 집단 안에서 차지하는 특정한 위치이다.
  ㉡ **역할** : 집단이나 사회에서 어느 지위에 부여된 **가치 · 행동양식 · 태도** 등이다.
  ㉢ **역할기대** : 조직이나 타인이 역할에 어울리는 행동양식을 예상하거나 요구하는 것이다.
  ㉣ **역할갈등** : 일반적으로 개인은 동시에 여러 개의 역할을 가지는데, 서로 대립하고 모순된 역할기대 사이에서 행위자가 내적 갈등에 빠지게 되는 것을 말한다.

③ **커뮤니케이션 구조**
  ㉠ 집단 내의 **정보전달, 의사소통의 회로를 도식화한** 구조로, 구성원의 중심성과 주변성의 차이를 기준으로 분류한 네 가지 커뮤니케이션의 유형에 따라 과제 해결의 효율성과 구성원의 만족도가 좌우된다는 개념이다.
  ㉡ 의사소통 구조의 유형
   • 수레바퀴형 : 정보의 전달이 중심인물(지도자)에게 집중되는 구조로, 문제 해결의 효율성은 높으나 문제가 복잡할 경우 유효하지 않으며 다른 구성원들이 불만을 갖기 쉽다.

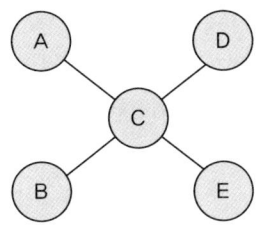

- 사슬형 : 직속상관과 직속부하 사이에만 의사소통이 이루어지므로 전체적으로 소통의 효과가 낮고 파벌이 형성되기 쉽다.

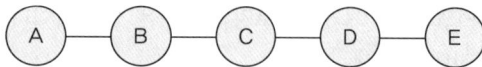

- Y형 : 사슬형과 유사하다.

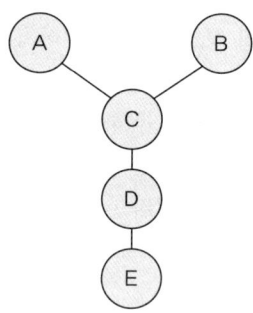

- 원형 : 모든 구성원이 대등한 입장에서 의사소통이 이루어진다. 업무의 효율은 비교적 낮지만 구성원의 만족도는 높다.

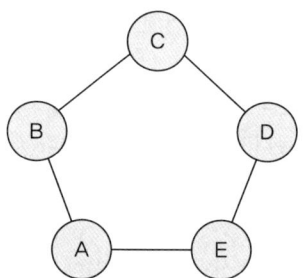

④ **친교구조**
  ㉠ 일반적으로 하나의 집단에는 공식 집단과 비공식 집단이 존재한다. 공식 집단은 달성할 목표와 직무, 역할 등이 명확하게 정해져있으나, 비공식 집단은 자연발생적이며 개인적인 친교에 바탕을 두고 있다. 비공식 집단에서의 인간관계와 교류는 공식 집단에서의 활동이나 업적에 영향을 준다.
  ㉡ 사회측정법(Sociometry)
    - 비공식 집단 내 대인관계로부터 그 집단의 역동성을 분석하는 방법으로, 구성원 간의 수용과 거부의 선택을 통해 측정된다.
    - **소시오메트릭 테스트** : 한 구성원이 집단 내 다른 구성원들 중 누구를 배척하는지를 조사하여 그 상호관계를 소시오그램으로 도식화하여 나타낸다.

제11장 실전예상문제

01 다음 중 태도의 구성요소로 옳지 <u>않은</u> 것은?

① 경험과 학습을 통해 얻은 지식, 신념 등
② 말투, 표정, 몸짓의 모양새
③ 대상에 대한 정서적인 반응
④ 대상에 대한 행동의 경향

> 01 말투, 표정, 몸짓 등의 모양새는 일상생활에서의 행동의 모양새를 나타내므로 심리학에서의 태도의 구성요소에는 해당하지 않는다.

02 집단의 구성원이 다수자에 의한 집단표준을 따르도록 작용하는 심리적 압박을 일컫는 말은?

① 동화
② 귀인
③ 복종
④ 동조

> 02 타인 또는 집단이 제시하는 표준이나 기대에 따라 그와 유사하거나 동일한 판단·행동을 하는 것을 동조라고 한다. 동조는 결과적으로 집단내의 획일성(Uniformity)을 야기한다.

03 다음 중 동조의 원인으로 적절하지 <u>않은</u> 것은?

① 집단의 정보를 자신의 의견이나 판단의 근거로 하기 때문에
② 다수로부터 자신의 입장이나 안전을 지키기 위해
③ 다수가 소수에 대하여 동조할 것을 암묵적으로 압박하기 때문에
④ 권위, 권력을 가진 사람으로부터의 요청이 작용하기 때문에

> 03 권위, 권력을 가진 사람의 요청 작용은 복종에 해당하는 내용이다.

정답 01② 02④ 03④

04 미국의 심리학자 밀그램(Milgram)은 자신의 실험을 통하여 폐쇄적인 환경에서 권위자의 지시에 따르는 인간의 심리를 실험하였다.
③ 로젠버그는 자기이미지를 표현하는 10개의 문항을 통해 자존감을 측정할 수 있는 척도를 만든 미국의 심리학자이다.

05 애쉬(Asch)는 인상형성이 '다정하다', '따뜻하다'와 같은 중심적인 특성에 다른 정보가 체계화되어 이루어지는 것이며, 특성 하나하나의 총합은 아니라고 주장하였다.

06 후광효과는 인물의 탁월한 특징(외모, 직업) 또는 부정적인 특징으로 그 밖의 다른 측면까지도 평가하는 효과이다.
① 초두효과에 대한 설명이다.
② 고정관념에 대한 설명이다.
④ 신근효과에 대한 설명이다.

정답 04 ① 05 ① 06 ③

---

04 권위자의 명령이 가해졌을 경우 이를 맹목적으로 따를 수도 있음을 실험으로 제시한 학자는?

① 밀그램
② 애쉬
③ 로젠버그
④ 카텔

05 다음 중 성격특성을 나타내는 형용사 목록을 만들어 중심적 특성을 축으로 전체적인 인상이 형성된다고 주장한 학자는?

① 애쉬
② 페스팅거
③ 와이너
④ 로젠버그

06 다음 중 후광효과에 대한 설명에 해당하는 것은?

① 첫인상에서 받은 정보가 그 사람의 전체적인 인상으로 굳어지는 효과
② 한 사람의 마음속에 규정된 관념으로, 다른 생각은 배척하는 사고효과
③ 특정 항목에서 두드러지는 효과가 다른 항목의 평가에도 영향을 주는 효과
④ 가장 최근의 정보가 최종적인 인상에 영향을 주는 효과

07 다음 중 대인매력을 형성하는 요인이 <u>아닌</u> 것은?

① 친숙성
② 유사성
③ 완벽성
④ 신체적 매력

> **07** 대인매력을 형성하는 데 있어 완벽함보다는 조금은 실수하는 사람에게 인간적인 매력을 느낀다고 한다.

08 다음 중 단순접촉효과로 설명되는 대인매력의 유형은?

① 친숙성
② 유사성
③ 신체적 매력
④ 근접성

> **08** 단순접촉효과(Mere Exposure Effect) 또는 노출효과란 그다지 관심이 가지 않는 상대라도 접촉하는 횟수가 많으면 그 사람에게 호감을 갖게 되는 현상으로 친숙성에 해당한다.

09 성취행동에 대한 귀인유형 중 외부적이면서 불안정한 것은?

① 노력
② 과제 난이도
③ 능력
④ 운

> **09** [문제 하단의 표 참고]

[귀인과 각 차원의 관계]

안정성 \ 원인의 위치	내적 원인	외적 원인
안정	능력	과제의 어려움
불안정	노력	운

정답 07 ③ 08 ① 09 ④

10 ① 다른 사람들도 그 사람과 같은 반응을 하는가?
③ 때와 상황에 관계 없이 그 사람의 반응이 일관되어 있는가?
④ 그 사람이 다른 상황(대상)에 대해서 같은 반응을 하는가?

10 다음 중 켈리(Kelly)의 공변원리에 의한 귀인에 적용되지 않는 정보는?

① 일치성
② 안정성
③ 일관성
④ 특이성

11 A군의 선행이 내부귀인이 되려면 공변모델의 일관성, 특이성, 일치성 중 일관성만이 높아야 한다.
- 일관성 ↑ : A군은 지난번에도 다른 노인의 짐을 들어드렸다(다른 때도 그러함).
- 특이성 ↓ : A군은 급우나 후배, 선생님 등 주위 사람들에게 모두 상냥하대(특정 대상에 국한되지 않음).
- 일치성 ↓ : 다른 사람들은 그 상황에서 모두 모른 척 하였다(다른 사람들과 다름).

11 A군이 길에서 노인의 짐을 들어드렸다. 이러한 행위가 켈리의 공변원리에 따라 내부귀인이 되려면 어떤 전제가 있어야 하는가?

① 모든 사람이 그때 그 노인의 짐을 들어드리려 하였다.
② A군이 마침 그때 그 노인의 짐을 들어드리고 싶었다.
③ A군은 가끔 어떤 사람에게 그러한 행동을 한다.
④ A군은 언제나 모든 사람에게 그러한 행동을 한다.

12 행위자-관찰자 편향이 발생하는 이유로는 자신이 관찰자일 때는 타인의 행동에 주목하지만, 자신이 행위자일 때는 행동이 일어나는 상황에 주목하기 때문이다.

12 동일한 행동에 대하여 자신에게는 외적 귀인을 하고 타인에게는 내적 귀인을 하는 경향을 일컫는 말은?

① 행위자-관찰자 편향
② 고정관념
③ 부정적 편향
④ 이기적 편향

정답 10 ② 11 ④ 12 ①

13 선물을 받았으면 답례를 하거나, 상대의 호의에 고마움을 표시함으로써 성립하는 대인관계의 이론은?

① 사회적 침투이론
② 자기개방이론
③ 상호성 원리이론
④ 사회적 교환이론

13 사회적 교환이론이란 대인관계를 보수와 비용이 따르는 행동의 교환으로 보는 개념이다. 여기서 보수란 교제를 통해서 얻는 욕구충족, 가치실현 등의 모든 자극을 가리키며, 비용은 교제를 하는데 드는 시간, 수고, 정신적 에너지 등을 의미한다. 즉 인간관계의 성립과 유지는 들인 노력에 대하여 얼마만큼의 보상을 받느냐에 달려있다.

14 다음 중 조직에 있어 장기적으로 가장 이상적인 리더의 유형은?

① 전제적 리더
② 방임형 리더
③ 권위적 리더
④ 민주적 리더

14 민주적인 리더는 신뢰와 소통으로 구성원 간의 우호적인 분위기를 조성하고 결속력을 높여 장기적으로 높은 생산성을 내므로 가장 이상적이라 할 수 있다.
① · ③ 단기적으로는 높은 생산성을 보이지만 긴장과 구성원 간 불신감으로 장기적으로는 바람직하지 않다.
② 조직의 활동에 거의 관여하지 않으므로 구성원의 사기, 생산성 모두 저조하다.

15 다음 중 리더의 유형과 상황이 바르게 연결된 것은?

① 참여적 리더 – 능력과 의욕이 모두 높은 부하
② 설득적 리더 – 능력은 부족하지만 의욕이 있는 부하
③ 위임적 리더 – 능력과 의욕 모두 낮은 부하
④ 지시적 리더 – 능력은 있으나 의욕이 낮은 부하

15 [문제 하단의 표 참고]

구분	리더의 지향성	부하의 상태
지시적 리더	업무 지향↑, 관계 지향↓	능력↓, 의욕↓
설득적 리더	업무 지향↑, 관계 지향↑	능력↓, 의욕↑
참여적 리더	업무 지향↓, 관계 지향↑	능력↑, 의욕↓
위임적 리더	업무 지향↓, 관계 지향↓	능력↑, 의욕↑

정답 13 ④ 14 ④ 15 ②

16 집단으로 구호를 외치거나 손뼉을 칠 때 일인당 음량이 줄어드는 현상은?

① 사회적 태만
② 사회적 보상
③ 사회적 억제
④ 사회적 촉진

16 사회적 태만이란 다수가 같은 작업을 함으로써 개개인의 평가가 이루어지지 않을 경우 혼자 수행할 때보다 최선을 다하지 않게 되는 현상을 말한다.

17 다음 중 사회적 태만이 일어나는 요인이 아닌 것은?

① 개인의 공헌도 측정 곤란
② 책임의 분산
③ 과제의 난이도
④ 규모가 큰 집단

17 집단의 규모가 클수록 개인이 느끼는 책임감이 분산되거나 개인 기여도의 평가가 애매모호해져 사회적 태만이 일어날 가능성이 높다.

정답 16 ① 17 ③

부록

최종모의고사

- **최종모의고사** 제1회
- **최종모의고사** 제2회
- **정답 및 해설**

절대로 고개를 떨구지 말라. 고개를 치켜들고 세상을 똑바로 바라보라.

― 헬렌 켈러 ―

제1회 최종모의고사 | 심리학개론

제한시간: 50분 | 시작 ___시 ___분 - 종료 ___시 ___분

정답 및 해설 237p

01 다음 중 1870년대 심리학 실험실을 설립함으로써 과학으로서의 심리학을 탄생시킨 사람은?

① 왓슨
② 분트
③ 제임스
④ 프로이트

02 다음 중 행동주의 심리학과 관련되지 <u>않은</u> 것은?

① 왓슨
② 자극-반응
③ 환경과 행동
④ 내성법

03 다음 내용과 관련된 학파는?

- 20세기 초 구성주의에 대한 반론으로 독일의 베르트하이머(Wertheimer)가 주장
- 의식의 내용을 요소의 조합이 아닌 전체로서 인식
- '전체는 부분의 합이 아니다'

① 기능주의
② 형태주의
③ 구성주의
④ 경험주의

04 다음 중 뉴런과 뉴런의 간극으로서 정보의 전달이 이루어지는 부위는?

① 수상돌기
② 세포체
③ 시냅스
④ 축색

05 대뇌의 구조 중 운동기능과 감정조절기능을 담당하는 것은?

① 두정엽
② 후두엽
③ 전두엽
④ 측두엽

06 다음 내용이 설명하는 현상으로 가장 적절한 것은?

대상의 각도, 거리, 밝기 등의 변화로 망막에 맺히는 상이 크게 달라지더라도 모양, 크기, 색, 위치 등이 일정한 것으로 인지되는 것

① 시각의 항상성
② 재인
③ 파이현상
④ 운동잔상

07 운동발달의 원리에 대한 설명으로 옳지 않은 것은?

① 전체 운동에서 특수 운동으로 진행된다.
② 발달에는 개인차가 있다.
③ 말초에서 중추로 진행된다.
④ 발달은 머리부터 하부로 진행된다.

08 다음 중 선택적 주의의 예에 해당하지 않는 것은?

① 선형 조망
② 칵테일파티 효과
③ 스트룹 효과
④ 양분 청취법

09 다음 중 정지된 화상의 연속이 가상의 움직임으로 인지되는 현상은?

① 결 기울기
② 파이현상
③ 운동잔상
④ 선형 조망

10 다음 중 학습된 무력감 이론을 제창한 학자는?

① 반두라
② 랑게
③ 셀리그만
④ 캐논

11 다음 내용이 설명하는 설득법은?

> 먼저 거절당할 만한 부탁을 하여 거절당한 후, 비교적 부담이 덜한 부탁을 함으로써 승낙시킨다. 송신자가 먼저 양보를 보임으로써 양보하지 않을 수 없는 분위기를 만들어 승낙할 가능성을 높인다.

① 사회적 촉진
② 면전에서 문 닫기 효과
③ 낮은 공 기법
④ 문간에 발 들여놓기 효과

12 다음 중 투사법에 대한 설명으로 옳은 것은?

① 피험자의 무의식적 요인이 반영된다.
② 실시가 간편하다.
③ 대표적으로 다면적 인성검사(MMPI)가 있다.
④ 피험자가 의도적으로 회답을 왜곡할 우려가 있다.

13 다음 중 학생들이 매 학기 치르는 중간·기말시험은 어느 검사에 속하는가?

① 성격검사
② 지능검사
③ 적성검사
④ 성취검사

14 국어능력을 측정하는 데 도형문제가 쓰였다면 검사의 어느 측면이 결여된 것인가?

① 성취도
② 타당도
③ 신뢰도
④ 객관도

15 미워하는 사람에게 오히려 더욱 친절을 베푸는 방어기제는?

① 반동형성
② 부인
③ 승화
④ 합리화

16 다음 내용에서 설명하는 타당도는?

> 검사가 측정하고자 하는 속성을 제대로 측정하였는지를 논리적 사고에 입각한 분석 과정을 통해 주관적으로 판단한다.

① 구인타당도
② 예측타당도
③ 내용타당도
④ 기준타당도

17 마리화나가 기억에 미치는 영향을 알아보기 위한 실험에서 마리화나의 양은 무엇에 해당하는가?

① 가외변수
② 종속변수
③ 독립변수
④ 함수

18 다음 중 유기체의 생존에 필요한 생리적 동기를 일컫는 말은?

① 본능
② 추동
③ 인지
④ 각성

19 시각처리에 대한 설명 중 옳지 <u>않은</u> 것은?

① 간상체는 색을 감지하지는 않지만, 빛에 대한 감도가 민감하다.
② 대뇌에서 시각정보를 가장 먼저 수용하는 부위를 선조 피질(V1)이라고 한다.
③ 망막에 수용된 시각정보는 외측슬상체를 거쳐 대뇌의 시각 피질로 전달된다.
④ 사물의 위치에 대한 정보는 복측 경로에 의해 지각된다.

20 다음 내용을 주장한 학자는?

- 인간은 태어나면서 언어습득장치를 가지므로 특별한 노력 없이 언어를 익힐 수 있다.
- 언어란 환경적 요인보다 생물학적 요인에 더 영향을 받아 발달한다.

① 반두라
② 촘스키
③ 소쉬르
④ 스키너

21 다음 중 종단적 연구에 대한 설명으로 옳지 않은 것은?

① 피검자의 중도 탈락이 발생할 수 있다.
② 어느 시점에 복수의 대상을 비교 조사한다.
③ 단일 대상의 변화와 발달을 추적한다.
④ 경제적·시간적 비용이 많이 든다.

22 둘 이상의 욕구가 대립할 때 한 쪽의 욕구를 충족시키면 다른 한 쪽의 욕구를 달성할 수 없는 상태를 무엇이라 하는가?

① 갈등
② 좌절
③ 회피
④ 불만족

23 다음 내용과 관련된 현상은?

소거가 일어난 다음에 실험동물을 잠시 동안 다른 거처로 옮겼다가 다시 실험장소에 데려왔을 때 추가 훈련이 없어도 다시 학습된 행동을 한다.

① 자극의 일반화
② 자극의 변별
③ 외부억제의 법칙
④ 자발적 회복

24 다음 중 우울증에 관한 설명으로 바른 것은?

① 기분이 들뜨거나 때론 침울해지는 양극성 장애이다.
② 일상생활 속에서 갑자기 호흡곤란, 떨림, 가슴 통증 등을 호소한다.
③ 하나의 생각에 집착하여 무의미한 행동을 되풀이한다.
④ 성실하고 책임감이 강한 사람일수록 우울증에 걸리기 쉽다.

25 다음 중 첫인상에서 받은 정보가 그 사람의 최종적인 인상으로 굳어지는 효과는?

① 부정적 편향
② 후광효과
③ 초두효과
④ 신근효과

26. 매슬로우의 욕구 5단계 중 생존에 필요한 욕구의 다음 단계는?

① 애정과 소속에 대한 욕구
② 생리적 욕구
③ 자아실현의 욕구
④ 안전에 대한 욕구

27. 다음 내용이 설명하는 것은?

- 특정 집단이나 대상을 지나치게 단순화·획일화함으로써 고착된 개념이나 이미지이다. 실제를 정확하게 반영하지 않아 감정적이거나 왜곡된 요소를 포함한다.
- 'A형은 꼼꼼하다', '한국 사람은 성격이 급하다'와 같은 인상형성의 편향이 한 예이다.

① 피그말리온 효과
② 고정관념
③ 부정적 편향
④ 행위자-관찰자 편향

28. 다음 중 구성요소들의 조합으로 성격을 이해하는 성격이론은?

① 사회행동이론
② 정신역동이론
③ 현상학적 이론
④ 특질이론

29. 다음 중 선언적 기억에 속하지 않는 것은?

㉠ 가족의 생일
㉡ 어제 방과 후의 사건
㉢ 젓가락질하는 법
㉣ 세종은 조선의 제4대 임금
㉤ 댄스

① ㉠, ㉡
② ㉡, ㉣
③ ㉢, ㉤
④ ㉣, ㉤

30. 방어기제에 대한 설명으로 옳은 것은?

① 욕구불만 또는 곤란한 상황에 직면했을 때 미숙한 정신 상태로 발달 단계가 역행하는 것을 퇴행이라고 한다.
② 불쾌한 기분을 무의식 속으로 가두는 것을 부정이라고 한다.
③ 채우지 못한 욕망에 대해 그럴듯한 이유를 달아 정당화하는 것을 승화라고 한다.
④ 억압된 기분이나 생각을 다른 목표나 행동으로 대신하는 것을 동일시라고 한다.

31. 다음 내용에서 설명하는 현상은?

- 접촉의 빈도가 잦을수록 호감도가 올라가는 현상
- 매일 아침 통근(통학) 시간에 마주치는 대상에 대하여 어느샌가 호감을 느끼게 되는 경우

① 단순접촉효과
② 사회교환이론
③ 인지적 균형이론
④ 겉맞추기 원리

32 콜버그의 도덕성 발달단계에서 후인습적 수준에 해당하는 단계는?

① 보상 지향
② 벌 및 복종 지향
③ 보편적 도덕원리
④ 상호 조화 지향

33 다음 내용이 설명하는 것은?

> 영희는 공부를 열심히 하여 성적이 부쩍 올랐다. 그랬더니 선생님께서 교실 청소를 면제시켜주셨다.

① 부적 처벌
② 부적 강화
③ 정적 강화
④ 정적 처벌

34 에릭슨의 인간발달단계와 프로이트의 심리적 성격발달단계가 해당 연령별로 바르게 짝지어진 것은?

① 출생~약 18개월 - 근면성 대 열등감, 잠복기
② 약 6세~약 11세 - 친근감 대 고립감, 생식기
③ 약 3세~약 6세 - 신뢰감 대 불신감, 구강기
④ 약 18개월~약 3세 - 자율성 대 수치감, 항문기

35 다음 중 투사법에 속하는 성격검사의 방식은?

① WAIS-Ⅲ
② Y-G 검사
③ 로르샤흐 검사
④ MMPI

36 싫어하는 대상이 공통된 두 사람은 서로 친해진다는 이론은?

① 유사성
② 이기적 편향
③ 인지적 균형이론
④ 상호성 원리

37 다음 내용이 설명하는 인지의 발달단계는?

> • 사고는 가능하나 직관적인 수준이며, 아직 논리적이지 못하다.
> • 대상영속성이 확립된다.
> • 보존 개념을 어렴풋이 이해하기 시작하지만 아직 획득하지 못한 단계이다.
> • 대표적인 예는 상징놀이와 물활론, 자아중심성이다.

① 형식적 조작기
② 전조작기
③ 감각운동기
④ 구체적 조작기

38 다음 내용과 관계 있는 개념은?

> A씨는 두 아이의 어머니이자 ○○ 회사의 직원이다. 아이의 참관수업과 회사의 창립 기념일 행사 일정이 겹쳐 A씨는 고민에 빠져 있다.

① 사회적 비교
② 책임의 분산
③ 사회적 태만
④ 역할갈등

39 다음 중 불안장애에 대한 설명으로 옳지 <u>않은</u> 것은?

① 불안장애는 특정 대상에 대한 공포로서 다른 사람에게 설명하고 이해를 구할 수 있다.
② DSM-5의 분류에 따르면 범불안장애, 공포증, 공황장애 등이 있다.
③ 두근거림, 식은땀 흘림, 손발 떨림과 같은 증상을 보인다.
④ 공포증이란 특정 상황이나 물체에 대해 과도한 공포와 회피를 보이는 증상이다.

40 평행하는 선들이 멀리 있는 하나의 점을 향해 뻗은 것처럼 보이는 깊이지각의 단서는?

① 양안 시차
② 중첩
③ 선형조망
④ 결 기울기

제2회 최종모의고사 | 심리학개론

제한시간: 50분 | 시작 ___시 ___분 ~ 종료 ___시 ___분

정답 및 해설 242p

01 다음 중 기능주의에 해당하는 내용으로 옳은 것은?

① 의식을 내용의 요소로 분석하고 그 요소들의 결합으로서 의식현상을 설명한다.
② 의식을 요소들의 집합이 아닌 하나의 흐름으로 파악한다.
③ 의식의 내용을 요소의 조합이 아닌 전체로서 인식한다.
④ 자극-반응으로서 관찰할 수 있는 행동이 연구대상이 된다.

02 다음과 같은 학설을 주장한 학자는?

- 육체와 정신은 서로 다르다.
- 몸과 마음은 따로 떨어지나 인간 유기체 안에서 상호작용을 한다.

① 데카르트
② 소크라테스
③ 아리스토텔레스
④ 토마스 아퀴나스

03 다음 중 최초의 심리학 실험실을 설립한 학자는?

① 분트
② 제임스
③ 프로이트
④ 베르트하이머

04 다음 중 온도나 지능검사의 점수를 측정할 때 사용되는 척도는?

① 서열척도
② 비율척도
③ 등간척도
④ 명목척도

05 뉴런의 구조에 대한 설명으로 틀린 것은?

① 수초 : 뉴런의 축색을 둘러싼 절연물질
② 축색 : 신경세포 한 줄기의 긴 섬유
③ 세포체 : 뉴런의 본체에 해당하며 유기체의 유전 정보를 담고 있는 핵이 위치
④ 수상돌기 : 여러 갈래의 축색종말로 나뉘며 다른 뉴런과 근육, 내분비선에 정보를 전달

06 시냅스의 정보전달과정으로 옳은 것은?
① 신경세포들은 시냅스를 사이에 두고 서로 밀착되어 있다.
② 시냅스의 전달방식은 전기적 전달이다.
③ 전기신호는 시냅스에 이르러 화학물질로 바뀐다.
④ 시냅스를 건너 다른 신경세포와 결합한 신경전달물질은 그대로 정보를 전달한다.

07 다음 내용은 무엇에 대한 설명인가?

> 혈압, 혈류, 체온, 체액, 소화, 배설, 대사, 성기능, 면역 등 자율신경 기능과 내분비 기능을 제어하는 생명유지의 중추적인 역할을 한다.

① 뇌량   ② 시상
③ 뇌하수체   ④ 시상하부

08 듣고 이해하는 능력은 양호하나 발화하는 데 어려움이 있는 장애는?
① 브로카 실어증
② 전도성 실어증
③ 전실어증
④ 베르니케 실어증

09 다음 중 발달심리학에 대한 설명으로 옳지 않은 것은?
① 프로이트의 정신분석 이론에서 시작되었다.
② 문제에 대한 적절한 통제 및 개입을 목표로 한다.
③ 변화를 일으키는 기제가 무엇인지 기술한다.
④ 아동, 청년, 장년, 노년에 걸친 평생의 성장·변화를 모두 포함한다.

10 다음 중 프로이트의 성격발달단계를 순서대로 나열한 것은?
① 잠복기 → 항문기 → 구강기 → 남근기 → 생식기
② 잠복기 → 구강기 → 항문기 → 남근기 → 생식기
③ 구강기 → 항문기 → 잠복기 → 남근기 → 생식기
④ 구강기 → 항문기 → 남근기 → 잠복기 → 생식기

11 콜버그의 도덕성 발달 단계 중 가장 낮은 단계에 있는 것은?
① 물리적·신체적인 벌과 복종에 의한 도덕성
② 대인관계의 조화를 위한 도덕성
③ 보편적 도덕원리 지향의 도덕성
④ 법과 질서를 준수하는 도덕성

12 프로이트의 심리적 성격발달단계와 에릭슨의 심리사회적 인간발달단계를 바르게 연결한 것은?

① 항문기 – 자율성 대 수치심·회의
② 남근기 – 근면성 대 열등감
③ 잠복기 – 친밀성 대 고립
④ 구강기 – 주도성 대 죄의식

13 행동을 일으키고 목표를 달성하고자 그 행동에 방향을 부여하는 것을 무엇이라고 하는가?

① 인지   ② 동기
③ 욕구   ④ 성격

14 매슬로의 욕구 5단계와 관련된 내용이 잘못 연결된 것은?

① 안전에 대한 욕구 – 신변의 안전과 수입의 안정을 확보하고 싶다.
② 자아실현의 욕구 – 개성을 살리고 인간으로서 성장하고 싶다.
③ 애정과 소속에 대한 욕구 – 주위 사람들로부터 주목받고 칭찬받고 싶다.
④ 생리적 욕구 – 배고픔과 갈증을 해결하고 싶다.

15 정서란 생리적 반응의 지각 자체가 아닌 그 원인을 설명하기 위한 인지해석임을 강조한 학자는?

① 샤흐터   ② 플루칙
③ 제임스-랑게   ④ 캐논-바드

16 다음 중 개를 이용한 실험으로 학습된 무력감을 발견한 학자는?

① 제임스
② 셀리그먼
③ 왓슨
④ 캐논

17 다음 중 정신물리학에 해당하지 않는 것은?

① 베버와 페히너
② 식별 최소화
③ 역치
④ S-R 이론

18 다음 중 헬름홀츠가 제시한 삼원색에 들지 않는 색은 어느 것인가?

① 빨강   ② 노랑
③ 초록   ④ 파랑

19 달리는 열차에서 레일을 보다 보면 정지했을 때도 레일이 움직이는 것처럼 보이는 현상은?

① 파이현상
② 베타운동
③ 자동운동
④ 운동잔상

20 오른쪽 눈과 왼쪽 눈에 맺힌 상의 차이를 뇌가 융합함으로써 입체적인 상으로 보이게 하는 깊이지각의 단서는?

① 양안 시차
② 결 기울기
③ 선형 조망
④ 상대적 크기

21 파블로프의 실험에서 고전적 조건 형성의 내용으로 바르게 짝지어진 것은?

① 음식 - 조건 자극 → 개의 침 분비 - 무조건 반응
② 음식 - 무조건 자극 → 개의 침 분비 - 조건 반응
③ 종소리 - 무조건 자극 → 개의 침 분비 - 무조건 반응
④ 종소리 - 조건 자극 → 개의 침 분비 - 조건 반응

22 장기 기억에 대한 설명으로 옳지 않은 것은?

① 절차 기억 : 언어로 정확하게 표현할 수 있는 객관적이고 논리적인 형태의 기억
② 일화 기억 : 개인의 추억이나 사건에 관한 자전적 기억으로 이미지 형태로 부호화된 기억
③ 의미 기억 : 사실적 정보에 대한 기억으로 학습한 내용이나 지식, 법칙 등에 관련된 기억
④ 서술 기억 : 의식적으로 회상이 가능한 경험과 지식에 대한 기억

23 다음 중 통찰학습에 관련된 내용이 아닌 것은?

① 요소들을 의미 있는 것으로 관련짓는 인지구조를 강조하였다.
② 형태주의 심리학자 쾰러의 실험이 대표적이다.
③ 시행착오의 역할을 강조하였다.
④ 순간적인 번뜩임으로 급속히 문제해결에 도달한다.

24 기억의 정보처리 순서로 옳은 것은?

① 저장 → 부호화 → 인출
② 부호화 → 저장 → 인출
③ 부호화 → 인출 → 저장
④ 인출 → 부호화 → 저장

25 의미를 갖는 언어의 가장 작은 단위는?

① 문장
② 문법
③ 음소
④ 형태소

26 다음 중 언어의 생득이론에 대한 설명으로 바르지 않은 것은?

① 언어습득과정에 있어 환경적 요인보다 생물학적 요인을 강조한다.
② 인간의 언어획득은 강화와 모방을 통해 이루어진다.
③ 아동은 문장을 이해하고 스스로 생성하는 능력을 가진다.
④ 인간은 태어나면서부터 언어를 습득할 수 있는 능력을 가진다.

27 다음 중 인간이 판단하는 범주는 전형적인 사례와의 유사성으로 특징지어진다는 이론은?

① 원형이론
② 고전적 범주
③ 본보기 이론
④ 가족 유사성

28 다음 중 명제에 대한 설명에 해당하지 않는 것은?

① 복잡한 지식은 복수 명제의 결합이다.
② 지식의 최소 단위이다.
③ 실제 지각에 가까운 표상이다.
④ 외부 세계에 대한 의미적 부호이다.

29 다음 중 타당도에 대한 설명으로 옳은 것은?

① 타당도는 측정의 일관성을 의미한다.
② 기준타당도가 현재를 나타내는 것인 경우 동시타당도라고 부른다.
③ 내용타당도에는 예측타당도와 동시타당도가 있다.
④ 구인타당도는 전문가의 주관적인 판단에 의존한다.

30 다음 중 스탠포드-비네 검사에 대한 설명으로 바르지 않은 것은?

① 정신연령을 생활연령으로 나눈 값에 100을 곱하는 통계치로 공식화했다.
② 개인의 지능지수를 동일 연령대 집단에서의 상대적인 위치로 규정한다.
③ 처음으로 지능지수(Intelligence Quotient)라는 개념을 사용하였다.
④ 정신연령이 증가하지 않는 15세 이후의 청소년 및 성인에게는 적합하지 않다.

31 다음 중 서스톤의 7요인에 속하지 않는 것은?

① 운동능력
② 언어능력
③ 논리능력
④ 기억

32 다음 중 지능과 창의성의 관계에 대한 설명으로 옳은 것은?

① 지능과 창의성은 비례한다.
② 지능이 비교적 낮은 사람은 창의성을 발휘할 수 없다.
③ 창의성과 지능은 관련이 없다.
④ 창의성을 가지기 위해서는 평균 이상의 지능이 필요하다.

33 성격에 대한 설명으로 옳지 <u>않은</u> 것은?

① 한 개인을 특징짓는 통합되고 조직화된 행동이다.
② 한 개인을 다른 개인으로부터 구별할 수 있도록 하는 개인의 독특한 심리적 특징이다.
③ 개인이 환경과의 상호작용을 통해 드러내는 독특한 특징에 한정된다.
④ 성격은 독특성, 안정성을 특징으로 하며, 인성의 내용을 포함한다.

34 다음 성격이론에 대한 학자의 주장 중 <u>잘못된</u> 것은?

① 로저스 : 현실에 대한 주관적 해설 및 인간의 자아실현과 성장을 위한 욕구를 강조하였다.
② 프로이트 : 본능적인 측면을 지나치게 강조하여 사회·환경적 요인을 상대적으로 경시하였다.
③ 카텔 : 특성을 표면특성과 근원특성으로 구분하고 자료의 통계분석에 따라 16개의 근원 특성을 제시하였다.
④ 올포트 : 성격은 과거의 경험에 의해 학습된 행동성향으로, 상황에 따라 행동성향도 변화한다.

35 다음은 심리검사의 분류에 대한 설명이다. ㉠과 ㉡에 들어갈 말로 적절한 것은?

> 심리검사를 크게 나누면 클라이언트가 질문에 답하는 방식으로 진행하는 (㉠)과 더 심층의 심리를 파악하고자 하는 (㉡)으로 분류된다.

	㉠	㉡
①	질문지법	투사법
②	투사법	질문지법
③	인지법	투사법
④	질문지법	관찰법

36 다음 중 투사법 검사에 대한 설명으로 옳은 것은?

① 구조적 검사(Stanford Tests)라고도 한다.
② 피험자의 무의식적 측면이 반영된다.
③ 대표적으로 다면적 인성검사(MMPI)가 반영된다.
④ 개인들 간의 특성을 비교하는 데 역점을 둔다.

37 집단의 구성원이 다수자에 의한 집단표준을 따르도록 작용하는 심리적 압박이 생기는 까닭은?

① 집단의 정보를 자신의 의견이나 판단의 근거로 하기 때문에
② 다수로부터 자신의 입장이나 안전을 지키기 위해
③ 다수가 소수에 대하여 동조할 것을 암묵적으로 압박하므로
④ 권위, 권력을 가진 사람으로부터의 요청이 작용하기 때문에

38 다음 중 후광효과의 설명에 해당되는 것은?

① 한 사람의 마음속에 규정된 관념으로, 다른 생각은 배척하는 사고효과
② 가장 최근의 정보가 최종적인 인상에 영향을 주는 효과
③ 특정 항목에서 두드러지는 효과가 다른 항목의 평가에도 영향을 주는 효과
④ 첫인상에서 받은 정보가 그 사람의 전체적인 인상으로 굳어지는 효과

39 A군이 길에서 노인의 짐을 들어드렸다. 이러한 행위가 켈리의 공변원리에 따라 내부귀인이 되려면 어떤 전제가 있어야 하는가?

① A군은 가끔 어떤 사람에게 그러한 행동을 한다.
② 모든 사람이 그때 그 노인의 짐을 들어드리려 하였다.
② A군은 마침 그때 그 노인의 짐을 들어드리고 싶었다.
④ A군은 언제나 모든 사람에게 그러한 행동을 한다.

40 다음의 이야기는 방어기제 중 어느 것의 예라고 할 수 있는가?

> 어느 날 여우가 먹음직스러운 포도를 발견하였다. 여우는 포도를 따기 위해 몇 번이고 뛰어오르지만 무척 높은 곳에 달려있어 닿지 않았다. 결국 포도를 따지 못한 여우는 분한 마음에 "어차피 저 포도는 너무 시어서 따봤자 먹지 못해."라고 말하여 그 자리를 떠났다고 한다.

① 부정
② 승화
③ 합리화
④ 도피

제1회 정답 및 해설 | 심리학개론

01	02	03	04	05	06	07	08	09	10	11	12	13	14	15	16	17	18	19	20
②	④	②	③	③	①	③	①	②	③	②	①	④	②	①	③	③	②	④	②
21	22	23	24	25	26	27	28	29	30	31	32	33	34	35	36	37	38	39	40
②	①	④	④	③	②	②	④	③	①	①	③	②	④	③	②	③	④	①	③

01 정답 ②

1879년 독일의 생리학자인 분트가 라이프치히 대학에 실험실을 개설한 사건은 새로운 학문으로서의 심리학의 탄생을 알렸다.

02 정답 ④

내성법은 자신의 의식 경험을 주관적으로 분석하는 방법으로 구성주의에서 사용된 개념이다.

03 정답 ②

"전체는 부분의 합이 아니다."라는 인식활동을 개별적 요소로 나눌 수 없는 전체성을 가진 구조로 파악하는 형태주의 학파의 주장이다.

04 정답 ③

자극이 신경계에 전달되어 반응을 일으키기 위해서는 수많은 뉴런(신경세포)을 지나야 하는데, 이때 뉴런과 뉴런을 연결하는 접합부를 시냅스라 한다. 뉴런 간의 정보전달을 시냅스 전달이라 하며 화학적인 방법에 의하여 이루어진다.

05 정답 ③

대뇌의 구조 및 기능
- 전두엽 : 운동기능, 자율기능, 감정조절기능, 행동계획 및 억제기능 등
- 두정엽 : 공간지각, 운동지각, 신체의 위치판단 등
- 측두엽 : 언어, 청각, 정서적 경험 등
- 후두엽 : 시각정보의 분석 및 통합

06 정답 ①

시각의 항상성은 물리적인 환경의 변화로 망막에 맺힌 상이 왜곡되어도 이를 뇌가 보정하여 안정된 상으로 보이게 하는 작용을 말한다.

07 정답 ③

운동발달은 몸통에서 어깨, 팔, 손가락의 순서와 같이 중추에서 말초로 진행된다.

08 정답 ①

선형 조망은 한 눈으로 지각할 수 있는 깊이 지각 단서인 단안 단서에 속한다. 선택적 주의는 다수의 감각정보 중 특정 정보만을 골라 인지하는 것이다.

09 정답 ②

서로 다른 위치에 있는 정지된 화상을 빠른 속도로 연속시킬 때 움직임이 있는 것처럼 느껴지는 현상을 파이현상(Phi Phenomenon)이라고 한다.

10 정답 ③
학습된 무력감이란 오랫동안 저항하기 힘든 스트레스 상황에 노출되면 점차 그러한 상황을 회피하려는 자발적인 행동을 하지 않게 된다는 이론으로 셀리그만이 제창하였다.

11 정답 ②
면전에서 문 닫기 효과(Door In The Face Effect)는 승낙받기 어려운 요청을 하여 거절하게 한 후, 양보하는 모양새로 부담이 덜한 요구를 제시하는 기법이다.
① 혼자 수행할 때보다 다른 사람과 함께 할 때 능률이 더욱 올라가는 현상이다.
③ 좋은 조건을 제시하여 승낙을 얻은 다음 조건의 일부를 철회하거나 불리한 조건을 제시하는 기법이다.
④ 처음에는 부담 없는 요구를 제시하여 승낙을 받은 다음, 더 큰 요구를 제시하는 기법이다.

12 정답 ①
투사법은 인간의 심층심리를 측정하는 데 유용하고 피험자가 회답을 조작할 가능성은 적으나, 시행에 수고와 비용이 들고 검사자의 주관적 판단에 의지하므로 검사의 신뢰성・타당성에 의문이 제기된다.
②・③・④ 질문지법에 대한 설명이다.

13 정답 ④
성취검사란 특정 영역에서의 개인의 성취도를 측정하는 검사로, 학력검사가 대표적이다.

14 정답 ②
타당도(Validity)는 과제나 질문이 알고자 하는 개념이나 속성을 얼마나 정확하게 포함하는지를 나타낸다. 따라서 국어능력을 알아보는 데 도형문제가 쓰였다면 검사의 타당도가 결여되었다고 할 수 있다.

15 정답 ①
반동형성은 억압된 감정이나 욕구가 드러나지 않도록 그와 정반대의 행동을 하는 방어기제이다.
② 불쾌한 현실이나 기억을 인정하지 않음으로써 마음의 안정을 얻는 기제이다.
③ 개인적・사회적으로 억압해야 마땅한 충동 욕구를 직접적으로 발산하는 대신 바람직하고 건전한 형태로 발산하는 기제이다.
④ 핑계를 대거나 다른 것에 책임을 돌림으로써 자신의 정당성을 확보하는 기제이다.

16 정답 ③
내용타당도는 검사 항목의 내용을 전문가의 논리적 사고에 의하여 주관적으로 판단하는 타당도이다.
① 조작적으로 정의되지 않은 인간의 심리적 특성이나 성질을 심리적 개념으로 분석하여 조작적 정의를 부여한 후, 검사점수가 조작적 정의에서 규명한 심리적 개념을 제대로 측정하였는지를 검정하는 방법이다.
② 기준타당도에 포함되는 개념으로, 어떠한 행위가 일어날 것이라고 예측한 것과 실제 대상이 나타낸 행위 사이의 관계를 측정하는 것이다.
④ 검사의 점수와 검사가 측정하려는 속성을 더 충실히 반영하는 외적 기준에 비추어 평가하는 타당성이다.

17 정답 ③
독립변수는 원인적 변수 또는 가설적 변수라고도 하며, 일정하게 전제된 원인을 가져다주는 기능을 하는 변수이다. 실험연구에서 독립변수는 연구자에 의해 조작되는 변수를 의미하며, 사회조사연구에서는 연구자의 능동적 개입이 아닌 논리적 선행조건의 개념으로 파악된다.

18 **정답** ②
추동은 생리적 결핍으로서 배고픔과 목마름 등의 상태를 말한다.

19 **정답** ④
선조 피질(V1)에 이르는 시각정보는 배측 경로를 거치며 위치에 대한 지각이 이루어진다.
- 배측 경로 : 'Where' 경로로 불리며, 운동·물체의 위치를 지각한다.
- 복측 경로 : 'What' 경로로 불리며, 대상 인식의 형상 표상에 관여한다.

20 **정답** ②
촘스키는 인간은 누구나 생득적으로 언어습득장치(Language Acquisition Device)를 가지므로 언어의 환경에 노출되면 단기적으로 모국어의 문법을 익힐 수 있다고 주장하였다.

21 **정답** ②
- 종단적 연구
  - 한 사람의 피검자를 장기간에 걸쳐 연구하는 방법으로 발달의 질적 변화를 정확하게 측정할 수 있다.
  - 수고와 비용이 많이 들며 피검자가 중도 탈락할 가능성이 있다.
- 횡단적 연구
  - 폭넓은 피검자 층에 대하여 한 번의 조사를 실시하여 어느 한 시점의 피검자 심적 상태, 대략적인 연대 차이를 알아보는 방법으로써, 종단적 연구에 비하여 얻을 수 있는 정보는 한정적이다.
  - 비용과 수고가 많이 들지 않으며 실행이 용이한 장점이 있다.

22 **정답** ①
인간은 동시에 여러 욕구를 가지는데 이들 욕구들 사이에서 어느 것을 선택할 것인지 고민하는 상태를 갈등(Conflict)이라고 한다.

23 **정답** ④
자발적 회복은 행동을 소거시키고 어느 정도 휴식을 주면 이전의 반응이 나타나는 현상을 말한다.

24 **정답** ④
우울증은 뇌의 신경전달물질 감소와 같은 뇌기능 장애와 함께 우울증이 걸리기 쉬운 성격, 스트레스 및 신체질환, 환경의 변화와 같은 다른 요소들이 복합적으로 작용하여 발병하는 것으로 알려져 있다. 우울증에 걸리기 쉬운 사람은 성실함, 책임감이 강함, 인정이 많음, 늘 타인을 배려함 등의 성격을 보인다.
① 조울증에 대한 설명이다.
② 공황장애에 대한 설명이다.
③ 강박장애에 대한 설명이다.

25 **정답** ③
① 긍정적인 정보와 부정적인 정보가 함께 있을 때 부정적인 쪽이 전체 인상을 좌우하는 것이다.
② 개인을 평가할 때 하나의 요소에 대한 평가가 다른 측면의 평가에 영향을 주는 효과이다.
④ 가장 마지막에 얻은 정보가 최종적인 인상을 결정짓는 효과이다.

26 **정답** ④
매슬로의 욕구 단계이론에 따르면 의식주와 같은 생존에 필요한 욕구인 생리적 욕구가 충족된 후에 신체적·감정적 위험으로부터 보호되고 안전해지기를 바라는 욕구가 나타난다.

27 정답 ②

고정관념(Stereo Type)이란 어느 인물에 대한 평가를 내릴 때 성별이나 인종, 직업 등의 이미지로 판단하는 것을 말한다. 결과적으로 대상이 가진 다양한 측면을 고려하지 않은 부정적이고 편향된 평가와 감정은 편견과 차별로 이어질 수 있다.

28 정답 ④

성격 특징 중 일관되게 나타나는 행동경향을 특질이라고 하며, 특질을 성격을 구성하는 단위로 규정하고 각 특질의 조합으로 개인의 성격을 설명하고자 하는 개념을 특질이론이라고 한다.

29 정답 ③

ⓒ 젓가락질하는 법, ⓓ 댄스와 같이 몸으로 익힌 기억은 다른 사람에게 언어로 전달하기 어려운 기억으로서 절차적 기억에 속한다.

30 정답 ①

② 억압에 대한 설명이다.
③ 합리화에 대한 설명이다.
④ 치환에 대한 설명이다.

31 정답 ①

단순접촉효과(Mere Exposure Effect)는 대상을 보거나 듣거나 하는 횟수가 많을수록 대상에 대한 호감이 강해진다는 이론이다.

32 정답 ③

논리적 보편성에 입각한 양심과 보편적인 도덕 원리를 지향하는 것은 후인습적 수준의 보편윤리적 도덕성(제6단계)에 해당한다.

① 자기욕구충족을 선(善)으로 간주하고 물질적 이해타산을 추구하는 보상 지향적 양상은 전인습적 수준의 개인적·도구적 도덕성(제2단계)에 해당한다.
② 신체적·물리적 힘에 의한 처벌과 복종을 지향하는 것은 전인습적 수준의 타율적 도덕성(제1단계)에 해당한다.
④ 개인 상호 간의 조화를 중시하며 착한 소년·소녀를 지향하는 것은 인습적 수준의 대인관계적 도덕성(제3단계)에 해당한다.

33 정답 ②

부적 강화는 불쾌자극을 제거하여 행동의 빈도를 늘리는 것이다.
① 유쾌자극을 제거하여 행동의 빈도를 억제하는 것이다.
③ 보상을 제시하여 행동의 빈도를 늘리는 것이다.
④ 불쾌자극을 가하여 행동의 빈도를 억제하는 것이다.

34 정답 ④

에릭슨과 프로이트의 발달단계

발달단계	에릭슨	프로이트
영아기 (출생~1세)	• 유아기(0~1세) • 기본적 신뢰감 대 불신감 – 희망	• 구강기(0~1세) • 최초의 양가감정
유아기 (2~4세)	• 초기아동기(1~3세) • 자율성 대 수치심·회의 – 의지력	• 항문기(1~3세) • 배변훈련 사회화
전기 아동기 (학령 전기, 4~6세)	• 학령전기 또는 유희기(3~5세) • 주도성 대 죄의식 – 목적의식	• 남근기(3~6세) • 오이디푸스 콤플렉스, 초자아
후기 아동기 (학령기, 6~12세)	• 학령기(5~12세) • 근면성 대 열등감 – 능력감	• 잠복기(6~12세) • 지적 탐색

청소년기 (12~19세)	• 청소년기 (12~20세) • 자아정체감 대 역할 혼란 – 성실성	• 생식기 (12세 이후) • 2차 성징
청년기 (성인 초기, 19~29세)	• 성인 초기 (20~24세) • 친밀감 대 고립감 – 사랑	–
중년기 (장년기, 30~65세)	• 성인기(24~65세) • 생산성 대 침체 – 배려	–
노년기 (65세 이후)	• 노년기(65세 이후) • 자아통합 대 절망 – 지혜	–

35 정답 ③

로르샤흐 검사는 투사법에 의한 성격검사의 대표적인 것으로, 좌우대칭의 잉크 얼룩이 무엇으로 보이는지에 대한 반응을 통해 피검자의 인격을 파악하는 검사이다. 피검자는 검사로 어떠한 성격경향을 나타내는지 알 수 없으므로 자신의 회답을 왜곡할 우려가 없다.
① 성격검사가 아닌 지능검사이다.
②·④ 질문지법의 검사이다.

36 정답 ③

대인관계를 P(나), O(타인), X(대상 인물, 사물)의 3자 관계로 설정했을 때, P가 X를 좋아하지 않고(-), O도 X를 좋아하지 않는다면(-) P와 O는 서로 호감을 느낀다. P와 O가 모두 X에 호감을 느끼는(+) 경우도 마찬가지다. 반면, P가 X에 호감을 느끼고(+) O가 X를 좋아하지 않는다면(-) 대인관계의 불균형이 일어나게 된다. 인지적 균형이론이란 이러한 대인관계에서의 인지의 모순을 해소하고자 대인평가·대상평가에 변화가 생긴다는 가설이다.

37 정답 ②

어느 사물을 다른 물체로 덮거나 가려서 보이지 않게 되더라도 그곳에 그것이 존재한다고 인식하는 능력을 대상영속성이라고 한다. 대상영속성은 감각운동기(0~2세)에 시작하여 전조작기(2~7세)에 확립된다.

38 정답 ④

대립되고 모순되는 여러 가지 역할기대를 조율해야 하는 과정에서 행위자가 내적 갈등을 일으키는 경우를 역할갈등(Role Conflict)이라고 한다.

39 정답 ①

건강한 사람의 정상적인 불안은 특정한 대상을 가지며 다른 사람에게 설명하고 이해시킬 수 있는 것으로, 본인이 통제 가능하며 시간이 지나면 자연스레 해결된다. 반면 불안장애는 말로 설명할 수 없는 막연한 공포가 반복적으로 나타나 극복이 어려운 병적인 불안이다.

40 정답 ③

① 왼쪽과 오른쪽 눈의 서로 다른 시야가 융합함으로써 입체적으로 보이는 현상이다.
② 한 물체가 다른 물체를 가릴 때 가린 물체가 가려진 물체보다 가깝게 지각된다.
④ 결의 간격이 넓으면 가까운 것으로, 조밀하면 먼 것으로 지각된다.

제2회 정답 및 해설 | 심리학개론

01	02	03	04	05	06	07	08	09	10	11	12	13	14	15	16	17	18	19	20
②	①	①	③	④	③	④	①	①	④	①	①	②	③	①	②	④	②	④	①
21	22	23	24	25	26	27	28	29	30	31	32	33	34	35	36	37	38	39	40
④	①	③	②	④	②	①	③	②	②	④	④	③	④	①	②	④	③	④	③

01 정답 ②
기능주의는 의식을 요소들의 집합이 아닌 하나의 흐름으로 파악한다는 점에서 구성주의와 대립한다.
① 구성주의
③ 형태주의
④ 행동주의

02 정답 ①
데카르트는 육체와 정신은 서로 다르다는 '물심이원론(物心二元論)'을 주장하였다.

03 정답 ①
분트가 라이프치히 대학에 최초의 심리학 실험실을 설립한 때를 독자적 학문으로서의 심리학이 성립한 것으로 본다.

04 정답 ③
측정의 4가지 수준에 따른 적용 예
- 명목척도 : 성별, 결혼 유무, 종교, 인종, 직업 유형, 장애 유형, 지역 등
- 서열척도 : 사회계층, 선호도, 석차, 소득수준, 자격 등급, 장애 등급
- 비율척도 : 길이, 무게, 거리
- 등간척도 : 온도, 점수, 사이즈

05 정답 ④
수상돌기는 다른 뉴런으로부터 정보를 수용하여 이를 세포체에 전달한다.
④는 뉴런의 구조 중 축색에 대한 설명이다.

06 정답 ③
시냅스의 정보전달과정
- 축색을 따라 종말단추에 이른 활동전위는 소낭 속에 담긴 신경전달물질이 시냅스에 분비되도록 자극한다.
- 분비된 신경전달물질은 시냅스 후 뉴런의 수상돌기에 있는 수용기와 접촉하여 새로운 활동전위를 생성한다.

07 정답 ④
① 좌우 대뇌반구를 연결하는 신경섬유의 다발은 좌우 반구들이 정보를 교환하게 한다.
② 감각기관으로부터 전달되는 정보를 중계하여 대뇌피질로 전달하는 역할을 한다.
③ 시상하부의 신호를 받아 호르몬을 생성·분비하는 내분비선으로 다른 내분비선을 자극하는 호르몬을 분비하여 체내 여러 활동을 통제한다.

08 정답 ①
'브로카 실어증'은 청해 양호, 유창하지 못한 발화, 복창 장애, 운동성 실어증 등을 특징으로 한다.
② 유창한 발화, 눈에 띄는 복창 장애, 양호한 청해
③ 청해, 발화, 복창 등의 모든 기능에 장애를 보임
④ 유창한 발화, 복창 장애, 청해능력 장애, 감각성 실어증

09 정답 ①
발달심리학은 19세기 진화론의 영향에서 비롯되었다. 진화론을 통해 인간 이전의 존재에 관심을 가지게 되면서 동물의 형태적 변화뿐 아니라 지능, 심리 등의 변화와 발달에 대한 다각적인 연구가 진행되었다.

10 정답 ④
프로이트의 성격발달단계
- 구강기 : 0~1세에 해당하며, 아동의 리비도가 입, 혀, 입술 등의 구강에 집중되어 있다.
- 항문기 : 1~3세에 해당하며, 배변으로 생기는 항문 자극에 의해 쾌감을 얻으려는 시기이다.
- 남근기 : 3~6세에 해당하며, 리비도가 성기에 집중되어 성기의 자극을 통해 쾌감을 얻는다.
- 잠복기 또는 잠재기 : 6~12세에 해당하며, 성적 욕구가 억압되어 성적 충동이 잠재되어 있는 시기이다.
- 생식기 : 12세 이후에 해당하며 잠복된 성적에너지가 되살아나는 시기로 2차 성징이 나타난다.

11 정답 ①
② 3단계에 해당한다.
③ 6단계에 해당한다.
④ 4단계에 해당한다.

12 정답 ①
② 남근기 - 주도성 대 죄의식
③ 잠복기 - 근면성 대 열등감
④ 구강기 - 기본적 신뢰감 대 불신감

13 정답 ②
동기란 자발적으로 행동하는 데 있어 의욕을 일으키는 요인을 말한다. 동기에 영향을 주는 요인의 예로는 목표의 매력, 성취감, 과제 내용의 매력 등을 들 수 있다.

14 정답 ③
애정과 소속에 대한 욕구는 좋은 직장, 좋은 동료와 같은 사회적인 귀속 욕구이다. 주위 사람들에게 주목받거나 인정받고자 하는 욕구는 존경의 욕구에 해당한다. 존경의 욕구를 성취하기 위해서는 어딘가의 집단에 소속될 필요가 있다.

15 정답 ①
② 정서의 식별이나 분류는 대체로 임의적인 것이며 인간의 기본적 정서로 슬픔, 혐오, 노여움, 예상, 즐거움, 인정, 두려움, 놀람의 8가지를 꼽았다.
③ 환경에 대한 신체반응이 정서체험의 원인이 됨을 주장하였다.
④ 자극이 자율신경계의 활동과 정서경험을 동시에 일으킴을 주장하였다.

16 정답 ②
셀리그먼은 개를 이용한 실험을 통해 오랫동안 전류를 피할 수 없는 환경에 노출된 개가 환경이 바뀌어도 자발적인 회피 노력을 포기하는 결과를 두고 학습된 무력감을 발견하였다.

17 정답 ④
S-R 이론은 학습은 어떤 자극(Stimulus)에 대한 어떤 반응(Response)의 결합이라는 개념으로 행동주의에서 다룬다.

18 정답 ②
헬름홀츠가 제창한 삼원색 이론의 삼색은 빨강(R), 초록(G), 파랑(B)이다.

19 정답 ④
운동잔상은 일정한 방향으로 움직이는 대상을 한동안 보다 보면 그것이 정지했을 때도 직전에 움직이던 방향의 역방향으로 움직이는 것처럼 보이는 현상이다.

20 정답 ①
양안단서란 양쪽 눈을 사용했을 때 깊이를 지각할 수 있는 단서로, 양안 시차는 각자 다른 시야를 가진 양쪽 눈이 융합함으로써 입체적인 시각이 되는 것이다.

21 정답 ④
조건 형성의 과정
- 조건 형성 전 : 음식(무조건 자극, US) → 침 분비(무조건 반응, UR)
- 조건 형성 중 : 종소리(중성 자극) → 침 분비 없음(반응 없음)
- 조건 형성 후 : 종소리(조건 자극, CS) → 침 분비(조건 반응, CR)

22 정답 ①
절차기억은 스포츠, 악기 연주, 기술 등 직접 체득한 기억으로, 반복·연습으로 익힐 수 있으며 언어로 표현할 수 없는 비언어적인 기억이다.

23 정답 ③
반복되는 시행착오와 우연한 성공으로 학습이 성립한다는 이론을 펼친 학자는 행동주의 심리학자 손다이크이다. 반면, 쾰러와 같은 형태주의 심리학자들은 학습을 시행착오적인 무선적 반응의 반복에 의해 이루어지는 것이 아닌 환경의 자극 요소들을 유의미한 전체로 관련짓고 의미 있는 인지 구조를 형성하는 통찰에 의해 이루어지는 것으로 보았다.

24 정답 ②
기억의 과정
- 부호화(입력) : 자극정보를 선택하여 기억에 저장할 수 있는 형태로 변환한다.
- 응고화(저장) : 정보를 필요할 때까지 일정 기간 동안 보관·유지한다.
- 인출 : 저장된 정보를 활용하기 위해 적극적으로 탐색·접근한다.

25 정답 ④
① 생각이나 감정을 말로 표현할 때 완결된 내용을 나타내는 최소의 단위
② 의미 있는 내용을 만들기 위해 언어의 기본단위들이 어떻게 결합해야 하는지를 정하는 규칙
③ 말의 의미를 구별하는 음성의 최소 단위

26 정답 ②
촘스키는 생성문법이론을 통해 인간이 생득적으로 언어를 습득하는 능력을 가진다는 입장을 밝혔다. 생성문법이론은 인간이 가지는 문법규칙을 반복적으로 적용함으로써 무한의 문장을 생성할 수 있다고 가정한다.
② 학습이론에 대한 설명이다.

27 정답 ①
원형이론이란 심리적 범주는 한 범주에서 가장 전형적인 대상인 원형(Prototype)과 새로운 예시를 비교했을 때 세부 특징의 유사성으로 구성된다는 이론이다.

28 정답 ③
명제는 의미내용을 표면적인 성질과 관계없이 추상적인 표상으로서 기술한다.

29 정답 ②
① 측정의 일관성은 신뢰도와 연관된다.
③ 기준타당도에 대한 설명이다.
④ 내용타당도에 대한 설명이다. 구인타당도는 검사도구가 측정하고자 하는 개념이나 이론을 얼마나 충실하게 측정하는지에 대한 타당도이다.

30 정답 ②
② 웩슬러 지능검사에 대한 설명이다.
④ 비네의 지능검사는 유소년의 일반지능을 측정하는 데 유효하지만, 성인의 지능측정에는 합리적이지 않다는 지적을 받는다.

31 정답 ①
서스톤은 스피어만의 지능의 2요인설에 대한 비판으로 언어능력, 언어의 유창성, 수리능력, 기억, 공간관계 인식, 지각속도, 논리능력의 일곱 가지 개별적인 능력을 제시하였다.

32 정답 ④
① 지능과 창의성은 전혀 다른 지적 능력이기 때문에 지능이 높다고 해서 반드시 창의성이 높은 것은 아니다.
② 지능이 비교적 낮은 사람도 창의성을 발휘할 수 있다.
③ 지능에 의한 지식·기능이 뒷받침되지 않으면 창의성은 성립하지 않는다.

33 정답 ③
성격은 개인이 환경과의 상호작용을 통해 드러내는 독특하고 지속적이며 일관된 전체적 특징이다.

34 정답 ④
올포트의 성격 특성이론
- 올포트는 1920~30년대 심리학계를 지배하던 정신분석과 행동주의에 반발하면서, 인간의 행동을 어린 시절의 경험이나 억압된 본능의 탓으로 돌리거나 자극에 대한 단편적인 반응으로 간주하는 방식을 거부하였다.
- 성격은 개인의 특징적인 행동 및 사고를 결정하는 신체적·심리적인 체계로서 개인 내의 역동적 조직이다.
- 성격은 조직화된 전체로서 현재에 뿌리를 두는 동시에 미래를 지향한다.
- 개인의 신체적·심리적 체계를 이루는 각 부분들, 즉 특성(Trait)은 서로 관계를 맺으며 독특한 조직을 형성한다.
- 유아기, 아동기, 청소년기, 성인기의 성격은 비연속적이므로 유아기의 생물학적 동기를 토대로 성인기의 행동을 설명하는 것은 부적합하다.
- 성격은 개인의 인생 전체에 미치는 영향력에 따라 '주특성(Cardinal Trait)', '중심특성(Central Trait)', '이차특성(Secondary Trait)'으로 구분하여 살펴볼 수 있다.

35 정답 ①
- 질문지법 : 성격, 행동에 관한 질문 항목에 답하게 하여 그 결과를 일정한 기준에 따라 정리하는 방법
- 투사법 : 불완전한 그림이나 형태, 언어를 제시한 후 수검자의 반응과 해석을 분석하여 행동과 성격의 무의식적인 부분을 파악하는 방법

36 정답 ②
투사법 검사는 피험자의 무의식적 측면이 반영되며 심리적 특성을 파악할 수 있다.

37 정답 ④
④는 복종에 해당하는 내용이다.

38 정답 ③
후광효과는 어떤 개인을 평가할 때 하나의 특성에 대한 좋고 나쁨의 평가가 그 사람의 다른 측면에 대한 평가에 영향을 주는 것이다.

39 정답 ④
일관성, 특이성, 일치성의 세 가지 기준이 모두 높을 경우 대상에 원인을 두는 외부 귀인을 하게 되고, 일관성만 높을 경우에는 행위자의 기질, 성격, 태도에 원인을 두는 내부 귀인을 하게 된다.

켈리의 공변 원리
- 일관성 : 때와 상황에 관계없이 그 사람의 반응이 일관되어 있는 경우
- 특이성 : 그 사람이 다른 상황에 대해서 같은 반응을 하는 경우
- 일치성 : 다른 사람들도 그 사람과 같은 반응을 하는 경우

40 정답 ③
신포도 이론(Sour Grapes)은 노력해도 획득할 수 없는 대상(사람, 물건, 지위 등)에 대하여 애써 가치를 두지 않거나 평가 절하함으로써 마음의 안정을 찾는 합리화의 예이다.

독학학위제 1단계 교양과정인정시험 답안지(객관식)

컴퓨터용 사인펜만 사용

전공분야

성명

★ 수험생은 수험번호와 응시과목 코드번호를 표기(마킹)한 후 일치여부를 반드시 확인할 것.

수험번호
(1)
(2)

※ 감독관 확인란

과목코드				응시과목				
				1	①	②	③	④
				2	①	②	③	④
				3	①	②	③	④
				4	①	②	③	④
				5	①	②	③	④
				6	①	②	③	④
				7	①	②	③	④
				8	①	②	③	④
				9	①	②	③	④
				10	①	②	③	④
교시코드				11	①	②	③	④
				12	①	②	③	④
				13	①	②	③	④
				14	①	②	③	④
				15	①	②	③	④
				16	①	②	③	④
				17	①	②	③	④
				18	①	②	③	④
				19	①	②	③	④
				20	①	②	③	④

응시과목				
21	①	②	③	④
22	①	②	③	④
23	①	②	③	④
24	①	②	③	④
25	①	②	③	④
26	①	②	③	④
27	①	②	③	④
28	①	②	③	④
29	①	②	③	④
30	①	②	③	④
31	①	②	③	④
32	①	②	③	④
33	①	②	③	④
34	①	②	③	④
35	①	②	③	④
36	①	②	③	④
37	①	②	③	④
38	①	②	③	④
39	①	②	③	④
40	①	②	③	④

답안지 작성시 유의사항

1. 답안지는 반드시 컴퓨터용 사인펜을 사용하여 다음 보기와 같이 표기할 것.
   보기) 잘된표기: ● 잘못된 표기: ⊘ ⊗ ① ◐ ○ ◑ ●
2. 수험번호 (1)에는 아라비아 숫자로 쓰고, (2)에는 "●"와 같이 표기할 것.
3. 과목코드는 뒷면 "과목코드번호"를 보고 해당과목의 코드번호를 찾아 표기하고, 응시과목란에는 응시과목명을 한글로 기재할 것.
4. 교시코드는 문제지 전면의 교시를 해당란에 "●"와 같이 표기할 것.
5. 한번 표기한 답은 긁거나 수정액 및 스티커 등 어떠한 방법으로도 고쳐서는 아니되고, 고친 문항은 "0"점 처리함.

[이 답안지는 마킹연습용 모의답안지입니다.]

독학학위제 1단계 교양과정인정시험 답안지(객관식)

컴퓨터용 사인펜만 사용

★ 수험생은 수험번호와 응시과목 코드번호를 코드번호 표기(마킹)한 후 일치여부를 반드시 확인할 것.

답안지 작성시 유의사항

1. 답안지는 반드시 컴퓨터용 사인펜을 사용하여 다음 보기와 같이 표기할 것.
   보기) 잘된 표기: ●   잘못된 표기: ⊙ⓧⓓ◐○◑
2. 수험번호 (1)에는 아라비아 숫자로 쓰고, (2)에는 "●"와 같이 표기할 것.
3. 과목코드는 뒷면 "과목코드번호"를 보고 해당과목의 코드번호를 찾아 표기하고, 응시과목란에는 응시과목명을 한글로 기재할 것.
4. 교시코드는 문제지 전면의 교시를 해당란에 "●"와 같이 표기할 것.
5. 한번 표기한 답은 긁거나 수정액 및 스티커 등 어떠한 방법으로도 고쳐서는 아니되고, 고친 문항은 "0"점 처리함.

[이 답안지는 마킹연습용 모의답안지입니다.]

독학학위제 1단계 교양과정인정시험 답안지(객관식)

컴퓨터용 사인펜만 사용

전공분야

성 명

★ 수험생은 수험번호와 응시과목 코드번호를 표기(마킹)한 후 일치여부를 반드시 확인할 것.

답안지 작성시 유의사항

1. 답안지는 반드시 컴퓨터용 사인펜을 사용하여 다음 보기와 같이 표기할 것.
   보기) 잘 된 표기: ● 잘못된 표기: ⊙ ⊗ ○ ◐
2. 수험번호 (1)에는 아라비아 숫자로 쓰고, (2)에는 "●"와 같이 표기할 것.
3. 과목코드는 뒷면 "과목코드번호"를 보고 해당과목의 코드번호를 찾아 표기하고, 응시과목란에는 응시과목명을 한글로 기재할 것.
4. 교시코드는 문제지 전면의 교시를 해당란에 "●"와 같이 표기할 것.
5. 한번 표기한 답은 긁거나 수정액 및 스티커 등 어떠한 방법으로도 고쳐서는 아니되고, 고친 문항은 "0"점 처리함.

※ 감독관 확인란

(응)

관리번호
(연번) (응시자수)

[이 답안지는 마킹연습용 모의답안지입니다.]

저작자

독학학위제 1단계 교양과정인정시험 답안지(객관식)

★ 수험생은 수험번호와 응시과목 코드번호를 표기(마킹)한 후 일치여부를 반드시 확인할 것.

답안지 작성시 유의사항

1. 답안지는 반드시 컴퓨터용 사인펜을 사용하여 다음 보기와 같이 표기할 것.
   보기) 잘 된 표기: ● 잘못된 표기: ⊘ ⊗ ① ◐ ○ ●
2. 수험번호 (1)에는 아라비아 숫자로 쓰고, (2)에는 " ● "와 같이 표기할 것.
3. 과목코드는 뒷면 "과목코드번호"를 보고 해당과목의 코드번호를 찾아 표기하고,
   응시과목란에는 응시과목명을 한글로 기재할 것.
4. 교시코드는 문제지 전면 의 교시를 해당란에 " ● "와 같이 표기할 것.
5. 한번 표기한 답은 긁거나 수정액 및 스티커 등 어떠한 방법으로도 고쳐서는
   아니되고, 고친 문항은 "0"점 처리함.

[이 답안지는 마킹연습용 모의답안지입니다.]

독학학위제 1단계 교양과정인정시험 답안지(객관식)

[이 답안지는 마킹연습용 모의답안지입니다.]

독학학위제 1단계 교양과정인정시험 답안지(객관식)

독학학위제 1단계 교양과정인정시험 답안지(객관식)

독학학위제 1단계 교양과정인정시험 답안지(객관식)

★ 수험생은 수험번호와 응시과목 코드번호를 표기(마킹)한 후 일치여부를 반드시 확인할 것.

답안지 작성시 유의사항

1. 답안지는 반드시 컴퓨터용 사인펜을 사용하여 다음 보기와 같이 표기할 것.
   보기) 잘 된 표기: ●   잘못된 표기: ⊘ⓧ◐◑①
2. 수험번호 (1)에는 아라비아 숫자로 쓰고, (2)에는 "●"와 같이 표기할 것.
3. 과목코드는 뒷면 "과목코드번호"를 보고 해당과목의 코드번호를 찾아 표기하고, 응시과목란에는 응시과목명을 한글로 기재할 것.
4. 교시코드는 문제지 전면의 교시를 해당란에 "●"와 같이 표기할 것.
5. 한번 표기한 답은 긁거나 수정액 및 스티커 등 어떠한 방법으로도 고쳐서는 아니되며, 고친 문항은 "0"점 처리함.

[이 답안지는 마킹연습용 모의답안지입니다.]

2026 시대에듀 A⁺ 독학사 1단계 교양과정 심리학개론 한권합격

개정13판1쇄 발행	2026년 01월 05일 (인쇄 2025년 08월 26일)
초 판 발 행	2013년 01월 30일 (인쇄 2012년 11월 22일)
발 행 인	박영일
책 임 편 집	이해욱
편 저	독학학위연구소
편 집 진 행	천다솜·심수연
표지디자인	박종우
편집디자인	차성미·고현준
발 행 처	(주)시대고시기획
출 판 등 록	제10-1521호
주 소	서울시 마포구 큰우물로 75 [도화동 538 성지 B/D] 9F
전 화	1600-3600
팩 스	02-701-8823
홈 페 이 지	www.sdedu.co.kr
I S B N	979-11-383-9874-9 (13180)
정 가	24,000원

※ 이 책은 저작권법의 보호를 받는 저작물이므로 동영상 제작 및 무단전재와 배포를 금합니다.
※ 잘못된 책은 구입하신 서점에서 바꾸어 드립니다.